MEDIDAS CAUTELARES
E DE POLÍCIA DO PROCESSO PENAL
EM DIREITO COMPARADO

CARLOS ALBERTO SIMÕES DE ALMEIDA

MEDIDAS CAUTELARES
E DE POLÍCIA DO PROCESSO PENAL
EM DIREITO COMPARADO

MEDIDAS CAUTELARES E DE POLÍCIA DO PROCESSO PENAL EM DIREITO COMPARADO

AUTOR
CARLOS ALBERTO SIMÕES DE ALMEIDA

EDITOR
EDIÇÕES ALMEDINA, SA
Rua da Estrela, n.º 6
3000-161 Coimbra
Tel.: 239 851 904
Fax: 239 851 901
www.almedina.net
editora@almedina.net

PRÉ-IMPRESSÃO • IMPRESSÃO • ACABAMENTO
G.C. – GRÁFICA DE COIMBRA, LDA.
Palheira – Assafarge
3001-453 Coimbra
producao@graficadecoimbra.pt

Maio, 2006

DEPÓSITO LEGAL
242710/06

Os dados e as opiniões inseridos na presente publicação
são da exclusiva responsabilidade do(s) seu(s) autor(es).

Toda a reprodução desta obra, por fotocópia ou outro qualquer processo,
sem prévia autorização escrita do Editor,
é ilícita e passível de procedimento judicial contra o infractor.

"AMICUS FIDELIS, MEDICAMENTUM VITAE"

Não existem palavras suficientemente intensas para esculpir, de modo indelével, os devidos agradecimentos ao Ilustre Procurador da República-Adjunto, Dr. Almiro Simões Rodrigues, pelo fundamental auxílio trazido à elaboração do estudo comparativo que se apresenta. Apesar dessa insuficiência, aqui se deixa confessado o muito que se deve aos vastíssimos saberes jurídicos que o Sr. Dr. Almiro Rodrigues colocou ao nosso dispôr. O discípulo não tem sequer a sombra da grandeza do mestre, jurista de incomensurável valor, enraizado numa vivência doutrinal e prática de dimensão planetária. Os méritos do estudo que se segue são, pois, devidos à inspiração e encaminhamento com que se dignou honrar-nos e a que não é estranha a amizade com que me distingue desde a meninice e que me tem permitido ver, na pessoa e no profissional, o exemplo completo de vida, de ética e de trabalho. Aqui fica, portanto, e à boa maneira beirã, o meu grande "Bem-Haja"!

Ao Mr. Paul Dew, funcionário de polícia da *"Metropolitan Police of London"*, deixo igualmente os meus agradecimentos, pela prontidão e enorme auxílio que me deu na descrição do sistema jurídico-processual inglês, na certeza de que se deu início a uma relação de amizade e cooperação que só pode traduzir-se em futuras, mútuas e mais profundas vantagens pessoais e profissionais.

O Autor

CARLOS ALBERTO SIMÕES DE ALMEIDA

LISTA DE ABREVIATURAS

CF – Constituição Francesa de 1958
CJA – Criminal Justice Act
CJPOA – Criminal Justice and Public Order Act de 1994
CPP – Código do Processo Penal Português
CPPF – Código de Processo Penal Francês (Code de Procedure Pénale)
CRP – Constituição da República Portuguesa de 1976
DDHC – Declaração dos Direitos do Homem e do Cidadão de 1789
LSI – Lei de Segurança Interna Portuguesa, aprovada pela Lei n.° 20/ /87, de 12 de Junho, alterada pela Lei n.° 8/91, de 1 de Abril
LOIC – Lei de Organização da Investigação Criminal aprovada pela Lei N.° 21/200 de AGO10
GG – Constituição Alemã (Grundgesetz)
ICA – *Interception Communication Act*" de 1985
JI – Juiz de Instrução
MP ou **M.° P.°** – Ministério Publico
PACE – Police and Criminal Evidence Act
POA 1985 – Prosecution Offences Act" de 1985
StPO – Straßprozesordnung – Código de Processo Penal Alemão

I – NOTA INTRODUTÓRIA

Na família, nos grupos de amigos, nas associações de bairro, nos colégios representativos das comunidades, nas câmaras e parlamentos, nas reuniões interestaduais, nos discursos e nas celebrações das organizações internacionais públicas e privadas, incessantemente se esgrimem os argumentos da igualdade dos seres humanos, dos seus iguais direitos, das mesmas liberdades, enfim... do "endeusamento" de todo e qualquer indivíduo para, afinal, haver tão diferente direito, tão distinta regulação, tão diversas formas de ver o Homem, de o entender e de o tratar nas suas relações com o outro.

A igualdade, por definição, não poderá conter a diferença que não se destine à realização da igualdade material. Se assim, não for, será legítimo esperar-se que a pessoa seja tratada igualmente pelos outros e pelo Direito?

Se a procura dessa igualdade é tarefa complexa entre sociedades humanas geograficamente distantes, com crenças e tradições "fossilizadas" pelo tempo e pelo "encarceramento" cultural, nas comunidades próximas geográfica, social, cultural e politicamente onde esses obstáculos não existem ou são mais facilmente ultrapassáveis (como na Europa), que justificação poderá existir para tão acentuadas diferenças?!

Para quem, como nós, está de qualquer forma ligado à aplicação da lei, já se terá representado a necessidade de saber como é, e como funciona, o Direito na "casa vizinha", como são tratados os seus sujeitos, como agem os diferentes responsáveis pela aplicação das leis, enfim, como seremos nós próprios acolhidos num ambiente jurídico diferente do nosso.

De facto, é importante conhecermos não apenas as regras jurídicas que temos, mas também o que determinam outros sistemas de direito para similares situações, muito especialmente quando estão em causa ordens jurídicas do espaço europeu que, programaticamente, tendem para a harmonização.

Sem dúvida que os valores, os princípios, as regras e as práticas de outros sistemas jurídicos possuem uma inquestionável importância para um melhor conhecimento, compreensão e aplicação das nossas próprias regras jurídicas.

Estas as questões que nos inquietam e que são a nossa motivação geral.

Concorre outra razão específica e determinante do trabalho a que nos propomos: A de sabermos se as medidas cautelares do processo penal geral português constituem resposta eficiente e adequada às exigências de prevenção e de justiça criminais ou se, contrariamente, há que repensar o sistema de modo a que ele tenha uma função útil à preservação e desenvolvimento social e individual.

É com estas convicções e preocupações que tomamos por objectivos:

a) Definir o conceito de "medidas cautelares e de polícia";
b) Distinguir "medidas cautelares e de polícia" e "medidas de polícia de natureza administrativa";
c) Identificar as "medidas cautelares e de polícia", em perspectiva de direito comparado;
d) Salientar, em conclusão, as principais diferenças e semelhanças com outros sistemas jurídicos;
e) Propor alterações ao sistema português, se vier a concluir-se pela sua insuficiência ou inadequação.

Para alcançarmos os resultados pretendidos seguiremos, também nós, um processo: O de análise, de identificação, de recolha, de individualização, de comparação e de estabelecimento de diferenças e semelhanças, após o que procuraremos obter algumas conclusões.

Faremos tal caminho pelas ordens jurídicas de Portugal, França, Alemanha e Inglaterra.

A opção pelo estudo daqueles sistemas deve-se, em primeiro lugar, à circunstância de os três primeiros serem comummente considerados como manifestações intensas da família romano-germânica de direitos e o último ser incontornável paradigma da família anglo-saxónica de direito, todos eles, enfim, de Estados da Europa. Em segundo lugar, porque supomos que, sendo estas as duas "famílias" fundamentais do direito nos países ocidentais, o seu estudo poderá, entre nós, ter maior utilidade prática do que aquela que seria obtida se optássemos pela análise, por exemplo, do sistemas jurídicos de influência socialista ou muçulmana.

II – CONCEITO DE "MEDIDAS CAUTELARES E DE POLÍCIA"

Em obediência a uma interpretação sistemática, teleológica e lógica, partimos da terminologia usada na sistematização do Código do Processo Penal Português (CPP)[1], para procurarmos concluir sobre o sentido e o alcance da expressão epigráfica **"medidas cautelares e de polícia"** usada pelo legislador. Tal conclusão é, aliás, fundamental para a posição a adoptar na subsequente exposição.

A expressão escolhida pelo legislador surge-nos na fase preliminar da acção penal, sendo que esta, naturalmente, possui uma "auréola" subordinante e conformadora do subsequente andamento do processo. Dada a sua natureza, as medidas ali propostas <u>visam garantir a conservação de determinados meios e elementos de prova</u>, de modo a serem utilizados na descoberta da verdade dos factos. Os termos usados são particularmente reveladores da "*mens legislatoris*". Efectivamente, nas normas subordinadas à referida expressão há uma dominante preocupação de **garantir**, **assegurar**, **defender**, **cuidar de evitar a perda** e, ainda, de **velar pela "polícia"** do processo, cujo objectivo final se materializa na justiça do caso concreto. Importa lembrar que o termo "**polícia**" radica no étimo grego longínquo "*polis*", que tinha o sentido de "cidade", sendo a "polícia" a actividade de disciplina da "*polis*". Por conseguinte, a expressão chega-nos, hodiernamente, com o sentido de disciplina e é neste sentido que o legislador a usa e não com o alcance de "Polícia" enquanto instituição que se dedica velar pela segurança pública e pelo cumprimento da legalidade.

Aliás, atente-se que legislador foi cuidadoso em termos gramaticais: usou o termo "medidas cautelares e **de** polícia"[2], e não, por exemplo,

---

[1] *Capítulo II do Titulo I (Disposições gerais) do Livro IV (Das fases preliminares).*
[2] *Sublinhado nosso.*

12 Medidas Cautelares e de Polícia do Processo Penal em Direito Comparado

o termo "medidas cautelares e **da** polícia" ou "medidas cautelares e medidas **da** polícia". Se o fizesse, também daria azo a interpretações que nos levariam para além do processo criminal, atendendo à vasta dimensão das atribuições e competências da Polícia e à plural dimensão das medidas preventivas de polícia, mormente as de natureza administrativa.

Por outro lado, esta posição interpretativa conduz-nos à questão de saber se as *"medidas cautelares e de polícia"*, no CPP e nas demais legislações processuais a comparar, se limitam às tipificadas sob essa designação ou se existem outras medidas cautelares e de polícia a que o legislador não atribuiu expressamente tal qualificação.

Tais medidas, como se disse, procuram evitar (em casos de urgência e de perigo na demora da intervenção normal das entidades competentes), que os meios e elementos probatórios desapareçam irremediavelmente.

Assim, teremos de concluir que (ainda que em simultaneidade com outros fins) toda a intervenção processual antecipatória é medida cautelar e/ou disciplinadora da marcha da acção penal.

Consideraremos, portanto que, além da *"comunicação da notícia do crime"*, das **"providências** *cautelares quanto aos meios de prova"*, da *"identificação do suspeito e pedido de informações"*, das *"revistas e buscas"* urgentes e da *"apreensão de correspondência"*, previstas nos artigos 248.° a 252.° do CPP, outras medidas (ou procedimentos) cautelares e de polícia devem ser tidas em consideração, designadamente:

a) **As medidas de coacção e de garantia patrimonial**, que, mesmo não sendo aplicadas em caso de urgência, são medidas destinadas a garantir, a acautelar ou a disciplinar o processo, procurando evitar que o arguido se furte à acção penal e respectivas consequências ou, por qualquer forma, perturbe o seu normal desenvolvimento;

b) **As medidas de privação provisória da liberdade pessoal** que, constituindo garantia da apresentação de determinado indivíduo (p.e. o arguido ou a testemunha) em determinado acto processual, são, também, medidas cautelares (de garantia, de cuidado) e de polícia (de disciplina) do processo penal.

É neste sentido que procuraremos as principais manifestações das "medidas cautelares e de polícia", ao longo das leis gerais do processo criminal, nos países a que já fizemos alusão.

III – MEDIDAS DE POLÍCIA
E MEDIDAS CAUTELARES E DE POLÍCIA
EM PROCESSO PENAL

*"**1.** A polícia tem por funções defender a legalidade democrática e garantir a segurança interna e os direitos dos cidadãos.*

***2.** As medidas de polícia são as previstas na lei, não devendo ser utilizadas para além do estritamente necessário.*

***3.** A prevenção dos crimes, incluindo a dos crimes contra a segurança do Estado, só pode fazer-se com observância das regras gerais sobre polícia e com respeito pelos direitos, liberdades e garantias dos cidadãos."* – art. 272.º da Constituição da República Portuguesa (CRP).

Da multiplicidade de atribuições constitucionais à Polícia resultam competências de natureza <u>administrativa</u> e competências de <u>prevenção</u> criminal. Estas são interpretadas e desenvolvidas, pela lei ordinária, – vg. no Código do Processo Penal Português, na Lei de Organização da Investigação Criminal (LOIC), aprovada pela Lei n.º 21/2000 de 10 de Agosto, e demais leis orgânicas e estatutárias das polícias e serviços de segurança pública –, também no sentido da investigação dos crimes, conferindo-lhe responsabilidades de natureza <u>judiciária</u>. Ou seja: por um lado o reconhecimento de medidas instrumentais de segurança interna, limitadas pelos princípios da necessidade e da proporcionalidade e expressamente tipificadas na Lei de Segurança Interna Portuguesa (LSI)[3] e que têm por escopo:

*"…**garantir a ordem, a segurança e a tranquilidade públicas, proteger pessoas e bens, prevenir a criminalidade e contribuir para assegu-***

---

[3] *Lei de Segurança Interna Portuguesa (LSI), aprovada pela Lei n.º 20/87, de 12 de Junho, alterada pela Lei n.º 8/91, de 1 de Abril).*

rar o normal funcionamento das instituições democráticas, o regular exercício dos direitos e liberdades fundamentais dos cidadãos e o respeito pela legalidade democrática"[4].

Por outro lado, a atribuição de funções de prevenção e investigação criminal, com recurso a processos e a medidas diversas daquelas na sua natureza, na sua substância e nos seus específicos fins.

Como doutamente observava Marcelo Caetano[5], "*A Polícia administrativa, sendo embora preventiva, pode desenvolver (...) funções de polícia judiciária, inscritas na actividade particular da investigação criminal que lhe esteja originariamente cometida por lei, ou que lhe tenha sido delegada por entidade competente*". Isto é, a lei processual penal ao referir-se a <u>autoridades e órgãos de polícia criminal</u>, concomitantemente está a referir-se a <u>autoridades e órgãos de polícia judiciária</u>, pois que: "*Enquanto na polícia administrativa a actividade estatal se inicia e completa dentro do âmbito da função administrativa, na actividade de polícia judiciária (...) prepara a actuação da função da Justiça Penal, sendo regulada pelo Código de Processo Penal...*"[6]. Deve distinguir-se, por consequência, entre as atribuições e competências de natureza administrativa das polícias e aqueloutras que lhe são cometidas no âmbito da matéria criminal.

As medidas de polícia são uma sub-espécie dos actos de polícia que se vêem especializados pelo facto de serem emitidos por uma autoridade de polícia, no exercício das suas competências administrativas. Tais actos "*são, por isso, unilaterais e imperativos, dirigidos aos particulares que lhes devem estrita obediência e dotados de garantia de execução prévia*"[7]. Têm por fundamento estados de urgência e de necessidade e visam controlar e evitar os perigos decorrentes de certas actividades ou do próprio exercício de direitos pelos particulares.

---

[4] *Art. 1.º da LSI.*
[5] *Caetano, Marcelo, "Manual de Direito Administrativo", Vol. 1, 10.ª Edição, Tomo I, Liv. Almedina, Coimbra, 1984.*
[6] *Luciano, Júlio César, in "Estudos de Direito de Polícia", Vol. I, Associação Académica da Faculdade de Direito de Lisboa, p. 210 e seguintes.*
[7] *Ibidem.*

Medidas de Polícia e Medidas Cautelares e de Polícia em Processo Penal

Em primeiro lugar, as medidas cautelares e de polícia processual criminal não são unicamente encetadas por autoridades administrativas; são apenas parte das atribuições das autoridades e são também objecto da intervenção de outros operadores judiciários. Em segundo lugar, têm fim algo diverso daquele que é procurado com as "medidas de polícia administrativa", na medida em que aquelas não buscam fazer cessar uma determinada actividade potencialmente perigosa para um número indeterminado de bens jurídicos, mas sim evitar que certos meios e elementos de prova sejam destruídos ou desapareçam.

IV – O SISTEMA PORTUGUÊS

A – Apresentação geral

"A República Portuguesa é um Estado de direito democrático, baseado (…) no respeito e na garantia de efectivação dos direitos e liberdades fundamentais… – art. 2.° da CRP.

O legislador constitucional quis proclamar o direito democrático como um dos principais fundamentos da própria existência do Estado e da sua afirmação enquanto instrumento ao serviço do cidadão e dos inerentes direitos, liberdades e garantias, orientação que vem a reforçar com a automática recepção das *"…normas e dos princípios do direito internacional geral ou comum…"* – n.° 1 do art. 8.° da CRP.

O legislador constitucional autolimita-se pelo Direito, assumindo a garantia dos direitos e liberdades fundamentais, na mais ampla abrangência, como uma das suas tarefas essenciais, o que significa não apenas a defesa dos direitos consagrados nos textos constitucionais, mas também de *"…quaisquer outros constantes das leis e das regras aplicáveis do direito internacional."* – al. b) do art. 9.° e n.° 1 do art. 16.°, da CRP –, vinculando entidades públicas e privadas ao seu respeito e garantia, sem necessidade de actos legislativos intermédios (n.° 1 do art. 18.° da CRP). Confere um carácter restritivo às eventuais restrições ou compressões desses direitos fundamentais, admissíveis apenas, e só, na medida do estritamente necessário ao funcionamento de *"…outros direitos constitucionalmente protegidos."* – n.° 2 do art. 18.° da CRP.

Por conseguinte, a própria acção penal encontra-se simultaneamente orientada para a garantia dos direitos fundamentais e delimitada pelo dever de respeito pelos mesmos direitos, liberdades e garantias das pessoas e, particularmente, daquelas que são partes no processo criminal. Deixou-se tal orientação abundantemente esculpida na Constituição da República, sob o art. 32.°, sendo particularmente salientes a presunção de inocência dos arguidos até condenação transitada em julgado (*"1. O processo criminal assegurará todas as garantias de defesa. 2. Todo o arguido se presume inocente até ao trânsito em julgado da sentença de condenação, devendo ser julgado no mais curto prazo compatível com as garantias de defesa."*) e o dever de respeito pelos direitos fundamentais das pessoas na busca e recolha da prova (*"5. São nulas todas as provas obtidas mediante tortura, coacção, ofensa à integridade física ou moral da pessoa, abusiva intromissão na sua vida privada, no domicílio, na correspondência ou nas telecomunicações."*).

B – Fases Processuais

O Código do Processo Penal Português (CPP), "*...em sintonia com a nossa tradição jurídico-processual, perspectivou um processo de estrutura basicamente acusatória, temperado com um princípio de investigação oficiosa, válida tanto para efeitos de acusação como para o julgamento"*.[8]

À semelhança do que se verifica na maioria das legislações processuais penais do Ocidente, foram contempladas três fases essenciais do processo: o inquérito, a instrução e o julgamento:

O Inquérito

"*O inquérito compreende o conjunto de diligências que visam investigar a existência de um crime, determinar os seus agentes e a responsabilidade deles e descobrir e recolher provas, em ordem à decisão sobre a acusação."* – n.° 1 do art. 262.° do CPP.

O inquérito criminal constitui a primeira das fases do processo e a sede própria para a investigação criminal, cuja existência não é legalmente admissível fora dele. O novo Código do Processo Penal optou por converter o inquérito na fase normal de o Ministério Público (M.° P.°), seu titular, preparar a decisão de acusação ou de arquivamento. Esta é a fase em que a Polícia, enquanto sua auxiliar e actuando na sua dependência funcional, tem a sua intervenção mais decisiva.

---

[8] *Notas preambulares ao Código do Processo Penal.*

A Instrução

"A instrução visa a comprovação judicial da decisão de deduzir acusação ou de arquivar o inquérito em ordem a submeter ou não a causa a julgamento." – n.º 1 do art. 286.º do CPP. A instrução, antes "instrução preparatória" de carácter obrigatório em determinados crimes, tem agora carácter facultativo, podendo ser requerida pelo arguido ou pelo assistente – n.º 2 do art. 286.º e n.º 2 do art. 287.º, todos do CPP. Esteia-se na necessidade de todos os actos aptos a contender com os direitos fundamentais do arguido deverem apenas ser autorizados (ou mesmo directamente presididos) por uma entidade com absoluta independência relativamente ao inquérito, já que este é dirigido por um representante do Estado, cuja imparcialidade é colocada em crise pelo seu inalienável encargo de perseguir e punir os comportamentos lesivos dos interesses fundamentais da vida em sociedade, pese embora a sua indiscutível vinculação ao cumprimento da lei.

O Julgamento

Recebida a acusação pelo tribunal, ou o despacho de pronúncia nos casos em que tenha havido lugar à instrução (art. 311.º do CPP) dá-se início á fase de produção de prova, norteada pelos princípios da oralidade e do contraditório (n.º 1 do art. 321.º, n.º 1 do art. 327.º e art. 340.º e segs., todos do CPP), não valendo em julgamento, *"… nomeadamente para efeitos da convicção do tribunal, quaisquer provas que não tiverem sido produzidas ou examinadas em audiência."* – art. 355.º do CPP. O tribunal proferirá sentença, que pode ter natureza condenatória ou absolutória, nos termos das disposições conjugadas dos artigos 365.º, 375.º e 376.º do mesmo Código do Processo Penal.

C – Actores Públicos no Inquérito e na Instrução

O Ministério Público

"O Ministério Público representa o Estado, defende os interesses que a lei determinar, participa na execução da política criminal defi-

nida pelos órgãos de soberania, exerce a acção penal orientada pelo princípio da legalidade e defende a legalidade democrática, nos termos da Constituição, do presente estatuto e da lei." – art. 1.° da Lei n.° 60/98 de AGO28.

Trata-se de um corpo hierarquizado de magistrados, dirigido pelo Procurador-Geral da República, assistido por Procuradores Gerais Adjuntos, por Procuradores da República e por Procuradores da República – Adjuntos, do topo à base.

Ao M.° P.° cabe a representação do Estado, apresentando-se como a sua *"longa manus"* na garantia do seu *"ius imperii"* da aplicação da lei, em todo o seu território e em nome do Povo.

No processo criminal compete-lhe, como também decorre da respectiva legislação orgânica, *"...colaborar com o tribunal na descoberta da verdade e na realização do direito obedecendo em todas as intervenções processuais a critérios de estrita objectividade. Compete em especial ao Ministério Público:*

a) Receber as denúncias, as queixas e as participações e apreciar o seguimento a dar-lhes;

b) Dirigir o inquérito;

c) Deduzir a acusação e sustentá-la efectivamente na instrução e no julgamento;

d) Interpor recursos, ainda que no exclusivo interesse da defesa;

e) Promover a execução das penas e das medidas de segurança." (cfr. n.os 1 e 2 do art. 53.° do CPP).

Na direcção do inquérito, o Ministério Público é assistido pelos órgãos de polícia criminal (cfr. n.° 1 do art. 262.° e n.° 1 do art. 263.°, ambos do CPP). Pratica os actos e assegura os meios de prova necessários a investigar a existência de um crime, determinar os seus agentes e a responsabilidade deles e descobrir a recolher as provas, em ordem à decisão sobre a acusação (cfr. art. 267.° e n.° 1 do art. 262.°, ambos do CPP).

O Juiz de Instrução

A lei estabelece que os juízes dos tribunais judiciais (qualquer que seja a espécie destes e designadamente os tribunais de instrução criminal) fazem parte do corpo único da magistratura judicial, que tem por funções

"...administrar a justiça de acordo com as fontes a que, segundo a lei, deva recorrer e fazer executar as suas decisões." – arts. 1.º e 3.º do Estatuto dos Magistrados Judiciais, aprovado pela Lei n.º 21/85 de 30 de Julho.

Aos tribunais de instrução criminal (e consequentemente aos respectivos juízes de instrução) compete *"...proceder à instrução criminal, decidir quanto à pronúncia e exercer as funções jurisdicionais relativas ao inquérito"* – n.º 1 do art. 79.º da Organização e Funcionamento dos Tribunais Judiciais, aprovada pela Lei n.º 3/99 de JAN13.

Cabe-lhes, em primeiro lugar, a direcção instrutória do processo criminal, sendo assistidos nessa tarefa pelos órgãos de polícia criminal – n.º 1 do art. 288.º do CPP. Mas, como já se referiu, a sua intervenção no inquérito está igualmente acautelada, competindo-lhe praticar, ordenar ou autorizar determinados actos, por iniciativa própria ou a requerimento do M.º P.º, dos órgãos de polícia criminal em caso de **"urgência ou de perigo na demora"**, e, ainda, a requerimento do assistente ou do arguido – cfr. art. 268.º e 269.º do CPP.

Os Órgãos de Polícia Criminal

São órgãos de polícia criminal todas as entidades a quem sejam cometidas funções de polícia judiciária, em exclusividade ou em simultâneo com outras funções administrativas que orgânica e estatutariamente desenvolvam. Falamos de *"...todas as entidades ou agentes policiais a quem caiba levar a cabo quaisquer actos ordenados por uma autoridade judiciária ou determinados por este Código".* – al. c) do n.º 1 do art. 1.º do CPP.

"Na actividade de polícia judiciária (...) preparam a actuação da função da Justiça Penal (...) regulada pelo Código de Processo Penal..."[9]. Deve distinguir-se, como dissemos, entre as atribuições e competências de natureza administrativa das polícias e aquelas outras que lhe são cometidas no âmbito da matéria criminal. Isto é, a lei processual penal ao referir-se autoridades e órgãos de polícia criminal, inclui autoridades e órgãos de polícia com exclusivas funções de polícia judiciária ou com funções concorrentes de polícia judiciária e de polícia administrativa.

---

[9] *Luciano, Júlio César, in Estudos de Direito de Polícia, Vol. I, Associação Académica da Faculdade de Direito de Lisboa*

Desde o momento da notícia do crime, passando pelo inquérito e até ao encerramento da instrução, a sua participação é intensa, como vimos, usando da *"legis artis"* da investigação criminal nestas duas primeiras fases processuais, na dependência funcional do Ministério Público, mas em assistência quer a este, quer ao Juiz de Instrução.

D – Medidas cautelares e de polícia

D1. *Notícia da Infracção*

"Os órgãos de polícia criminal que tiverem notícia de um crime, por conhecimento próprio ou mediante denúncia, transmitem-na ao Ministério Público no mais curto prazo." – n.° 1 do art. 248.° do CPP.

"Em caso de urgência, a transmissão a que se refere o número anterior, pode ser feita por qualquer meio de comunicação..." – n.° 2 do art. 248.° do CPP.

A notícia da infracção é obrigatória para qualquer entidade policial ou funcionário público no exercício das suas funções e por causa delas – n.° 1 do art. 242.° do CPP. Tratando-se de crime que tenham presenciado, o Ministério Público e as entidades policiais lavram auto de notícia que deve acautelar a descrição dos factos, suas circunstâncias e *"tudo o que puderem averiguar acerca dos agentes e dos ofendidos, bem como os meios de prova conhecidos..."* – n.° 1 do art. 243.° do CPP.

Também os particulares podem usar da faculdade de denúncia de um crime de natureza pública de que tenham conhecimento, tal como o permite o art. 244.° do CPP: *"Qualquer pessoa que tiver notícia de um crime pode denunciá-lo ao Ministério Público, a outra autoridade judiciária ou aos órgãos de polícia criminal, salvo se o respectivo procedimento depender de queixa ou de acusação particular"*.

No sentido do estabelecimento das bases necessárias à posterior investigação dos factos, a denúncia reduzida a escrito por aquelas entidades (n.° 3 do art. 246.° do CPP), deve obedecer, na medida do possível, a idênticos requisitos de substância.

Por conseguinte, a aquisição e a transmissão da notícia do crime podem ter uma plural origem e constituem a primeira medida capaz de acautelar o devido procedimento penal.

D2. *Actos cautelares imediatos e urgentes para assegurar os meios de prova*

A garantia do sucesso da investigação pode, na maioria dos casos, estar dependente de uma imediata e cuidadosa intervenção cautelar por parte dos órgãos de polícia criminal, entidades que, normalmente, em primeiro lugar tomam contacto com a factualidade e circunstancialismo criminais.

Assim se justifica que o legislador tenha reputado por conveniente estabelecer que *"Compete aos órgãos de polícia criminal, mesmo antes de receberem ordem da autoridade judiciária competente, para procederem a investigações, praticar todos os actos cautelares necessários e urgentes para assegurar os meios de prova."* – n.º 1 do art. 249.º do CPP. Ou seja, comete-se àqueles órgãos a responsabilidade de assumpção de toda e qualquer medida pertinente e necessária, desde que, claro está, seja legal e útil às finalidades processuais e esteja compreendida nas suas competências processuais.

Significa isto, como temos vindo a defender, que a enumeração das medidas é meramente exemplificativa e orientadora, não excluindo outras.[10]

D3. *Preservação e exame dos vestígios*

"Por meio de exames das pessoas, dos lugares e das coisas, inspeccionam-se os vestígios que possa ter deixado o crime e todos os indícios relativos ao modo como e ao lugar onde foi praticado, às pessoas que o cometeram ou sobre os quais foi cometido." – n.º 1 do art. 171.º do CPP.

Importa, desde logo, tomar posição sobre a natureza destes exames: em nosso entender, o exame, tal como é assumido pelo legislador processual penal, consistirá numa inspecção sobre a existência e localização dos vestígios e/ou dos indícios. Não se tratará, aqui, de uma análise técnica, científica ou artística dos mesmos, matéria que veio a ser objecto das preocupações do legislador sob o art. 151.º do mesmo Código do Processo

---

[10] *Por exemplo, as declarações para memória futura colhidas nos termos do art. 271.º do CPP.*

24 Medidas Cautelares e de Polícia do Processo Penal em Direito Comparado

Penal, ao prever a necessidade de perícia (ou exame pericial), quando a percepção ou apreciação dos factos exigem especiais conhecimentos. Os exames consistirão, por conseguinte, numa observação, análise, interpretação e registo de vestígios materiais da mais variada espécie, mediante critérios técnicos e legais admissíveis e úteis, obviamente ligados à prova pericial, mas ainda assim distintos desta.

É a estes exames que se refere o n.° 2 do art. 171.° do CPP, quando estabelece que, logo que haja notícia da infracção criminal, os órgãos de polícia criminal (ou o procurador da República, se estiver presente) devem preservar os vestígios "...*evitando que se apaguem ou alterem antes de serem examinados...*".

Porque a intervenção da autoridade judiciária, em circunstâncias de normalidade pode não se verificar tão imediatamente quanto o exigem as situações concretas, o legislador cuidou (vd. al. a) do n.° 2 do art. 242.° do CPP) de cometer aos órgãos de polícia criminal, em caso de urgente necessidade, a adopção, de medidas inspectivas dos vestígios da infracção criminal, assegurando, conveniente e atempadamente, os meios de prova, mesmo antes de receberem ordem para procederem a investigações.

Porém, tratando-se de exames a realizar nas pessoas, esta faculdade encontra-se limitada pela necessidade de salvaguarda da dignidade, da intimidade e do pudor das mesmas, como expressamente referido na al. c) do n.° 2 do art. 270.° e acentuado pela norma do n.° 2 do art. 172.°, todos do CPP, ficando vedado aos órgãos de polícia criminal a possibilidade de assistir a exames corporais susceptíveis de ofensa ao pudor do examinando.

D4. *Proibição de actos que possam prejudicar a descoberta da verdade*

"Logo que houver notícia da prática de crime, providencia-se para evitar, quando possível (...) a entrada ou o trânsito de pessoas estranhas no local do crime, ou quaisquer outros actos que possam prejudicar a descoberta da verdade." – n.° 2 do art. 171.° do CPP.

"Enquanto não estiver presente no local a autoridade judiciária ou o órgão de polícia criminal competentes, cabe a qualquer agente da autoridade tomar provisoriamente as providências referidas no n.° 2, se de outro modo houver perigo iminente para a obtenção da prova." – n.° 4 do art. 171.° do CPP.

A regra continua a ser a da prévia orientação do titular do inquérito, quanto às <u>medidas de preservação dos meios de prova</u> produzidos pela infracção. Mesmo nestas circunstâncias de normalidade impõe-se a <u>adopção de medidas cautelares</u>, ainda que tenham que ser dirigidas às pessoas cujo comportamento possa colocar em risco a permanência e colheita dos vestígios.

Compreende-se, portanto, que não poderiam ser deixadas ao acaso aquelas situações em que a entidade com competência legal não estivesse presente. Por isso, quaisquer outros agentes da autoridade, podem, tendo em vista obviar a possíveis danos para a investigação criminal subsequente, impedir a entrada, a saída ou o trânsito de pessoas estranhas no local do crime, verificado que esteja o perigo iminente para a obtenção da prova, designadamente pela subtracção ou anulação de provas, sendo certo que esta intervenção será provisória e temporalmente limitada ao momento em que esteja em condições de intervir a autoridade judiciária, ou o órgão de polícia criminal materialmente competente para o inquérito.

D5. *Obtenção de informações*

As providências cautelares relativas aos meios de prova compreendem, também, o poder de *"Colher informações de quaisquer pessoas que facilitem a descoberta dos agentes do crime e a sua reconstituição."* – al. b) do n.º 2 do art. 249.º do CPP.

Existe, uma vez mais em antecipação à intervenção da autoridade judiciária (o que pressupõe a verificação de condições de urgência e perigo na demora) a possibilidade de acção imediata dos órgãos de polícia criminal. Cabe-lhes agir <u>de forma a impedir a perda de informações</u> imediatamente necessárias ao início do inquérito criminal ou cuja "erosão" ou desaparecimento sejam previsíveis.

A colheita de informações do suspeito não pressupõem (quando considerado o nosso sistema jurídico-processual, mormente os deveres a que o arguido de um facto criminal se encontra sujeito – cfr. al. c) do n.º 1 do art. 61.º do CPP) que aquele tenha o dever de as prestar. Contudo, previu o legislador a possibilidade de colaboração do suspeito (não necessariamente arguido), o que pode verificar-se até no seu próprio interesse de desresponsabilização pelo facto.

Parece-nos que, ao prever-se a possibilidade de as informações poderem ser obtidas de quaisquer pessoas, se admitirá que se obtenha informação de outras que não apenas as eventuais testemunhas do ilícito criminal, tendo presente, até, que não se procurará apenas meios de descoberta do crime, mas sim quaisquer outras formas de prestação que facilitem essa descoberta, a desejável reconstituição ou auxiliem "...*à descoberta e conservação de meios de prova que poderiam perder-se antes da intervenção da autoridade judiciária.*" (cfr. n.º 8 do art. 250.º do CPP).

D6. *Realização de perícia*

Vimos já em que medida é que a lei processual penal portuguesa permite a <u>intervenção antecipatória, em caso de urgência ou perigo de perda</u> de vestígios ou indícios, conduzindo aos seus imediatos preservação e exame.

Trata-se, agora, de analisarmos a extensão das medidas cautelares quando esteja em causa a necessidade de recurso à prova pericial.

Refere o art. 151.º do CPP, que "*A prova pericial tem lugar quando a percepção ou a apreciação dos factos exigirem especiais conhecimentos técnicos, científicos ou artísticos.*" Significa isto que estamos perante exames que exigem mais do que a mera percepção comum, aconselhando a intervenção de profissionais especializados no conhecimento das matérias em análise. Como norma, a perícia é realizada em estabelecimento, laboratório ou serviço oficial apropriado (hospitais, serviços médico-legais, laboratórios de física e química, etc.) ou, quando não for possível ou conveniente (na própria expressão do n.º 1 do art. 152.º do CPP), "*...por perito nomeado de entre pessoas constantes de listas de peritos existentes em cada comarca, ou, na sua falta ou impossibilidade de resposta em tempo útil, por pessoa de honorabilidade e de reconhecida competência na matéria em causa.*"

Em circunstâncias de normalidade, "*A perícia é ordenada, oficiosamente ou a requerimento, por despacho da autoridade judiciária...*" (n.º 1 do art. 154.º do CPP) ou seja, pelo M.º P.º ou pelo Juiz de Instrução. O despacho que determina a realização do exame pericial deve ser notificado "*...ao Ministério Público, quando este não for o seu autor, (...) ao arguido, ao assistente e às partes civis, com a antecedência mínima de três dias sobre a data indicada para a realização da perícia.*".

O legislador, atento aos graves inconvenientes que podem advir do prévio conhecimento de que a perícia ser realizará, nomeadamente colocando em risco a aquisição ou a manutenção da prova que constitui objectivo da perícia, no n.º 3 do art. 154.º do CPP criou excepções ao dever de notificação prévia:

"3. Ressalvam-se do disposto no número anterior os casos:
a) Em que a perícia tiver lugar no decurso do inquérito e a autoridade judiciária que a ordenar tiver razões para crer que o conhecimento dela ou dos seus resultados, pelo arguido, pelo assistente ou pelas partes civis poderia prejudicar as finalidades do inquérito;
b) De urgência ou de perigo na demora."

Verifica-se, assim, que a perícia realizada <u>com preterição da notificação prévia, se constitui em verdadeira medida cautelar e de polícia processual</u>, podendo ser assumida em fases distintas:

– No inquérito, com três tipos de fundamentação:
  a) Prejuízo para as finalidades do inquérito;
  b) Urgência;
  c) Perigo na demora.
– Na instrução ou no julgamento:
  a) Urgência;
  b) Perigo na demora.

Podemos concluir que a perícia não é, definitivamente, matéria do domínio dos órgãos de polícia criminal, sem prejuízo do poder de a proporem à autoridade judiciária.

Verificamos, pois, que a norma da al. b) do n.º 2 do art. 270.º do CPP exclui a perícia do número das diligências de investigação delegáveis pelo M.º P.º nos órgãos de polícia criminal.

Mas imediatamente abaixo o legislador atalha, tornando a perícia relativamente indelegável:

"O Ministério Público pode, porém, delegar em autoridade de polícia criminal a faculdade de ordenar a efectivação de perícia relativamente a determinados tipos de crime, em casos de urgência ou de perigo na demora, nomeadamente quando a perícia deva ser realizada conjuntamente com o exame dos vestígios. Exceptuam-se a perícia que envolva

a realização de autópsia médico-legal, bem como a prestação de escla-recimentos complementares e a realização de nova perícia nos termos do artigo 158.º" – n.º 3 do art. 270.º do CPP. Isto é: pode haver delegação da competência para ordenar a perícia quando:

a) O órgão delegante seja magistrado do Ministério Público;
b) O órgão delegado seja autoridade de polícia criminal;
c) A matéria objecto de delegação não envolva autópsia médico-legal, esclarecimentos complementares ou nova perícia;
d) Exista uma situação de urgência, ou
e) Exista perigo na demora de intervenção normal da autoridade judiciária.

D7. *Apreensões em caso de urgência ou perigo na demora*

D7.1. *Apreensões de objectos*

A lei é imperativa quanto à apreensão dos **"...*objectos que tiverem servido ou estivessem destinados a servir para a prática de um crime, os que constituírem o seu produto, lucro, preço ou recompensa e bem assim todos os objectos que tiverem sido deixados pelo agente no local do crime, ou quaisquer outros susceptíveis de servir a prova.*"** – n.º 1 do art. 178.º do CPP.

A decisão da apreensão pode verificar-se por iniciativa da autoridade judiciária <u>mediante ordem</u> à autoridade ou órgão de polícia criminal. Mas pode verificar-se ainda por seu <u>despacho autorizador</u>, quando tenha sido daquelas entidades a proposta conducente à apreensão. Nos casos em que as apreensões tenham lugar em circunstâncias e momentos prévios à inter-venção da autoridade judiciária, ainda assim, será esta a entidade compe-tente para apreciar e <u>validar</u> a medida.

É quanto podemos extrair dos termos usados no n.º 3 do art. 178.º do CPP quando ali se explicita que *"**As apreensões são autorizadas, ordena-das ou validadas por despacho da autoridade judiciária**."*

Questão que não tem sido muito pacífica, é a de saber se o legislador processual, ao usar a expressão disjuntiva "<u>ou</u>", naquele preceito norma-tivo, quis afastar do dever de sujeição a validação as apreensões feitas em cumprimento de mandado ou autorização judiciárias. Se fosse entendido deste modo, parece-nos que nos casos de mandados de apreensão que não definem, *"a priori"* os objectos que hão-de ser apreendidos, bastando-se com a mera referência a objectos e instrumentos relacionados com determinado crime, os que viessem a ser efectivamente apreendidos ficariam sem intervenção ratificadora em tempo útil, ainda que, afinal, nada tivessem a ver com a infracção em investigação e ainda que o procedimento processual tivesse sido incorrectamente conduzido.

Ora, não nos parece que tenha sido essa a intenção do legislador. A nosso ver, o que pretendeu foi ter o domínio dos mais importantes e decisivos momentos processuais, vigiando o decurso das diligências de inquérito e velando para evitar danos injustos às pessoas cerceadas nos seus direitos com a medida de apreensão de objectos, cuja falta pode até comprometer irremediavelmente o desenvolvimento da sua vida económica ou profissional.

Por conseguinte, há que reconstituir o pensamento do legislador e, fazendo-o, parece-nos podermos concluir, com segurança, que na norma do n.° 3 do art. 178.°, atrás invocada, apenas se referiu às apreensões de objectos individualizados e determinados e, sendo estes os exclusivamente apreendidos, naturalmente que ficaria reduzida de sentido uma qualquer validação.

Mas, ainda assim, os textos legais vão mais longe e reforçam aquele nosso entendimento: *"**As apreensões efectuadas por órgão de polícia criminal são sujeitas a validação pela autoridade judiciária, no prazo máximo de 72 horas**."* – n.° 5 do art. 178.° do CPP. Repare-se que não se excluem deste dever as apreensões feitas pelos órgãos de polícia criminal em cumprimento de mandado ou autorização judiciários! Refere-se a toda e qualquer apreensão e não apenas às efectuadas ao abrigo das disposições conjugadas do n.° 4 do art. 178.° e al. c) do n.° 2 do art. 249.° do CPP. Ou seja, ficam apenas subtraídas à obrigação legal de validação, as apreensões efectuadas pela própria autoridade judiciária, o que se compreende se for tido em conta que se trata da figura de tutela e direcção do momento processual em que a medida tenha de ser empreendida.

Estes, portanto, os procedimentos legais a adoptar em circunstâncias ditas de normalidade. Mas o legislador não poderia deixar de "armar" o sistema para uma eficaz resposta a situações ou circunstâncias de excepcionalidade. Assim, quando perante <u>casos de urgência ou de perigo na demora</u>, que se não compadeçam com a espera a que a intervenção da autoridade judiciária competente obrigaria, devem as autoridades policiais ou seus agentes proceder às apreensões e adoptar as medidas tecnicamente

30   *Medidas Cautelares e de Polícia do Processo Penal em Direito Comparado*

aptas à conservação e manutenção dos mesmos: "*Compete aos órgãos de polícia criminal, mesmo antes de receberem ordem da autoridade judiciária competente para procederem a investigações, praticar os actos cautelares necessários e urgentes para assegurar os meios de prova. Compete-lhes, nomeadamente, nos termos do número anterior: (...) Proceder a apreensões no decurso de revistas e buscas ou em caso de urgência ou perigo na demora, bem como adoptar as medidas cautelares necessárias à conservação e manutenção dos objectos apreendidos.*" – n.º 1 e al. c) do n.º 2 do art. 249.º do CPP.

As revistas pessoais e as buscas, tendo por geral finalidade a procura de objectos relacionados com práticas criminosas e susceptíveis de servir a prova, não são, na sua essência, mais do que instrumentos processuais para se efectivarem as apreensões. Isto é, consideramos que <u>a apreensão, essa sim, é que se manifesta como medida cautelar ou de polícia</u> e não o prévio instrumento que as viabiliza.

Embora no art. 251.º do CPP o legislador tenha optado pela sua subsumpção ao capítulo referente às "**medidas cautelares e de polícia**", fê-lo, segundo nossa convicção, unicamente para acentuar o carácter de <u>urgência e de perigo na demora</u> dominante naqueles casos, por contraposição com o regime do art. 174.º e pese embora a norma excepcional da al. a) do n.º 4 do mesmo artigo.

Todavia, e quanto a esta última, sempre se deverá advertir que não está em causa, aqui, a necessidade imediata de uma apreensão de objectos, mas sim a exigência, imperiosa, de se <u>evitar perigo grave</u> para a vida ou para a integridade física das pessoas:

"*As revistas e buscas são autorizadas ou ordenadas por despacho da autoridade judiciária competente, devendo esta, sempre que possível, presidir à diligência. Ressalvam-se das exigências contidas no número anterior as revistas e buscas efectuadas por órgão de polícia criminal nos casos: a) De terrorismo, criminalidade violenta ou altamente organizada, quando haja fundados indícios da prática iminente de crime que ponha em grave risco a vida ou a integridade física de qualquer pessoa*" (...) – n.º 3 e al. a) do n.º 4 do art. 174.º do CPP.

Necessária a este tipo de intervenção excepcional dos órgãos de polícia criminal, é a exigência da <u>iminência</u> da verificação de um tipo legal enquadrável no conceito terrorismo, de crime violento ou de crime "altamente"organizado e, concomitantemente, que da respectiva consumação

O Sistema Português

seja de esperar que resulta perigo para a vida ou integridade física, que lhe não basta que seja perigo, mas também que ele possa ser considerado como um perigo grave.

Como referido, em regra as buscas e revistas só podem ser executadas precedendo autorização da autoridade judiciária. Mas, para além dos casos de consentimento expresso e documentado dos visados, dos casos de detenção em flagrante delito e das situações de terrorismo, criminalidade violenta ou altamente organizada, com grave e iminente perigo para a vida a integridade física das pessoas, as normas do art. 251.º do CPP vieram alargar a possibilidade de recurso a tais meios de obtenção de prova:

"1. Para além dos casos previstos no art. 174.º, n.º 4, os órgãos de polícia criminal podem proceder, sem prévia autorização da autoridade judiciária:

a) À revista de suspeitos em caso de fuga iminente ou de detenção e a buscas no lugar em que se encontrarem, salvo tratando-se de busca domiciliária, sempre que tiverem fundada razão para crer que neles se ocultam objectos relacionados com o crime, susceptíveis de servir aprova e que de outra forma poderiam perder-se;

b) à revista de pessoas que tenham de participar ou pretendam assistir a qualquer acto processual, sempre que houver razões para crer que ocultam armas ou outros objectos com os quais possam praticar actos de violência.

2. É correspondentemente aplicável o disposto no art. 174.º, n.º 5." – art. 251.º do CPP.

Pretende-se, nestes casos, acautelar a apreensão de objectos de valor probatório em posse de suspeitos em previsível e iminente fuga, ou já sujeitos a detenção, procedendo-se a revistas pessoais e a buscas em qualquer lugar onde sejam encontrados, à excepção de buscas domiciliárias, pois que, quanto a estas, só podem ser realizadas com autorização judicial, ou nos casos do art. 174.º do CPP, e dentro do limite temporal estabelecido pelo art. 177.º do CPP (entre as 7 e as 21 horas).

Acresce que, quer por razões cautelares, quer por necessidade de manter imperturbável a "polícia" dos actos processuais, há também lugar a revista pessoal prévia à comparência ou assistência a acto processual, desde que existam motivos suficientes para conduzir à conclusão de que os visados portam armas ocultas, ou quaisquer outros objectos aptos a servirem a prática de actos violentos, naturalmente no decurso desse acto. Serão, portanto, entre outros factores, a natureza do próprio acto, a qualidade dos sujeitos processuais intervenientes, as próprias circunstâncias sócio-psicológicas das comunidades e, muito especificamente, a personalidade e comportamento habitual ou momentâneo do visado, que servirão para firmar a convicção sobre a existência de razões válidas para a exigência da submissão a revista pessoal.

Em qualquer caso, estas medidas de urgência, subtraídas *"ad initio"* à prévia apreciação judicial, sempre terão que ser do seu conhecimento imediato, para uma eventual validação.

D7.2. *Apreensão de correspondência*

"1. Sob pena de nulidade, o juiz pode autorizar ou ordenar, por despacho, a apreensão, mesmo nas estações de correios e telecomunicações, de cartas, encomendas, valores, telegramas ou qualquer outra correspondência, quando tiver fundadas razões para crer que:

a) A correspondência foi expedida pelo suspeito ou lhe é dirigida, mesmo que sob nome diverso ou através de pessoa diversa;

b) Está em causa crime punível com pena de prisão superior, no seu máximo, a três anos; e

c) A diligência se revelará de grande interesse para a descoberta da verdade ou para a prova.

2. É proibida, sob pena de nulidade, a apreensão e qualquer outra forma de controlo da correspondência entre o arguido e o seu defensor, salvo se o juiz tiver razões para crer que aquela constitui objecto ou elemento de um crime.

3. O juiz que tiver ordenado ou autorizado a diligência é a primeira pessoa a tomar conhecimento da correspondência apreendida. Se a considerar relevante para a prova, fá-la juntar ao processo; caso contrário, restituí-a a quem de direito, não o podendo ela ser utilizada como meio de prova, e fica ligado pelo dever de segredo àquilo de que tiver tomado conhecimento e não tiver interesse para a prova."
– art. 179.° do CPP.

Constata-se que apenas o magistrado judicial pode determinar a apreensão de correspondência. Mas mesmo o despacho judicial só poderá ser produzido quando se verifiquem os requisitos cumulativos acolhidos

O Sistema Português 33

nas normas do n.º 1 do artigo 179.º, acima transcrito. Ou seja, a apreensão só poderá ser determinada quando esteja em causa crime punível com pena de prisão de máximo superior a 3 anos, a correspondência tenha o suspeito por remetente ou destinatário e seja de esperar que a execução da diligência traga ao processo elementos de "grande interesse" para o apuramento da verdade.

A autoridade judiciária que determina a apreensão será a primeira (e eventualmente a única) entidade a tomar conhecimento do conteúdo da correspondência, pelo que, "*...os órgãos de polícia criminal transmitem-na intacta ao juiz que tiver autorizado ou ordenado a diligência.*" – n.º 1 do art. 252.º do CPP.

Porém, também quanto a esta matéria, o legislador criou no sistema uma alternativa de segurança, através do procedimento excepcional[11] admitido pelos n.ºs 2 e 3 do art. 252.º do CPP:

"2. Tratando-se de encomendas ou valores fechados susceptíveis de serem apreendidos, e sempre que tiverem fundadas razões para crer que eles podem conter informações úteis à investigação de um crime ou conduzir à sua descoberta, e que podem perder-se em caso de demora, os órgãos de polícia criminal informam do facto, pelo meio mais rápido, o juiz, o qual pode determinar a sua abertura imediata.

3. Verificadas as razões referidas no número anterior, os órgãos de polícia criminal podem ordenar a suspensão da remessa de qualquer correspondência nas estações de correios e telecomunicações. Se, no prazo de quarenta e oito horas, a ordem não for convalidada põe despacho fundamentado, a correspondência é remetida ao destinatário."

Trata-se, portanto, de dois mecanismos algo distintos. Em primeiro lugar permite-se a intervenção directa dos órgãos de polícia criminal em qualquer espaço onde constatem a existência de <u>encomendas</u> ou <u>valores fechados</u> (e não a comum correspondência), desde que:

– Tenham fundada suspeita de que contêm informações úteis;
– Exista o risco de perda dessas informações;

---

[11] *Contraposto ao regime regra do n.º 1 do art. 179.º e al. d) do n.º 2 do art. 268.º, todos do CPP.*

34 *Medidas Cautelares e de Polícia do Processo Penal em Direito Comparado*

– Esse risco resulte da previsível falta de intervenção tempestiva da autoridade judiciária;
– Esta autoridade seja previamente informada, pelo meio mais célere;
– Haja expressa autorização de abertura.

Em segundo lugar, e agora já quanto a qualquer tipo de correspondência, os órgãos de polícia criminal podem emitir e fazer cumprir ordem de suspensão da remessa, desde que:

– A correspondência esteja localizada em estação de correios ou de telecomunicações;
– Exista fundada suspeita de que contêm informações úteis;
– Haja risco de perda dessas informações;
– Esse risco resulte da previsível demora na intervenção da autoridade judiciária.

Verificamos, neste último caso, que <u>mesmo sendo previsível a demora na intervenção da autoridade judiciária, não pode haver lugar à imediata abertura</u>. Aqui, por se tratar de correspondência propriamente dita, e não já de encomendas ou de valores, os poderes de polícia encontram maior limitação. <u>A medida cautelar limitar-se-á, nestas condições, a actos de interrupção temporária da expedição da correspondência</u> que poderá ter um de dois destinos: a apreensão após despacho judicial, ou o reatamento do percurso até ao destinatário.

D7.3. *Intercepção e gravação de telecomunicações e transmissão de dados informáticos*

"1. A intercepção e a gravação de conversações ou comunicações telefónicas só podem ser ordenadas ou autorizadas, por despacho do juiz, quanto a crimes:

a) Puníveis com pena de prisão superior, no seu máximo, a três anos;

b) Relativos a tráfico de estupefacientes;

c) De contrabando, ou

d) De injúria, de ameaça, de coacção, de devassa da vida privada e perturbação da paz e sossego, quando cometidos através de telefone, se houver razões para crer que a diligência se revelará de grande interesse para a descoberta da verdade ou para a prova.

O Sistema Português 35

2. A ordem ou autorização a que alude o n.° 1 do presente artigo pode ser solicitada ao juiz dos lugares onde eventualmente se puder efectivar a conversação ou comunicação telefónica ou da sede da entidade competente para a investigação criminal, tratando-se dos seguintes crimes:

a) Terrorismo, criminalidade violenta ou altamente organizada;

b) Associações criminosas previstas no artigo 299.° do Código Penal;

c) Contra a paz e a humanidade previstos no título III do livro II do Código Penal;

d) Contra a segurança do Estado previstos no capítulo I do título V do livro II do Código Penal;

e) Produção e tráfico de estupefacientes;

f) Falsificação de moeda ou títulos equiparados a moeda prevista nos artigos 262.°, 264.°, na parte em que remete para o artigo 262.°, e 267.°, na parte em que remete para os artigos 262.° e 264.°, do Código Penal;

g) Abrangidos por convenção sobre segurança da navegação aérea ou marítima.

3. É proibida a intercepção e a gravação de conversações ou comunicações entre o arguido e o seu defensor, salvo se o juiz tiver fundadas razões para crer que elas constituem objecto ou elemento de crime." – art. 187.° do CPP.

Como se vê, a intercepção e gravação das conversações ou comunicações telefónicas apenas poderá ter lugar em casos muito específicos e excepcionais, considerando os exigentes limites constitucionais à intervenção dos poderes públicos:

"1. O domicílio e o sigilo da correspondência e dos outros meios de comunicação privada são invioláveis. 4. É proibida toda a ingerência das autoridades públicas na correspondência, nas telecomunicações e nos demais meios de comunicação, salvo nos casos previstos na lei em matéria de processo criminal." – art. 34.° da CRP

Por conseguinte, apenas nos casos e com os limites previstos no art. 187.° do CPP, poderá o juiz ordenar, ou autorizar após requerimento do Ministério Público ou dos órgãos de polícia criminal (cfr. n.° 2 do art. 268.°, alínea c) do n.° 1 e n.° 2 do art. 269.°, todos do CPP), a intercepção e a gravação das comunicações telefónicas. Em regra, tal procedimento não é admissível quanto a conversações ou comunicações entre

36 *Medidas Cautelares e de Polícia do Processo Penal em Direito Comparado*

arguido e o seu defensor, excepto se o juiz tiver fundadas razões para crer que elas constituem objecto ou elemento do crime em investigação.

A jusante da execução da medida e em todos os casos, cabe ao juiz conhecer das gravações executadas e dos respectivos autos, sem prejuízo do deferimento legal, ao órgão de polícia criminal, da possibilidade do conhecimento do conteúdo das comunicações interceptadas, "...*a fim de poder praticar os actos cautelares e urgentes para assegurar os meios de prova.*" – n.º 2 do art. 188.º do CPP.

O regime assim fixado, com os limites e os procedimentos de excepção nele contidos, é extensivo "...*às conversações ou comunicações transmitidas por qualquer meio diferente do telefone, designadamente correio electrónico, ou outras formas de transmissão de dados por via telemática, bem como à intercepção de comunicações entre presentes.*" – art. 190.º do CPP. Ou seja, também para estas formas de comunicação se configurou a possibilidade de adopção de medidas cautelares de preservação dos meios de prova.

A lei fere com a nulidade a preterição de qualquer dos requisitos e condições estabelecidos para a intercepção e gravação das conversações e comunicações telefónicas, o que significa, para além das consequências penais a que haja lugar, que o acto praticado é inválido como inválidos serão todos os outros que dele dependerem e por ele tenham sido afectados (cfr. art. 189.º e art. 122.º, ambos do CPP).

D8. *Identificação de suspeitos*

Convirá lembrar que, para efeitos da nossa lei processual penal, suspeito é "...*toda a pessoa relativamente à qual exista indício de que cometeu ou se prepara para cometer um crime, ou que nele participou ou se prepara para participar.*" – alínea e) do n.º 1 do art. 1.º do CPP. Ora, a exigência de identificação, a que se refere o art. 250.º do mesmo Código, parece, "*ab initio*", tendo em conta a respectiva epígrafe (*Identificação de suspeito e pedido de informações*) e o n.º 1 do artigo: "*Os órgãos de polícia criminal podem proceder à identificação de qualquer pessoa encontrada em lugar público, aberto ao público ou sujeito a vigilância policial, sempre que sobre ela recaiam fundadas suspeitas da prática de crimes, da pendência de processo de extradição ou de expulsão, de que tenha penetrado ou permaneça irregularmente no território nacional ou de haver contra si mandado de detenção.*", alargar tal dever a outras pessoas que não aquelas a quem caberia a qualificação legal de suspeito de actividade criminal. A norma refere-se a qualquer pessoa encontrada em lugar público, aberto ao público ou sujeito a vigilância policial, sempre que sobre ela recaiam fundadas suspeitas da prática de crimes, de pendência de processo de extradição ou de expulsão, de que tenha penetrado ou permaneça irregularmente em território nacional ou de haver contra si mandado de detenção. Isto é, refere-se também a pessoas contra as quais não há suspeita de crime, mas tão só da prática de irregularidades administrativas. Daí que, a repetida alusão a "suspeito", feita ao longo das várias normas do artigo, deva ser interpretada como referindo-se igualmente àquelas. Deste modo, os meios de identificação juridicamente aceitáveis, a possibilidade de condução compulsiva ao posto policial mais próximo para efeitos de aplicação de processos de identificação e a legitimidade das polícias para pedirem informações úteis para a descoberta e conservação de meios de prova, devem considerar-se aplicáveis a qualquer das pessoas referidas no n.º 1 do mesmo artigo.

O preceito normativo não indica expressamente quais as finalidades a alcançar com a identificação do suspeito. Mas a medida inclui-se entre aquelas que o legislador distinguiu como medidas cautelares e de polícia. Não poderá perder-se de vista, portanto, que se procurou criar mecanismos de confirmação da identidade de pessoas provavelmente relacionadas com um crime ou com uma qualquer outra irregularidade administrativa para, a partir de tal verificação, se poder agir, responsabilizando e corrigindo. Está em causa, do lado das autoridades públicas, o poder/dever de cooperação na realização da justiça penal e o cumprimento da legalidade. Do lado do cidadão situa-se o dever de colaboração na defesa de tais valores e fins, não apenas por força do princípio da responsabilidade de todos nas causas do colectivo social, mas também porque nos parece poder garantir-se que tal resulta do comando normativo do n.º 8 do mesmo artigo 250.º do CPP, ainda que de modo atenuado dada a construção gramatical escolhida:

"Os órgãos de polícia criminal podem pedir ao suspeito, bem como a quaisquer pessoas susceptíveis de fornecerem informações úteis, e deles receber, sem prejuízo, quanto ao suspeito, do disposto no artigo 59.º, informações relativas a um crime e, nomeadamente, à descoberta e à conservação de meios de prova que poderiam perder-se antes da intervenção da autoridade judiciária.".

38   *Medidas Cautelares e de Polícia do Processo Penal em Direito Comparado*

Na verdade, ao poder de os órgãos de polícia criminal de receberem informações úteis, não decorre, inexoravelmente, o dever jurídico de as prestar independentemente da condição processual da pessoa capaz de fornecer as informações desejadas.

D9. *Submissão a termo de identidade e residência*

Como acima já se advertiu, consideramos a existência de medidas cautelares e de polícia a que o legislador não atribuiu expressamente tal qualificação, por entendermos que outras existem que procuram evitar que meios e elementos probatórios desapareçam irremediavelmente, ou que se verifiquem actos e comportamentos com perniciosa incidência na "polícia" do processo penal em curso. Até os requisitos de <u>urgência e de perigo na demora</u> lhe não são absolutamente estranhos:[12] tenha-se em conta, por exemplo, o risco de o arguido não mais ser localizado, o perigo da perda da garantia real que os objectos apreendidos representam, a necessidade de garantir a disciplina do processo com a proibição de contactos, a urgência implícita no arresto preventivo ou cautelar.

Assim, à semelhança das demais medidas de coacção, vemos no dever de submissão do arguido a termo de identidade e residência, prevista no art. 196.º do CPP, uma autêntica <u>medida cautelar e de polícia</u> que, muito para além de coagir o arguido, <u>pretende acautelar a sua localização</u> para efeitos de receber notificações e comunicações relacionadas com o processo:

"1. A autoridade judiciária ou o órgão de polícia criminal sujeitam a termo de identidade e residência lavrado no processo todo aquele que for constituído arguido, ainda que já tenha sido identificado nos termos do artigo 250.º.

2. Para o efeito de ser notificado mediante via postal simples, nos termos da alínea c) do n.º 1 do artigo 113.º, o arguido indica a sua residência, o local de trabalho ou outro domicílio à sua escolha.

---

[12] *Aliás, nem sempre a urgência ou o "periculum in mora" estão presentes no elenco dos actos que o legislador tipificou como "medidas cautelares e de polícia", como acontece, por exemplo, na medida de identificação de suspeito do art. 250.º do CPP.*

O Sistema Português 39

3. Do termo deve constar que àquele foi dado conhecimento:
a) Da obrigação de comparecer perante a autoridade competente ou de se manter à disposição dela sempre que a lei o obrigar ou para tal for devidamente notificado;
b) Da obrigação de não mudar de residência nem dela se ausentar por mais de cinco dias sem comunicar a nova residência ou o lugar onde possa ser encontrado;
c) De que as posteriores notificações serão feitas por via postal simples para a morada indicada no n.° 2, excepto se o arguido comunicar uma outra, através de requerimento entregue ou remetido por via postal registada à secretaria onde os autos se encontrarem a correr nesse momento;
d) De que o incumprimento do disposto nas alíneas anteriores legitima a sua representação por defensor em todos os actos processuais nos quais tenha o direito ou o dever de estar presente e bem assim a realização da audiência na sua ausência, nos termos do artigo 333.°.
4. A aplicação da medida referida neste artigo é sempre cumulável com qualquer outra das previstas no presente livro.".

Já quanto às demais medidas de coacção, se dúvidas existissem acerca da sua concomitante natureza de medidas cautelares e de polícia, elas teriam de ser afastadas desde logo pela primeira das disposições gerais sobre as medidas de coacção e de garantia patrimonial, ao dizer-se, claramente, no n.° 1 do art. 191.° do CPP, que são as exigências processuais de natureza cautelar a determinar a extensão e as condições de aplicação das medidas coactivas:

"A liberdade das pessoas só pode ser limitada, total ou parcialmente, em função das exigências processuais de natureza cautelar, pelas medidas de coacção e de garantia patrimonial previstas na lei.".

Depois, se ainda resistências existissem quanto a esta natureza, elas teriam que ficar definitivamente abaladas pela força do prevenido pelo art. 204.° do CPP:

"Nenhuma medida de coacção prevista no capítulo anterior, à excepção da que se contém no artigo 196.°, pode ser aplicada em concreto se não se verificar:
a) Fuga ou perigo de fuga;

b) Perigo de perturbação do decurso do inquérito ou da instrução do processo e, nomeadamente, perigo para a aquisição, conservação ou veracidade da prova; ou

c) Perigo, em razão da natureza e das circunstâncias do crime ou da personalidade do arguido, de perturbação da ordem e da tranquilidade públicas ou de continuação da actividade criminosa.".

A norma é sobejamente esclarecedora, mas não nos dispensamos, porque de extrema importância, até para a posterior compreensão dos demais sistemas processuais que analisaremos, de fazer notar a incisiva presença, implícita e explícita, dos requisitos de <u>urgência</u>, de "<u>polícia</u>" <u>processual</u> e de <u>perigo na demora</u>.

D10. *Caução e Arresto preventivo*

A caução é aplicável apenas pelo juiz de instrução, nos termos da competência atribuída pela alínea b) do n.° 1 do art. 268.° do CPP:

"1. Durante o inquérito compete exclusivamente ao juiz de instrução: (…) b) Proceder à aplicação de uma medida de coacção ou de garantia patrimonial, à excepção da prevista no artigo 196.°, a qual pode ser aplicada pelo Ministério Público;"

E desde que se esteja perante a suspeita da prática de um crime punível com pena de prisão, como o requer o n.° 1 do art. 197.° do mesmo Código: *"Se o crime imputado for punível com pena de prisão, o juiz pode impor ao arguido a obrigação de prestar caução."*

<u>Constitui, simultaneamente, uma medida coactiva que pretende garantir a adimplência do arguido aos posteriores trâmites processuais e, claramente, uma medida cautelar</u>, cuja natureza é "confessada" pelo legislador no n.° 3 do mesmo art. 197.°: *"Na fixação do montante da caução tomam-se em conta os fins de natureza cautelar a que se destina…".*

Aliás, outro tanto nos é dito nos n.ºs 1 e 2 do art. 227.° do CPP, quando se concede ao Ministério Público, e ao lesado, a faculdade legal de requererem a prestação de caução económica com fundamento no "<u>*fundado receio*</u>" <u>de que faltem ou diminuam substancialmente as garantias de</u>

O Sistema Português 41

pagamento de pena pecuniária, de custas do processo, de qualquer outra dívida para com o Estado relacionada com o crime, de indemnizações ou de outras obrigações civis derivadas do ilícito criminal, mantendo-se esta *"caução económica"* *"...distinta e autónoma relativamente à caução referida no artigo 197.° e subsiste até à decisão final absolutória ou até à extinção das obrigações. Em caso de condenação são pagos pelo seu valor, sucessivamente, a multa, o imposto de justiça, as custas do processo e a indemnização e outras obrigações civis."* – n.° 4 do art. 227.° do CPP.

Fixada a prestação de caução económica, e não observada pelo arguido, o legislador presume *"iuris tantum"* a existência de um fundado receio de perda da garantia patrimonial, pelo que o Ministério Público, ou o lesado, ficam dispensados de fazer prova da existência de tal perigo, para que seja decretado o arresto de bens que garantam as obrigações decorrentes da responsabilização pelo facto criminoso: *"A requerimento do Ministério Público ou do lesado, pode o juiz decretar o arresto, nos termos da lei do processo civil; se tiver sido previamente fixada e não prestada caução económica, fica o requerente dispensado da prova do fundado receio de perda da garantia patrimonial."* – n.° 1 do art. 228.° do CPP.

D11. *Obrigação de apresentação periódica*

"Se o crime for punível com pena de prisão de máximo superior a seis meses, o juiz pode impor ao arguido a obrigação de se apresentar à entidade judiciária ou a um certo órgão de polícia criminal em dias e horas pré-estabelecidos, tomando em conta as exigências profissionais do arguido e o local em que habita." – art. 198.° do CPP.

Uma tal obrigação só parece ter sentido enquanto for entendida como medida de polícia adequada ao controlo da manutenção do arguido à disposição das autoridades judiciárias, obviando, ainda que timidamente, à possibilidade de ele se poder furtar à acção penal. De qualquer modo, a quebra do dever de apresentação periódica é objecto de comunicação do órgão de polícia criminal, ou da entidade judiciária, ao juiz de instrução que assim ficará habilitado a reagir com oportunidade, nomeadamente substituindo a medida não cumprida por outra mais adequada aos fins do processo: *"Em caso de violação das obrigações impostas por aplica-*

ção de uma medida de coacção, o juiz, tendo em conta a gravidade do crime imputado e os motivos da violação, pode impor outra ou outras das medidas de coacção previstas neste Código e admissíveis no caso". – art. 203.° do CPP.

D12. Suspensão do exercício de funções, de profissão ou de direitos

"1. Se o crime imputado for punível com pena de prisão de máximo superior a dois anos, o juiz pode impor ao arguido, cumulativamente, se disso for caso, com qualquer outra medida legalmente cabida, a suspensão de exercício:

a) Da função pública;

b) De profissão ou actividade cujo exercício dependa de um título público ou de uma autorização ou homologação de autoridade pública, ou;

c) Do poder paternal, da tutela da curatela, da administração de bens ou da emissão de títulos de crédito, sempre que a interdição do exercício respectivo possa vir a ser decretada como efeito do crime imputado".

2. A suspensão é comunicada à autoridade administrativa, civil ou judiciária normalmente competente para decretar a suspensão ou a interdição respectivas." – art. 199.° do CPP.

Como facilmente se alcança, a suspensão do exercício de actividades ou de direitos não se verifica na decorrência directa do crime supostamente cometido pelo arguido. O juiz <u>pode</u> determiná-la. Certamente que apenas o fará se entender que se trata de medida necessária para <u>acautelar interesses e direitos</u> públicos, ou direitos de particulares com interesse legal no procedimento. Naturalmente, o que se <u>procura evitar será a eventual frustração de provas</u> que podem estar facilmente acessíveis ou na disponibilidade dos titulares de cargos públicos, a hipotética <u>dissipação de bens alheios</u>, ou mesmo a <u>continuação da actividade criminosa</u>, mais susceptível de se verificar se o arguido mantiver determinados direitos e poderes, como o poder paternal, por exemplo.

O Sistema Português

D13. *Proibição de permanência, de ausência e de contactos*

"1. Se houver fortes indícios de prática de crime doloso punível com pena de prisão de máximo superior a três anos, o juiz pode impor ao arguido, cumulativa ou separadamente, as obrigações de:
  a) Não permanecer, ou não permanecer sem autorização, na área de uma determinada povoação, freguesia ou concelho ou na residência onde o crime tenha sido cometido ou onde habitem os ofendidos seus familiares ou outras pessoas sobre as quais possam ser cometidos novos crimes;
  b) Não se ausentar para o estrangeiro, ou não se ausentar sem autorização;
  c) Não se ausentar da povoação, freguesia ou concelho do seu domicílio, ou não se ausentar sem autorização, salvo para lugares predeterminados, nomeadamente para o lugar do trabalho;
  d) Não contactar com determinadas pessoas ou não frequentar certos lugares ou certos meios.
  2. As autorizações referidas no número anterior podem, em caso de urgência, ser requeridas e concedidas verbalmente, lavrando-se cota no processo.
  3. A proibição de o arguido se ausentar para o estrangeiro implica a entrega à guarda do tribunal do passaporte que possuir e a comunicação às autoridades competentes, com vista à não concessão ou não renovação de passaporte e ao controlo das fronteiras.
  4. A aplicação das medidas previstas neste artigo é cumulável com a da medida contida no artigo 198.°." – art. 200.° do CPP.

Uma vez mais, o legislador procurou, com o painel de medidas acolhidas sob o art. 200.° do CPP, <u>evitar o perigo de que o arguido reincidisse ou tentasse a prática dos crimes</u> e se mantivesse ao dispor da justiça penal.

O juiz, por sua iniciativa ou a requerimento do titular do inquérito, procurará acautelar a possibilidade de o arguido vir a praticar novos factos sobre ofendidos, familiares destes, ou mesmo sobre outras pessoas cujo comprometimento no processo possa ser contrário ao interesse do arguido e suscitar, da sua parte, acções ofensivas da vida, da integridade física ou da liberdade de determinação dessas pessoas.

O elenco das medidas do n.° 1 do art. 204.° do CPP <u>procura, ainda, obstar a que o arguido se subtraia ao procedimento criminal, e possível</u>

44   *Medidas Cautelares e de Polícia do Processo Penal em Direito Comparado*

sancionamento, pela limitação dos seus movimentos ao espaço territorial nacional, o que se procura conseguir pela privação de posse ou do direito de obtenção de passaporte e, bem assim, com a comunicação às autoridades responsáveis pelo controlo de fronteiras, para que impeçam a eventual fuga do arguido. Como certamente se concordará, a medida é de duvidosa eficácia, sobretudo se atentarmos que a circulação é livre no actual *"Espaço Schengen"* europeu e, mesmo tratando-se de deslocações para países terceiros, é bastante fácil alcançá-los a partir de outros países da Comunidade Económica Europeia.

Pressupostos mínimos das medidas, além dos requisitos gerais do já referido art. 204.º do CPP, são a existência de:

a) Indícios (que têm de ser fortes) de crime intencional;
b) Punibilidade desse crime, abstractamente considerado, com pena de prisão cujo limite superior se situe acima dos três anos de prisão.

Uma vez que estejam verificados tais requisitos, o juiz avaliará, face aos factos e concretas circunstâncias, se será de aplicar qualquer uma das medidas proibitivas, nenhuma delas ou duas ou mais em simultâneo. Assim, poderá aplicar restrições à liberdade de circulação ou de fixação domiciliária que tanto podem traduzir-se numa proibição de permanência em precisos locais ou localidades, como poderão traduzir-se na obrigatoriedade de permanência nesses ou noutros espaços ou áreas geográficas.

D14. *Obrigação de permanência na habitação*

"1. Se houver fortes indícios de prática de crime doloso punível com pena de prisão de máximo superior a três anos, o juiz pode impor ao arguido a obrigação de se não ausentar, ou de se não ausentar sem autorização, da habitação própria ou de outra em que de momento resida.
2. Para fiscalização do cumprimento da obrigação referida no número anterior podem ser utilizados meios técnicos de controlo à distância, nos termos previstos na lei." – art. 201.º do CPP.

Frequentemente conhecida entre nós como "prisão domiciliária", esta obrigação constitui uma medida ainda mais restritiva da liberdade de circulação do que as já vistas anteriormente, com uma moldagem que a aproxima da prisão preventiva.

O *Sistema Português* 45

Ela permite ao juiz de instrução, simultaneamente, garantir a presença do arguido nos subsequentes actos do processo e evitar o contacto com pessoas ou situações que propiciem a prática de novas infracções ou o desaparecimento de meios de prova.

Contudo, a medida cautelar e coactiva, depois de verificados os já consabidos requisitos gerais do art. 204.º do CPP, só poderá aplicar-se aos casos de:

a) Forte indiciação de crime intencionalmente praticado;
b) Punibilidade do crime, em abstracto, com pena de prisão de limite máximo superior a três anos.

Para além, como dissemos, de haver sempre cumulação com o termo de identidade e residência, a autoridade judiciária poderá fazer acompanhar esta de outras medidas de vigilância com recurso a meios técnicos de controlo do arguido à distância.

A lei processual geral não distingue se estes meios, sendo embora técnicos e de tele-controlo, devam ser ou não tecnológicos, se bem que o mais frequente e actualmente mais usado seja o recurso à vigilância electrónica, vulgo "pulseira electrónica", que tem constituído uma sensível alternativa à prisão preventiva.

D15. *Prisão preventiva*

Por vezes, as exigências de prevenção especial apresentam-se de tal modo fortes que não restará à sociedade civil, através das autoridades judiciárias, senão a contenção do suspeito a um espaço físico que lhe não permita subtrair-se ao processo tendente à sua responsabilização e que obste ao perigo de persistir ou reincidir na prática de novos delitos graves.

Por isso, a Constituição da República Portuguesa (CRP), logo após a solene proclamação do direito à liberdade e à segurança, admite a "compressão" limitativa daquela, nos casos em que o exercício do direito à liberdade de uma pessoa se tenha constituído em ameaça séria para outros valores, como a própria liberdade e da segurança de terceiros:

"1. Todos têm direito à liberdade e à segurança.

2. Ninguém pode ser total ou parcialmente privado da liberdade, a não ser em consequência de sentença judicial condenatória pela prá-

tica de acto punido por lei com pena de prisão ou de aplicação judicial de medida de segurança.

3. Exceptua-se deste princípio a privação da liberdade, pelo tempo e nas condições que a lei determinar, nos casos seguintes:

a) *Detenção em flagrante delito;*

b) *Detenção ou prisão preventiva por fortes indícios de prática de crime doloso a que corresponda pena de prisão cujo limite máximo seja superior a três anos;*

c) *Prisão, detenção ou outra medida coactiva sujeita a controlo judicial, de pessoa que tenha penetrado ou permaneça irregularmente no território nacional ou contra a qual esteja em curso processo de extradição ou de expulsão;*

d) *Prisão disciplinar imposta a militares, com garantia de recurso para o tribunal competente;*

e) *Sujeição de um menor a medidas de protecção, assistência ou educação em estabelecimento adequado, decretadas pelo tribunal judicial competente;*

f) *Detenção por decisão judicial em virtude de desobediência a decisão tomada por um tribunal ou para assegurar a comparência perante autoridade judiciária competente;*

g) *Detenção de suspeitos, para efeitos de identificação, nos casos e pelo tempo estritamente necessários;*

h) *Internamento de portador de anomalia psíquica em estabelecimento terapêutico adequado, decretado ou confirmado por autoridade judicial competente.*

4. Toda a pessoa privada da liberdade deve ser informada imediatamente e de forma compreensível das razões da sua prisão ou detenção e dos seus direitos.

5. A privação da liberdade contra o disposto na Constituição e na lei constitui o Estado no dever de indemnizar o lesado nos termos que a lei estabelecer." – art. 27.º da CRP.

A prisão preventiva é, pois, a mais gravosa das medidas de coacção, pelo que a sua aplicação tem natureza excepcional:

"A prisão preventiva tem natureza excepcional, não sendo decretada nem mantida sempre que possa ser aplicada caução ou outra medida mais favorável prevista na lei." – n.º 2 do art. 28.º da CRP.

O Sistema Português

Significa isto que apenas quando outras medidas cautelares se mostrarem ineficazes para a protecção dos bens jurídicos ameaçados com a prática efectiva ou potencial de determinados crimes, a autoridade judiciária poderá submeter o suspeito a prisão preventiva:

"1. Se considerar inadequadas ou insuficientes, no caso, as medidas referidas nos artigos anteriores, o juiz pode impor ao arguido a prisão preventiva quando:
a) Houver fortes indícios de prática de crime doloso punível com pena de prisão de máximo superior a três anos; ou
b) Se tratar de pessoa que tiver penetrado ou permaneça irregularmente em território nacional, ou contra a qual estiver em curso processo de extradição ou de expulsão.
2. Mostrando-se que o arguido a sujeitar a prisão preventiva sofre de anomalia psíquica, o juiz pode impor, ouvido o defensor e, sempre que possível, um familiar, que, enquanto a anomalia persistir, em vez da prisão tenha lugar internamento preventivo em hospital psiquiátrico ou outro estabelecimento análogo adequado, adoptando as cautelas necessárias para prevenir os perigos de fuga e de cometimento de novos crimes." – art. 202.° do CPP

Pretende-se que a aplicação desta medida cautelar seja residual e excepcional, porquanto apenas admissível em caso de crime doloso de pena de máximo superior a três anos ou quando se trate de pessoa que permaneça ou tenha penetrado irregularmente no território nacional, ou contra a qual esteja pendente processo de extradição ou de expulsão. Acrescem-lhe, como exigível para as demais medidas de coacção, os requisitos gerais[13] de fuga ou perigo de fuga; perigo de perturbação do decurso do inquérito ou da instrução; perigo de perturbação da ordem, da tranquilidade pública; ou perigo de continuação da actividade criminosa.

A necessidade de acautelar a apresentação do arguido às autoridades judiciárias competentes no processo preside também à previsão e aplicação desta medida, a que não é estranha, do mesmo modo, a grave conveniência de evitar que os cidadãos estrangeiros, nas condições da norma da alínea b) do mesmo artigo, permaneçam em condições de ilicitude criminal ou administrativa.

---

[13] *Vd. art. 204.° do CPP.*

D16. *Captura e Detenção*

D16.1. *Captura*

O termo "captura", historicamente usado pelo legislador do processo, veio perdendo utilidade como conceito jurídico, no actual direito processual penal português, apesar de ainda vir a ser frequentemente usado em alguns sistemas jurídicos estrangeiros. Assim, parece mais adequado à nossa realidade tomar a "captura" apenas no sentido material da privação da liberdade pessoal.

D16.2. *Detenção*

Como se viu a propósito da prisão preventiva, a CRP consagra no seu art. 27.º o direito à liberdade, proclamando que *"Ninguém pode ser total ou parcialmente privado da liberdade, a não ser em consequência judicial condenatória..."*. Mas, em nome e em defesa de outros direitos e liberdades, também eles fundamentais, como o direito à justiça e à segurança, admite excepções além daquela, permitindo que haja, entre outras, a detenção das pessoas pela comissão de um delito em flagrante ou pela existência de fortes indícios da prática de crime doloso a que corresponda, em abstracto, pena de prisão de máximo superior a três anos.

Trata-se, por conseguinte, de uma medida que pretende não sancionar, nem necessariamente confinar uma pessoa a uma determinado espaço físico, mas tão-só deter, no sentido de parar o seu comportamento e garantir a sua apresentação à entidade competente para apreciar e absolver ou punir, no exercício da autoridade do Estado.

A privação da liberdade pessoal, sendo um acto de tão séria delicadeza, só é justificável, na verdade, pela necessidade de salvaguarda de outros bens jurídicos iguais ou superiores que se encontrem sob a ameaça de algum perigo. Também aqui, então, deveremos reconhecer a natureza de medida cautelar imanente à detenção, pelo que assim a consideraremos.

Norteado pela Lei Fundamental o legislador ordinário veio a precisar as finalidades da detenção pessoal e as condições essenciais para que ela possa, ou deva, verificar-se.

A detenção terá, portanto, quatro finalidades:

a) O julgamento em processo sumário no prazo máximo de 48 horas;

b) A apresentação no primeiro interrogatório judicial;

O Sistema Português 49

c) A aplicação de uma medida de coacção;
d) A garantia de presença imediata, ou no prazo máximo de 24 horas, em acto processual:

"1. A detenção a que se referem os artigos seguintes é efectuada:
a) Para, no prazo máximo de quarenta e oito horas, o detido ser apresentado a julgamento sob forma sumária ou ser presente ao juiz competente para primeiro interrogatório judicial ou para aplicação ou execução de uma medida de coacção; ou
b) Para assegurar a presença imediata ou, não sendo possível, no mais curto prazo, mas sem nunca exceder vinte e quatro horas, do detido perante a autoridade judiciária em acto processual.
2. O arguido detido fora de flagrante delito para aplicação ou execução da medida de prisão preventiva é sempre apresentado ao juiz, sendo correspondentemente aplicável o disposto no artigo 141.°"
– art. 254.° do CPP.

Existem, no processo penal português, basicamente duas modalidades de detenção, que sumariamente veremos: a <u>detenção em flagrante delito</u>[14] e a <u>detenção fora de flagrante delito</u>.

A primeira obedece à ideia de presencialidade e permanência no cometimento do ilícito, de tal forma que seja possível concluir, com elevado grau de certeza, sobre a autoria do crime:

"1. Em caso de flagrante delito, por crime punível com pena de prisão:
a) Qualquer autoridade judiciária ou entidade policial procede à detenção;
b) Qualquer pessoa pode proceder à detenção, se uma das entidades referidas na alínea anterior não estiver presente nem puder ser chamada em tempo útil.
2. No caso previsto na alínea b) do número anterior, a pessoa que tiver procedido à detenção entrega imediatamente o detido a uma das

---

[14] *"É flagrante delito todo o crime que se está cometendo ou que se acabou de cometer. Reputa-se também flagrante delito o caso em que o agente for, logo após o crime, perseguido por qualquer pessoa ou encontrado com objectos ou sinais que mostrem claramente que acabou de o cometer ou de nele participar." – n.ᵒˢ 1 e 2 do art. 256.° do CPP.*

50 Medidas Cautelares e de Polícia do Processo Penal em Direito Comparado

entidades referidas na alínea a), a qual redige auto sumário da entrega e procede de acordo com o estabelecido no artigo 259.°.

3. Tratando-se de crime cujo procedimento dependa de queixa, a detenção só se mantém quando, em acto a ela seguido, o titular do direito respectivo o exercer. Neste caso, a autoridade judiciária ou a entidade policial levantam ou mandam levantar auto em que a queixa fique registada.

4. Tratando-se de crime cujo procedimento dependa de acusação particular, não há lugar a detenção em flagrante delito, mas apenas à identificação do infractor." – art. 255.° do CPP.

Nestes casos, qualquer autoridade judiciária ou entidade policial tem o dever de proceder à detenção (desde que ao crime corresponda pena de prisão) podendo ela ter lugar, ainda, por acção facultativa de particular que, não estando presente qualquer daquelas entidades ou autoridades, pode proceder à detenção do suspeito e á sua entrega imediata a estas últimas.

A segunda das modalidades, regulada pelo art. 257.° do CPP, reveste--se de particulares exigências, segundo os actores, o tipo de crime e as concretas circunstâncias (nomeadamente temporais) que rodearem a sua prática:

"1. Fora de flagrante delito, a detenção só pode ser efectuada por mandado do juiz ou, nos casos em que for admissível prisão preventiva, do Ministério Público.

2. As autoridades de polícia criminal podem também ordenar a detenção fora de flagrante delito, por iniciativa própria, quando:

a) Se tratar de caso em que é admissível a prisão preventiva;

b) Existirem elementos que tornem fundado o receio de fuga; e

c) Não for possível, dada a situação de urgência e de perigo na demora, esperar pela intervenção da autoridade judiciária." – art. 257.° do CPP.

A detenção fora de flagrante pode ser determinada por mandado do juiz. Pode sê-lo também pelo Ministério Público, mas apenas nos casos em que for admissível prisão preventiva, nos termos do art. 202.° do CPP. O recurso à detenção fora de flagrante, por crime a que seja aplicável prisão preventiva, é ainda possível por ordem das autoridades de polícia criminal, havendo <u>necessidade imperiosa de acautelar que o sus-</u>

peito não se coloque em fuga e, dada a situação de urgência e de perigo na demora, não seja possível esperar pela intervenção da autoridade judiciária.

Os mandados a emitir para a detenção fora de flagrante delito obedecem aos formalismos do n.º 1 do art. 258.º do CPP:

"1. Os mandados de detenção são passados em triplicado e contêm, sob pena de nulidade:
    a) A assinatura da autoridade judiciária ou de polícia criminal competentes;
    b) A identificação da pessoa a deter; e
    c) A indicação do facto que motivou a detenção e das circunstâncias que legalmente a fundamentam.".

Todavia, em casos de urgência e de perigo na demora, é admissível a requisição da detenção por qualquer meio de telecomunicação a confirmar posteriormente por mandado.

Finalmente, pensamos dever incluir-se também no conceito de detenção a condução de identificando ao posto policial para efeitos de identificação, nos termos do art. 250.º:

"1. Os órgãos de polícia criminal podem proceder à identificação de qualquer pessoa encontrada em lugar público, aberto ao público ou sujeito a vigilância policial, sempre que sobre ela recaiam fundadas suspeitas da prática de crimes, da pendência de processo de extradição ou de expulsão, de que tenha penetrado ou permaneça irregularmente no território nacional ou de haver contra si mandado de detenção.
    (...)
    6. Na impossibilidade de identificação nos termos dos n.ºs 3, 4 e 5, os órgãos de polícia criminal podem conduzir o suspeito ao posto policial mais próximo e compeli-lo a permanecer ali pelo tempo estritamente indispensável à identificação, em caso algum superior a seis horas, realizando, em caso de necessidade, provas dactiloscópicas, fotográficas ou de natureza análoga e convidando o identificando a indicar residência onde possa ser encontrado e receber comunicações."

Como se vê, apesar do legislador não a qualificar como tal[15] <u>o certo é que se trata de uma privação da liberdade pessoal</u>, na medida em que à pessoa não é deixada a vontade e a determinação que lhe permitam a escolha entre o deslocar-se ou não ao estabelecimento policial, onde pode ser obrigada a permanecer por um período até 6 horas. Por conseguinte, há, de facto e de direito, uma medida de detenção para identificação.

---

[15] *Provavelmente por um qualquer preconceito derivado do olhar "vesgo" que lhe é dado por pretensos humanistas que não olham "a direito" para as consequências danosas que se verificam na liberdade das pessoas, quando se radicaliza a defesa da liberdade individual.*

V – O SISTEMA FRANCÊS

A – Apresentação geral

O Conselho Constitucional Francês, criado pela lei constitucional de 29 de Outubro de 1974, procedeu a uma "constitucionalização"[16] de algum do seu direito, reconhecendo valor de lei fundamental a diversos princípios gerais não expressamente inscritos no texto da Constituição de 1958, entre eles a Declaração dos Direitos do Homem e do Cidadão de 1789 (DDHC) e o conteúdo preambular da Constituição de 1946.

A DDHC, tendo passado a fazer parte integrante da actual Constituição Francesa de 1958 (CF), consolidou-a com os princípios da liberdade e da igualdade – *"Os homens nascem e mantêm-se livres e iguais em direitos..."* – e instituiu que *"A liberdade consiste em poder fazer tudo o que não prejudicar outrém...".* Fixa, portanto, limites à liberdade individual, ao gozo absoluto e anormal dos direitos, mas também as necessárias e legais restrições à acção da autoridade pública de modo a que as "estremas" sejam perfeitamente visíveis e resistentes de ambos os lados: *"Nenhum homem pode ser acusado, capturado ou detido senão nos casos determinados pela lei e segundo as formas por ela prescritas. Os que requeiram, autorizem, executem ou façam executar ordens arbitrárias devem ser punidos; mas todo o cidadão notificado ou detido em virtude da lei, deve obedecer imediatamente: ele será responsabilizado pela resistência."*[17] Ainda assim, e como acontece na generalidade dos sistemas de direito contemporâneo, a mera suspeita de cometimento de um

---

[16] *Mireille Delmas-Marty, in «Procédures Pénales d'Europe», Ed. Thémis – Presses Universitaires de France.*

[17] *Cfr. artigos 1.º, 4.º e 7.º da Constituição Francesa de 1958.*

54 Medidas Cautelares e de Polícia do Processo Penal em Direito Comparado

delito não permite a conclusão imediata de culpabilidade, tal como já era estatuído no art. 9.° da DDHC: *"Todo o homem se presume inocente, até que seja declarado culpado. Se for considerada necessária a sua detenção, todo o rigor desnecessário para a assegurar deve ser severamente reprimido pela lei."*

O preâmbulo da Constituição de 1946 veio a anunciar a vinculação do povo francês aos direitos do Homem e o seu desígnio de assegurar a igualdade perante a lei, que terá o poder exclusivo, entre outras matérias, para fixar as regras relativas ao exercício dos direitos e liberdades públicas, as restrições impostas às pessoas e bens, os factos que constituam crime ou delito, as penas aplicáveis e o procedimento penal correspondente.

A Constituição Francesa de 1958, depois da solene declaração preambular de subordinação aos direitos do Homem, tal como definidos na DDHC e complementados pelo Preâmbulo da Constituição de 1946, recusa, também ela, a arbitrária detenção e institui a autoridade judiciária como guardiã da liberdade individual, dentro das condições previstas na lei, à qual comete a exclusividade do poder instituidor das regras de procedimento penal.[17]

B – Fases Processuais

O Inquérito

Constitui objecto desta fase processual a recolha de elementos de prova tendo em vista a decisão sobre a acusação. O inquérito é de dois tipos:

a) Inquérito de flagrante (*l'enquête de flagrance*), por crimes ou delitos em que se verifique a presencialidade e actualidade na sua execução[19]. O inquérito, nestes casos e em regra, não pode prolongar-se por um período superior a oito dias.

---

[18] *Cfr. arts. 34.° e 66.°, ambos da CF.*

[19] *«Est qualifié crime ou délit flagrant, le crime ou le délit qui se commet actuelle-ment, ou qui vient de se commettre. Il y a aussi crime ou délit flagrant lorsque, dans un temps très voisin de l'action, la personne soupçonnée est poursuivie par la clameur publi-*

O Sistema Francês 55

b) Inquérito preliminar (*l'enquête préliminaire*) nos demais crimes e delitos, conduzido por "*officiers*" de polícia judiciária, por iniciativa própria ou precedendo instruções do procurador da República (*procureur de la Republique*)[20].

---

que, ou est trouvée en possession d'objets, ou présente des traces ou indices, laissant penser qu'elle a participé au crime ou au délit.

A la suite de la constatation d'un crime ou d'un délit flagrant, l'enquête menée sous le contrôle du procureur de la République dans les conditions prévues par le présent chapitre peut se poursuivre sans discontinuer pendant une durée de huit jours.

Lorsque des investigations nécessaires à la manifestation de la vérité pour un crime ou un délit puni d'une peine supérieure ou égale à cinq ans d'emprisonnement ne peuvent être différées, le procureur de la République peut décider la prolongation, dans les mêmes conditions, de l'enquête pour une durée maximale de huit jours.» – Article 53 CPPF (Loi n.º 99-515 du 23 juin 1999 art. 11 Journal Officiel du 24 juin 1999) (Loi n.º 2004-204 du 9 mars 2004 art. 77 II Journal Officiel du 10 mars 2004)

[20] «*Les officiers de police judiciaire et, sous le contrôle de ceux-ci, les agents de police judiciaire désignés à l'article 20 procèdent à des enquêtes préliminaires soit sur les instructions du procureur de la République, soit d'office.*

Ces opérations relèvent de la surveillance du procureur général.

Les officiers et les agents de police judiciaire informent par tout moyen les victimes de leur droit:

1.º D'obtenir réparation du préjudice subi;

2.º De se constituer partie civile si l'action publique est mise en mouvement par le parquet ou en citant directement l'auteur des faits devant la juridiction compétente ou en portant plainte devant le juge d'instruction;

3.º D'être, si elles souhaitent se constituer partie civile, assistées d'un avocat qu'elles pourront choisir ou qui, à leur demande, sera désigné par le bâtonnier de l'ordre des avocats près la juridiction compétente, les frais étant à la charge des victimes sauf si elles remplissent les conditions d'accès à l'aide juridictionnelle ou si elles bénéficient d'une assurance de protection juridique;

4.º D'être aidées par un service relevant d'une ou de plusieurs collectivités publiques ou par une association conventionnée d'aide aux victimes;

5.º De saisir, le cas échéant, la commission d'indemnisation des victimes d'infraction, lorsqu'il s'agit d'une infraction mentionnée aux articles 706-3 et 706-14.» – Article 75 CPPF (Ordonnance n.º 60-529 du 4 juin 1960 art. 1 Journal Officiel du 8 juin 1960) (Loi n.º 85-1196 du 18 novembre 1985 art. 6 et art. 8 Journal Officiel du 19 novembre 1985 en vigueur le 1er janvier 1986) (Loi n.º 2000-516 du 15 juin 2000 art. 104 Journal Officiel du 16 juin 2000 en vigueur le 1er janvier 2001) (Loi n.º 2002-1138 du 9 septembre 2002 art. 63 Journal Officiel du 10 septembre 2002)

A Instrução

A instrução, ou *"information"* é preparatória da submissão do feito a juízo. A sua abertura é obrigatória em caso de crime, facultativa para os delitos e excepcional nas contravenções[21]: *"A instrução preparatória é obrigatória em matéria de crime; salvo disposições especiais, ela é facultativa em matéria de delito; ela pode igualmente ter lugar em matéria de contravenção se o procurador da república requerer a aplicação do artigo 44"* – Art. 79 do CPPF.

Os actos de instrução são da responsabilidade de um juiz e iniciam-se apenas a requerimento do *"Ministère Public"* (MP)[22], sem prejuízo do deferimento e da prática de determinados actos instrutórios requeridos por outros intervenientes processuais. Em qualquer caso, o juiz de instrução

---

[21] *No direito penal francês vamos encontrar uma distinção, com natural repercussão no direito processual penal, entre crimes, delitos e contravenções: os primeiros constituindo infracções que a lei pune com penas de prisão, temporária ou perpétua; os segundos puníveis com pena de prisão ou com pena de multa de montante máximo fixado em 25.000 francos (até à entrada em circulação do euro); as contravenções, puníveis com penas de multa de máximo não superior a 20.000 francos.*

[22] *«Le juge d'instruction ne peut informer qu'en vertu d'un réquisitoire du procureur de la République.*

Le réquisitoire peut être pris contre personne dénommée ou non dénommée.

Lorsque des faits, non visés au réquisitoire, sont portés à la connaissance du juge d'instruction, celui-ci doit immédiatement communiquer au procureur de la République les plaintes ou les procès-verbaux qui les constatent. Le procureur de la République peut alors soit requérir du juge d'instruction, par réquisitoire supplétif, qu'il informe sur ces nouveaux faits, soit requérir l'ouverture d'une information distincte, soit saisir la juridiction de jugement, soit ordonner une enquête, soit décider d'un classement sans suite ou de procéder à l'une des mesures prévues aux articles 41-1 à 41-3, soit transmettre les plaintes ou les procès-verbaux au procureur de la République territorialement compétent. Si le procureur de la République requiert l'ouverture d'une information distincte, celle-ci peut être confiée au même juge d'instruction, désigné dans les conditions prévues au premier alinéa de l'article 83.

En cas de plainte avec constitution de partie civile, il est procédé comme il est dit à l'article 86. Toutefois, lorsque de nouveaux faits sont dénoncés au juge d'instruction par la partie civile en cours d'information, il est fait application des dispositions de l'alinéa qui précède.» – Article 80 CPPF (Loi n.° 93-2 du 4 janvier 1993 art. 22 Journal Officiel du 5 janvier 1993 en vigueur le 1er mars 1993) (Loi n.° 93-1013 du 24 août 1993 art. 7 Journal Officiel du 25 août 1993 en vigueur le 2 septembre 1993) (Loi n.° 99-515 du 23 juin 1999 art. 14 Journal Officiel du 24 juin 1999)

procede em conformidade com a lei em todos os actos instrutórios que repute úteis à manifestação da verdade.

A finalidade principal da instrução preparatória é a descoberta de provas da existência de uma determinada infracção, a aquisição da identidade dos agentes do crime e, sobretudo, a avaliação dos fundamentos da concreta acusação e decidir sobre a apresentação do feito em juízo.

O Julgamento

O objecto da fase desta fase processual consiste na apreciação e valoração das provas recolhidas e debatidas na audiência, tendo em vista a decisão absolutória ou condenatória e a fixação das correspondentes reacções penais.

Inicia-se com a "instrução definitiva" em audiência de produção e discussão das provas. Terminado o debate, são ouvidos a parte civil, o MP, o acusado e o seu defensor. Dependendo do tipo de ilícito em apreciação, da existência ou inexistência de instrução preparatória e da posição da câmara de acusação (*chambre d'accusation*) relativamente a uma concreta acusação, o julgamento pode ter lugar em tribunal de "Polícia", em tribunal correccional, ou em tribunal criminal de 1.ª instância e de recurso (*cour d'assises*)[23].

---

[23] *«La cour d'assises a plénitude de juridiction pour juger, en premier ressort ou en appel, les personnes renvoyées devant elle par la décision de mise en accusation.»* – Article 231 CPPF (Loi n.° 72-625 du 5 juillet 1972 art. 3 Journal Officiel du 9 juillet 1972) (Loi n.° 2000-516 du 15 juin 2000 art. 79 Journal Officiel du 16 juin 2000 en vigueur le 1er janvier 2001)

«Le tribunal correctionnel connaît des délits.

Sont des délits les infractions que la loi punit d'une peine d'emprisonnement ou d'une peine d'amende supérieure ou égale à 3750 euros.» – Article 381 CPPF (Loi n.° 85-835 du 7 août 1985 art. 7 Journal Officiel du 8 août 1985 en vigueur le 1er octobre 1985) (Loi n.° 89-469 du 10 juillet 1989 art. 10 Journal Officiel du 11 juillet 1989 en vigueur le 1er janvier 1990) (Loi n.° 92-1336 du 16 décembre 1992 art. 30 Journal Officiel du 23 décembre 1992 en vigueur le 1er mars 1994) (Ordonnance n.° 2000-916 du

C – Actores Públicos no Inquérito e na Instrução

O Ministério Público (Ministère Public)

O MP exerce a acção penal pública, dirige a actividade de polícia criminal e requer a aplicação da lei.[24] Ele faz-se representar em todas as jurisdições repressivas e assiste a todos os debates e a todas as decisões, cujo cumprimento tem o dever de assegurar.

Trata-se de um corpo hierarquizado de magistrados (procuradores da república) dirigidos por procuradores-gerais da República aos quais, por si ou através dos seus representantes, compete denunciar as infracções à lei penal de que tenha conhecimento, determinando o procedimento penal e requerendo o que tiver por adequado à acção pública.[25]

---

19 septembre 2000 art. 3 Journal Officiel du 22 septembre 2000 en vigueur le 1er janvier 2002)

«Le tribunal de police connaît des contraventions.

Sont des contraventions les infractions que la loi punit d'une peine d'amende n'excédant pas 3000 euros.» – Article 521 CPPF (Loi n.° 85-835 du 7 août 1985 art. 7 Journal Officiel du 8 août 1985 en vigueur le 1er octobre 1985) (Loi n.° 89-469 du 10 juillet 1989 art. 8 Journal Officiel du 11 juillet 1989 en vigueur le 1er janvier 1990) (Loi n.° 92--1336 du 16 décembre 1992 art. 43 Journal Officiel du 23 décembre 1992 en vigueur le 1er mars 1994) (Ordonnance n.° 2000-916 du 19 septembre 2000 art. 3 Journal Officiel du 22 septembre 2000 en vigueur le 1er janvier 2002)

[24] *«Le ministère public exerce l'action publique et requiert l'application de la loi.» – Article 31 CPPF*

«Il est représenté auprès de chaque juridiction répressive.

Il assiste aux débats des juridictions de jugement; toutes les décisions sont prononcées en sa présence.

Il assure l'exécution des décisions de justice.» – Article 32 CPPF

[25] *«Le procureur général représente en personne ou par ses substituts le ministère public auprès la cour d'appel et auprès de la cour d'assises instituée au siège de la cour d'appel, sans préjudice des dispositions de l'article 105 du Code forestier et de l'article 446 du Code rural. Il peut, dans les mêmes conditions, représenter le ministère public auprès des autres cours d'assises du ressort de la cour d'appel.» – Article 34 CPPF*

«Le procureur général veille à l'application de la loi pénale dans toute l'étendue du ressort de la cour d'appel et au bon fonctionnement des parquets de son ressort.

A cette fin, il anime et coordonne l'action des procureurs de République ainsi que la conduite de la politique d'action publique par les parquets de son ressort.

Sans préjudice des rapports particuliers qu'il établit soit d'initiative, soit sur demande du procureur général, le procureur de la République adresse à ce dernier un

O Juiz de Instrução (Juge d'Instruction)

O juiz de instrução é um magistrado escolhido de entre os juízes do tribunal. Possui competências no âmbito do inquérito (investigatórias), por intervenção directa ou através dos oficiais de polícia judiciária.[26] São vastas as suas funções e competências, sendo especialmente

---

rapport annuel sur l'activité et la gestion de son parquet ainsi que sur l'application de la loi.

Le procureur général a, dans l'exercice de ses fonctions, le droit de requérir directement la force publique.» – Article 35 CPPF (Loi n.° 2004-204 du 9 mars 2004 art. 64 Journal Officiel du 10 mars 2004)

«Le procureur général peut enjoindre aux procureurs de la République, par instructions écrites et versées au dossier de la procédure, d'engager ou de faire engager des poursuites ou de saisir la juridiction compétente de telles réquisitions écrites que le procureur général juge opportunes.» – Article 36 CPPF (Loi n.° 93-2 du 4 janvier 1993 art. 3 Journal Officiel du 5 janvier 1993) (Loi n.° 93-1013 du 24 août 1993 art. 1 Journal Officiel du 25 août 1993 en vigueur le 2 septembre 1993) (Loi n.° 2004-204 du 9 mars 2004 art. 65 Journal Officiel du 10 mars 2004)

«Le procureur général a autorité sur tous les officiers du ministère public du ressort de la cour d'appel.» – Article 37 CPPF (Loi n.° 2004-204 du 9 mars 2004 art. 66 Journal Officiel du 10 mars 2004)

«Les officiers et agents de police judiciaire sont placés sous la surveillance du procureur général. Il peut les charger de recueillir tous renseignements qu'il estime utiles à une bonne administration de la justice.» – Article 38 CPPF

«Le procureur de la République représente en personne ou par ses substituts le ministère public près le tribunal de grande instance, sans préjudice des dispositions de l'article 105 du Code forestier et de l'article 446 du Code rural.

Il représente également en personne ou par ses substituts le ministère public auprès de la cour d'assises instituée au siège du tribunal.

«Il représente de même, en personne ou par ses substituts, le ministère public auprès du tribunal de police dans les conditions fixées par l'article 45 du présent code.» – Article 39 CPPF (Ordonnance n.° 58-1296 du 23 décembre 1958 art. 1 Journal Officiel du 24 décembre 1958 en vigueur le 2 mars 1959) (Ordonnance n.° 60-529 du 4 juin 1960 art. 2 Journal Officiel du 8 juin 1960)

[26] *«Le juge d'instruction est chargé de procéder aux informations, ainsi qu'il est dit au chapitre Ier du titre III.*

Il ne peut, à peine de nullité, participer au jugement des affaires pénales dont il a connu en sa qualité de juge d'instruction.» – Article 49 CPPF

«Le juge d'instruction, choisi parmi les juges du tribunal, est nommé dans les formes prévues pour la nomination des magistrats du siège.

En cas de nécessité, un autre juge peut être temporairement chargé, dans les mêmes

60 *Medidas Cautelares e de Polícia do Processo Penal em Direito Comparado*

relevantes, as de controlo jurisdicional das medidas processuais que impliquem restrições aos direitos fundamentais.

Em caso de crime ou delito praticado em flagrante, o juiz de instrução exerce as competências que lhe são conferidas pelo art. 72 do CPPF, nomeadamente a emissão de mandado de condução contra qualquer pessoa suspeita de ter cometido ou participado na infracção.[27]

---

formes, des fonctions de juge d'instruction concurremment avec le magistrat désigné ainsi qu'il est dit au premier alinéa.

Si le premier président délègue un juge au tribunal, il peut aussi, dans les mêmes conditions, charger temporairement celui-ci de l'instruction par voie d'ordonnance.

Si le juge d'instruction est absent, malade ou autrement empêché, le tribunal de grande instance désigne l'un des juges de ce tribunal pour le remplacer.» – Article 50 CPPF. (Ordonnance n.° 58-1296 du 23 décembre 1958 art. 1 Journal Officiel du 24 décembre 1958 en vigueur le 2 mars 1959) (Loi n.° 87-1062 du 30 décembre 1987 art. 24 Journal Officiel du 31 décembre 1987 en vigueur le 1er mars 1988)

«Le juge d'instruction ne peut informer qu'après avoir été saisi par un réquisitoire du procureur de la République ou par une plainte avec constitution de partie civile, dans les conditions prévues aux articles 80 et 86.

En cas de crimes ou délits flagrants, il exerce les pouvoirs qui lui sont attribués par l'article 72.

Le juge d'instruction a, dans l'exercice de ses fonctions, le droit de requérir directement la force publique.» – Article 51 CPPF

«Le juge d'instruction procède, conformément à la loi, à tous les actes d'information qu'il juge utiles à la manifestation de la vérité. Il instruit à charge et à décharge.» – Article 81 CPPF (Ordonnance n.° 58-1296 du 23 décembre 1958 Journal Officiel du 24 décembre 1958 en vigueur le 2 mars 1959) (Ordonnance n.° 60-529 du 4 juin 1960 art. 2 Journal Officiel du 8 juin 1960) (Loi n.° 83-466 du 10 juin 1983 art. 28 Journal Officiel du 11 juin 1983) (Loi n.° 84-576 du 9 juillet 1984 art. 18 et art. 19 Journal Officiel du 10 juillet 1984 en vigueur le 1er janvier 1985) (Loi n.° 89-461 du 6 juillet 1989 art. 1 Journal Officiel du 8 juillet 1989 en vigueur le 1er décembre 1989) (Loi n.° 93-2 du 4 janvier 1993 art. 24 et 224 Journal Officiel du 5 janvier 1993 en vigueur le 1er mars 1993) (Loi n.° 93-1013 du 24 août 1993 art. 6 Journal Officiel du 25 août 1993 en vigueur le 2 septembre 1993) (Loi n.° 2000-516 du 15 juin 2000 art. 2 Journal Officiel du 16 juin 2000) (Loi n.° 2000-516 du 15 juin 2000 art. 50 et 83 Journal Officiel du 16 juin 2000 en vigueur le 1er janvier 2001)

«Le juge d'instruction peut se transporter sur les lieux pour y effectuer toutes constatations utiles ou procéder à des perquisitions. Il en donne avis au procureur de la République, qui a la faculté de l'accompagner.

Le juge d'instruction est toujours assisté d'un greffier.

Il dresse un procès-verbal de ses opérations.» – Article 92 CPPF (Loi n.° 91-646 du 10 juillet 1991 art. 2 Journal Officiel du 13 juillet 1991 en vigueur le 1er octobre 1991)

[27] *Cfr. arts. 51 e 72 do CPPF.*

Os *Órgãos de Polícia Criminal* (**Officiers Agents et Fonctionnaires de Policie Judiciaire**)

Os órgãos de polícia criminal conduzem o inquérito a título princi-pal,[28] *"dispondo de poderes de recolha de provas destinadas à acusação e de poderes coercitivos no quadro do inquérito de flagrante".*[29]

---

[28] *Pese embora o "pouvoir de surveillance" do procurador-geral e de "direction" do procurador da República.*

«Les officiers et agents de police judiciaire sont placés sous la surveillance du procureur général. Il peut les charger de recueillir tous renseignements qu'il estime utiles à une bonne administration de la justice.» – Article 38 CPPF

«Le procureur de la République procède ou fait procéder à tous les actes nécessaires à la recherche et à la poursuite des infractions à la loi pénale.

A cette fin, il dirige l'activité des officiers et agents de la police judiciaire dans le ressort de son tribunal.

Le procureur de la République contrôle les mesures de garde à vue. Il visite les locaux de garde à vue chaque fois qu'il l'estime nécessaire et au moins une fois par an; il tient à cet effet un registre répertoriant le nombre et la fréquence des contrôles effectués dans ces différents locaux.

Il a tous les pouvoirs et prérogatives attachés à la qualité d'officier de police judiciaire prévus par la section II du chapitre Ier du titre Ier du présent livre, ainsi que par des lois spéciales.

En cas d'infractions flagrantes, il exerce les pouvoirs qui lui sont attribués par l'article 68 (...)» – Article 41 CPPF (Ordonnance n.° 58-1296 du 23 décembre 1958 art. 1 Journal Officiel du 24 décembre 1958 en vigueur le 2 mars 1959) (Loi n.° 81-82 du 2 février 1981 art. 38 Journal Officiel du 3 février 1981) (Loi n.° 89-461 du 6 juillet 1989 art. 1 Journal Officiel du 8 juillet 1989 en vigueur le 1er décembre 1989) (Loi n.° 93-2 du 4 janvier 1993 art. 5 et 6 Journal Officiel du 5 janvier 1993) (Loi n.° 99-515 du 23 juin 1999 art. 2 Journal Officiel du 24 juin 1999) (Loi n.° 2000-516 du 15 juin 2000 art. 102 et 123 Journal Officiel du 16 juin 2000) (Loi n.° 2000-516 du 15 juin 2000 art. 3 Journal Officiel du 16 juin 2000 en vigueur le 1er janvier 2001) (Loi n.° 2002-307 du 4 mars 2002 art. 1er Journal Officiel du 5 mars 2002) (Loi n.° 2004-204 du 9 mars 2004 art. 128 I Journal Officiel du 10 mars 2004 en vigueur le 1er octobre 2004)

«La police judiciaire est exercée, sous la direction du procureur de la République, par les officiers, fonctionnaires et agents désignés au présent titre.» – Article 12 CPPF

«Elle est placée, dans chaque ressort de cour d'appel, sous la surveillance du procureur général et sous le contrôle de la chambre de l'instruction conformément aux articles 224 et suivants.» – Article 13 CPPF (Loi n.° 2000-516 du 15 juin 2000 art. 83 Journal Officiel du 16 juin 2000 en vigueur le 1er janvier 2001)

«Elle est chargée, suivant les distinctions établies au présent titre, de constater les

No sistema francês, os órgãos de polícia criminal são oficiais, agentes e funcionários de polícia judiciária[30]. Nestas designações compreende-se um vastíssimo elenco de entidades com funções públicas, designadamente os presidentes de câmara e seus adjuntos, os oficiais e os graduados da *"Gendarmerie"*, os inspectores gerais e subdirectores de polícia, os comissários de polícia, os funcionários titulares dos corpos de comando e enquadramento e dos corpos da polícia nacional, os *"gendarmes"*, os *"gardiens de la paix"* e muitos outros funcionários que, por via das suas funções policiais, tenham que noticiar e investigar infracções criminais.[31]

Os oficiais de polícia judiciária exercem os poderes conferidos pelo art. 14 do CPPF, recebendo queixas e denúncias e procedendo aos inquéritos preliminares nas condições previstas nos arts. 75 a 78 do mesmo Código[32]. No exercício das suas funções, são coadjuvados por agentes de polícia judiciária com as competências previstas no art. 20 do

---

infractions à la loi pénale, d'en rassembler les preuves et d'en rechercher les auteurs tant qu'une information n'est pas ouverte.

Lorsqu'une information est ouverte, elle exécute les délégations des juridictions d'instruction et défère à leurs réquisitions.» – *Article 14 CPPF*

[29] *Mireille Delmas-Marty, in «Procédures Pénales d'Europe», Ed. Thémis – Presses Universitaires de France, pág. 239.*

[30] *«La police judiciaire comprend:*

1.° Les officiers de police judiciaire;

2.° Les agents de police judiciaire et les agents de police judiciaire adjoints;

3.° Les fonctionnaires et agents auxquels sont attribuées par la loi certaines fonctions de police judiciaire.» – *Article 15 (Loi n.° 78-788 du 28 juillet 1978 art. 1 Journal Officiel du 29 juillet 1978)*

[31] *Cfr. arts. 16, 20 e 22 do CPPF.*

[32] *«Les officiers de police judiciaire et, sous le contrôle de ceux-ci, les agents de police judiciaire désignés à l'article 20 procèdent à des enquêtes préliminaires soit sur les instructions du procureur de la République, soit d'office.*

Ces opérations relèvent de la surveillance du procureur général.

Les officiers et les agents de police judiciaire informent par tout moyen les victimes de leur droit:

1.° D'obtenir réparation du préjudice subi;

2.° De se constituer partie civile si l'action publique est mise en mouvement par le parquet ou en citant directement l'auteur des faits devant la juridiction compétente ou en portant plainte devant le juge d'instruction;

3.° D'être, si elles souhaitent se constituer partie civile, assistées d'un avocat qu'elles pourront choisir ou qui, à leur demande, sera désigné par le bâtonnier

O Sistema Francês

CPPF[33], designadamente as de assistir os oficiais de polícia judiciária, de noticiar as contravenções, os delitos e os crimes e, bem assim, proceder à colheita de declarações e depoimentos susceptíveis de servir a prova.

D – Medidas cautelares e de polícia

D1. *Notícia da Infracção*

A notícia da infracção pode verificar-se quer pela directa constatação por parte dos oficiais, agentes ou funcionários de polícia judiciária, quer

---

de l'ordre des avocats près la juridiction compétente, les frais étant à la charge des victimes sauf si elles remplissent les conditions d'accès à l'aide juridictionnelle ou si elles bénéficient d'une assurance de protection juridique;
4.° *D'être aidées par un service relevant d'une ou de plusieurs collectivités publiques ou par une association conventionnée d'aide aux victimes;*
5.° *De saisir, le cas échéant, la commission d'indemnisation des victimes d'infraction, lorsqu'il s'agit d'une infraction mentionnée aux articles 706-3 et 706-14.»*
– Article 75 CPPF (Ordonnance n.° 60-529 du 4 juin 1960 art. 1 Journal Officiel du 8 juin 1960) (Loi n.° 85-1196 du 18 novembre 1985 art. 6 et art. 8 Journal Officiel du 19 novembre 1985 en vigueur le 1er janvier 1986) (Loi n.° 2000-516 du 15 juin 2000 art. 104 Journal Officiel du 16 juin 2000 en vigueur le 1er janvier 2001) (Loi n.° 2002-1138 du 9 septembre 2002 art. 63 Journal Officiel du 10 septembre 2002)
[33] *«... Les agents de police judiciaire ont pour mission:*
De seconder, dans l'exercice de leurs fonctions, les officiers de police judiciaire;
De constater les crimes, délits ou contraventions et d'en dresser procès-verbal;
De recevoir par procès-verbal les déclarations qui leur sont faites par toutes personnes susceptibles de leur fournir des indices, preuves et renseignements sur les auteurs et complices de ces infractions.
Les agents de police judiciaire n'ont pas qualité pour décider des mesures de garde à vue.» – Article 20 CPPF (Ordonnance n.° 60-529 du 4 juin 1960 art. 2 Journal Officiel du 8 juin 1960) (Loi n.° 72-1226 du 29 décembre 1972 art. 19 Journal Officiel du 30 décembre 1972) (Loi n.° 78-788 du 28 juillet 1978 art. 4 Journal Officiel du 29 juillet 1978) (Loi n.° 85-1196 du 18 novembre 1985 art. 3-i, 3-ii et 8 Journal Officiel du 19 novembre 1985 en vigueur le 1er janvier 1986) (Loi n.° 87-1130 du 31 décembre 1987 Journal Officiel du 1 janvier 1988) (Loi n.° 96-647 du 22 juillet 1996 art. 21 Journal Officiel du 23 juillet 1996) (Loi n.° 2001-1062 du 15 novembre 2001 art. 13 Journal Officiel du 16 novembre 2001)

por denúncia de terceiros. Em qualquer caso, a notícia ou denúncia é reduzida a escrito (*procès verbal*) e comunicada sem demora ao procurador da República.[34] *"Os oficiais de polícia judiciária exercem os poderes definidos no art. 14; eles recebem as queixas e denúncias; eles procedem aos inquéritos preliminares nas condições previstas nos artigos 76 a 78. Em caso de crimes e delitos flagrantes, eles exercem os poderes que lhe são conferidos pelos artigos 53 a 76"* – art. 17 do CPPF.

A constatação da infracção e o consequente desencadeamento da acção penal pode ter lugar, ainda, por iniciativa do Ministério Público, uma vez que recebe denúncias e queixas e goza de todos os poderes e prerrogativas inerentes à qualidade de oficial de polícia judiciária.

A notícia de um crime ou de um delito é obrigatória, não apenas para as entidades atrás referidas, mas também para qualquer funcionário que deles tenha conhecimento no exercício das suas funções, devendo remeter ao procurador da República todas as informações e autos relacionados com os mesmos[35].

---

[34] *«Les officiers de police exercent les pouvoirs définis à l'article 14; ils reçoivent les plaintes et dénonciations; ils procèdent à des enquêtes préliminaires dans les conditions prévues par les articles 75 à 78.*

En cas de crimes et délits flagrants, ils exercent les pouvoirs qui leur sont conférés par les articles 53 à 67.

Ils ont le droit de requérir directement le concours de la force publique pour l'exécution de leur mission.» – Article 17 CPPF

«Les officiers de police judiciaire sont tenus d'informer sans délai le procureur de la République des crimes, délits et contraventions dont ils ont connaissance. Dès la clôture de leurs opérations, ils doivent lui faire parvenir directement l'original ainsi qu'une copie certifiée conforme des procès-verbaux qu'ils ont dressés; tous actes et documents y relatifs lui sont en même temps adressés; les objets saisis sont mis à sa disposition.

Les procès-verbaux doivent énoncer la qualité d'officier de police judiciaire de leur rédacteur.» – Article 19 CPPF

[35] *«Le procureur de la République reçoit les plaintes et les dénonciations et apprécie la suite à leur donner conformément aux dispositions de l'article 40-1.*

Toute autorité constituée, tout officier public ou fonctionnaire qui, dans l'exercice de ses fonctions, acquiert la connaissance d'un crime ou d'un délit est tenu d'en donner avis sans délai au procureur de la République et de transmettre à ce magistrat tous les renseignements, procès-verbaux et actes qui y sont relatifs.» – Article 40 CPPF (Loi n.° 85-1407 du 30 décembre 1985 art. 1 et 94 Journal Officiel du 31 décembre 1985 en vigueur le 1er février 1986) (Loi n.° 98-468 du 17 juin 1998 art. 27 Journal Officiel du 18 juin 1998) (Loi n.° 2004-204 du 9 mars 2004 art. 74 Journal Officiel du 10 mars 2004)

D2. *Actos cautelares imediatos e urgentes para assegurar os meios de prova*

Os oficiais de polícia judiciária têm <u>o encargo de acautelar, *"ab initio"*, todos os meios de prova</u> que possam preservar ou recolher, procedendo a todos os actos e operações a esse fim adequados, à apreensão de quaisquer objectos e documentos e a todas diligências de recolha de prova e de identificação do autor do facto.[36] Em caso de crime ou delito praticados em flagrante, o oficial de polícia judiciária informa imediatamente o procurador da República e procede a todas as constatações úteis, "... *Vela pela conservação dos indícios susceptíveis de desaparecerem e de tudo o que possa servir à manifestação da verdade. Apreende as armas e instrumentos que tenham servido para a prática do crime, ou que estavam destinados a cometê-lo, assim como tudo o que pareça ser produto desse crime. Apresenta os objectos apreendidos, para reconhecimento, às pessoas que pareça terem participado no crime, se elas estiverem presentes.*"[37]

D3. *Preservação e exame dos vestígios*

Alguns dos procedimentos de preservação e exame cautelar dos vestígios materiais da infracção encontram-se expressamente referidos no CPPF[38], designadamente as "*operações externas de preservação ne-*

---

[36] *Art. 14 do CPPF.*

[37] *«En cas de crime flagrant, l'officier de police judiciaire qui en est avisé, informe immédiatement le procureur de la République, se transporte sans délai sur le lieu du crime et procède à toutes constatations utiles.*

Il veille à la conservation des indices susceptibles de disparaître et de tout ce qui peut servir à la manifestation de la vérité. Il saisit les armes et instruments qui ont servi à commettre le crime ou qui étaient destinés à le commettre, ainsi que tout ce qui paraît avoir été le produit de ce crime.

Il représente les objets saisis, pour reconnaissance, aux personnes qui paraissent avoir participé au crime, si elles sont présentes.» – Article 54 CPPF

[38] *«L'officier de police judiciaire peut procéder, ou faire procéder sous son contrôle, sur toute personne susceptible de fournir des renseignements sur les faits en cause ou sur toute personne à l'encontre de laquelle il existe une ou plusieurs raisons plausibles de soupçonner qu'elle a commis ou tenté de commettre l'infraction, aux opérations de*

66 Medidas Cautelares e de Polícia do Processo Penal em Direito Comparado

cessárias à realização de exames téncicos e científicos de comparação com os vestígios e indícios colhidos para as necessidades do inquérito." Ou, ainda, as "*operações de preservação de elementos sinaléticos e, designadamente, de colheita de impressões digitais, palmares ou de fotografias necessárias à constituição e consulta dos ficheiros de polícia...*"

Os poderes conferidos aos oficiais de polícia judiciária pelo art. 14.° do Código, a ampla abrangência das medidas previstas na norma do art. 54, atrás referido e, bem assim, o conceito também alargado do crime ou do delito flagrante, concedido pelo segundo parágrafo do art. 53, são outra das vias que permitem concluir que, <u>em caso de urgente necessidade</u>, além da preservação dos vestígios, a Polícia <u>tem competência para o seu exame imediato</u>, por si própria, ou por terceiro quando a lei o imponha[39]: "*Havendo lugar a* v*erificações ou exames técnicos ou científicos, que não podem ser diferidos, o procurador da República ou, sob sua autorização, o oficial de polícia judiciária, pode recorrer a todas as pessoas qualificadas.*"[40]

---

prélèvements externes nécessaires à la réalisation d'examens techniques et scientifiques de comparaison avec les traces et indices prélevés pour les nécessités de l'enquête.

Il procède, ou fait procéder sous son contrôle, aux opérations de relevés signalétiques et notamment de prise d'empreintes digitales, palmaires ou de photographies nécessaires à l'alimentation et à la consultation des fichiers de police selon les règles propres à chacun de ces fichiers.

Le refus, par une personne à l'encontre de laquelle il existe une ou plusieurs raisons plausibles de soupçonner qu'elle a commis ou tenté de commettre une infraction, de se soumettre aux opérations de prélèvement, mentionnées aux premier et deuxième alinéas ordonnées par l'officier de police judiciaire est puni d'un an d'emprisonnement et de 15 000 Euros d'amende.» – Article 55-1 CPPF. (inséré par Loi n.° 2003-239 du 18 mars 2003 art. 30 1.° Journal Officiel du 19 mars 2003) (Loi n.° 2004-204 du 9 mars 2004 art. 109 Journal Officiel du 10 mars 2004)

[39] *«Lorsqu'il est indispensable pour les nécessités de l'enquête de procéder à des investigations corporelles internes sur une personne gardée à vue, celles-ci ne peuvent être réalisées que par un médecin requis à cet effet.» – Article 63 CPPF. (inséré par Loi n.° 2000-516 du 15 juin 2000 art. 6 Journal Officiel du 16 juin 2000 en vigueur le 1er janvier 2001)*

[40] *«S'il y a lieu de procéder à des constatations ou à des examens techniques ou scientifiques, le procureur de la République ou, sur autorisation de celui-ci, l'officier de police judiciaire, a recours à toutes personnes qualifiées.*

Les dispositions des deuxième, troisième et quatrième alinéas de l'article 60 sont applicables.» – Article 77-1 (Loi n.° 85-1407 du 30 décembre 1985 art. 12 et 94 Journal

D4. *Proibição de actos que possam prejudicar a descoberta da verdade*

"O oficial de polícia judiciária pode impedir qualquer pessoa de se afastar do local da infracção até ao encerramento das operações."[41] Em extremo, pode «*guardar à sua disposição*» (**garde à vue**), para as finalidades do inquérito, qualquer pessoa a respeito da qual existam uma ou várias razões para supor que ela cometeu ou tentou cometer uma infracção.[42] Significa isto que os actos humanos com incidência penal ou processual penal, e muito especialmente os verificados no *"locus delicti"*, podem ser impedidos de modo eficaz pela Polícia, <u>acautelando a manu-</u>

Officiel du 31 décembre 1985 en vigueur le 1er février 1986) (Loi n.° 99-515 du 23 juin 1999 art. 12 Journal Officiel du 24 juin 1999)

[41] *«L'officier de police judiciaire peut défendre à toute personne de s'éloigner du lieu de l'infraction jusqu'à la clôture de ses opérations.» – Article 61 CPPF. (Ordonnance n.° 61-112 du 2 février 1961 art. 1 Journal Officiel du 3 février 1961) (Loi n.° 81-82 du 2 février 1981 art. 79 Journal Officiel du 3 février 1982) (Loi n.° 83-466 du 10 juin 1983 art. 17 Journal Officiel du 11 juin 1983 en vigueur le 27 juin 1983)*

[42] *«L'officier de police judiciaire peut, pour les nécessités de l'enquête, garder à sa disposition toute personne à l'encontre de laquelle il existe une ou plusieurs raisons plausibles de soupçonner qu'elle a commis ou tenté de commettre une infraction. Il en informe dès le début de la garde à vue le procureur de la République. La personne gardée à vue ne peut être retenue plus de vingt-quatre heures.*

Le procureur de la République peut, avant l'expiration du délai de vingt-quatre heures, prolonger la garde à vue d'un nouveau délai de vingt-quatre heures au plus. Cette prolongation ne peut être accordée qu'après présentation préalable de la personne à ce magistrat. Toutefois, elle peut, à titre exceptionnel, être accordée par décision écrite et motivée sans présentation préalable de la personne. Si l'enquête est suivie dans un autre ressort que celui du siège du procureur de la République saisi des faits, la prolongation peut être accordée par le procureur de la République du lieu d'exécution de la mesure.

Sur instructions du procureur de la République saisi des faits, les personnes à l'encontre desquelles les éléments recueillis sont de nature à motiver l'exercice de poursuites sont, à l'issue de la garde à vue, soit remises en liberté, soit déférées devant ce magistrat.» (…) – Article 77 CPPF. (Ordonnance n.° 60-121 du 13 février 1960 art. 1 Journal Officiel du 14 février 1960) (Loi n.° 63-22 du 15 janvier 1963 art. 1 Journal Officiel du 16 janvier 1963 en vigueur le 24 février 1963) (Loi n.° 93-2 du 4 janvier 1993 art. 15 Journal Officiel du 5 janvier 1993 en vigueur le 1er mars 1993) (Loi n.° 93-1013 du 24 août 1993 art. 5 Journal Officiel du 25 août 1993 en vigueur le 2 septembre 1993) (Loi n.° 2000-516 du 15 juin 2000 art. 13 Journal Officiel du 16 juin 2000 en vigueur le 1er janvier 2001) (Loi n.° 2002-307 du 4 mars 2002 art. 1er Journal Officiel du 5 mars 2002)

68   *Medidas Cautelares e de Polícia do Processo Penal em Direito Comparado*

tenção do estado das coisas, segundo a necessidade de preservar indícios ou vestígios materiais da infracção.

D5. *Obtenção de informações*

"O oficial de polícia judiciária pode pedir e ouvir informações de quaisquer pessoas, susceptíveis de as fornecer, sobre os factos ou sobre os objectos e documentos apreendidos. As pessoas por ele convocadas têm o dever de comparecer. Se elas não cumprirem com essa obrigação, é dado conhecimento ao procurador da República que pode obrigá-las a comparecer sob força pública."[43] Idêntico poder é conferido pelo § 3 do mesmo art. 62 aos agentes de polícia judiciária, sob supervisão dos ofi-

---

[43] *«L'officier de police judiciaire peut appeler et entendre toutes les personnes susceptibles de fournir des renseignements sur les faits ou sur les objets et documents saisis.*

Les personnes convoquées par lui sont tenues de comparaître. L'officier de police judiciaire peut contraindre à comparaître par la force publique les personnes visées à l'article 61. Il peut également contraindre à comparaître par la force publique, avec l'autorisation préalable du procureur de la République, les personnes qui n'ont pas répondu à une convocation à comparaître ou dont on peut craindre qu'elles ne répondent pas à une telle convocation.

Il dresse un procès-verbal de leurs déclarations. Les personnes entendues procèdent elles-mêmes à sa lecture, peuvent y faire consigner leurs observations et y apposent leur signature. Si elles déclarent ne savoir lire, lecture leur en est faite par l'officier de police judiciaire préalablement à la signature. Au cas de refus de signer le procès-verbal, mention en est faite sur celui-ci.

Les agents de police judiciaire désignés à l'article 20 peuvent également entendre, sous le contrôle d'un officier de police judiciaire, toutes personnes susceptibles de fournir des renseignements sur les faits en cause. Ils dressent à cet effet, dans les formes prescrites par le présent code, des procès-verbaux qu'ils transmettent à l'officier de police judiciaire qu'ils secondent.

Les personnes à l'encontre desquelles il n'existe aucune raison plausible de soupçonner qu'elles ont commis ou tenté de commettre une infraction ne peuvent être retenues que le temps strictement nécessaire à leur audition.» – Article 62 CPPF. *(Ordonnance n.° 60-121 du 13 février 1960 art. 1 Journal Officiel du 14 février 1960) (Ordonnance n.° 60-529 du 4 juin 1960 art. 2 Journal Officiel du 8 juin 1960) (Loi n.° 93-2 du 4 janvier 1993 art. 8 Journal Officiel du 5 janvier 1993 en vigueur le 1er mars 1993) (Loi n.° 2000--516 du 15 juin 2000 art. 4 Journal Officiel du 16 juin 2000 en vigueur le 1er janvier 2001) (Loi n.° 2002-307 du 4 mars 2002 art. 2 Journal Officiel du 5 mars 2002) (Loi n.° 2004--204 du 9 mars 2004 art. 82 I Journal Officiel du 10 mars 2004)*

O Sistema Francês

ciais de polícia judiciária, a quem devem remeter os autos de recolha das declarações obtidas por esse meio.

D6. *Realização de perícia*

Sendo a perícia um exame de natureza técnica ou científica, os oficiais de polícia judiciária podem recorrer, como acima já se deu nota, a qualquer pessoa legalmente qualificada (ajuramentada) para os executar, no âmbito da infracção cometida em flagrante delito[44]. Fora daquelas condições, a realização da perícia, requerida pelo Ministério Público ou por qualquer das partes no processo, carece de autorização prévia do juiz de instrução ou do juiz de julgamento.[45] Daí decorre

---

[44] *«S'il y a lieu de procéder à des constatations ou à des examens techniques ou scientifiques, l'officier de police judiciaire a recours à toutes personnes qualifiées.*

Sauf si elles sont inscrites sur une des listes prévues à l'article 157, les personnes ainsi appelées prêtent, par écrit, serment d'apporter leur concours à la justice en leur honneur et en leur conscience.

Les personnes désignées pour procéder aux examens techniques ou scientifiques peuvent procéder à l'ouverture des scellés. Elles en dressent inventaire et en font mention dans un rapport établi conformément aux dispositions des articles 163 et 166. Elles peuvent communiquer oralement leurs conclusions aux enquêteurs en cas d'urgence.

Sur instructions du procureur de la République, l'officier de police judiciaire donne connaissance des résultats des examens techniques et scientifiques aux personnes à l'encontre desquelles il existe des indices faisant présumer qu'elles ont commis ou tenté de commettre une infraction, ainsi qu'aux victimes.» – Article 60 CPPF. (Loi n.° 72-1226 du 29 décembre 1972 art. 9 Journal Officiel du 30 décembre 1972) (Loi n.° 85-1407 du 30 décembre 1985 art. 11 et 94 Journal Officiel du 31 décembre 1985 en vigueur le 1er février 1986) (Loi n.° 99-515 du 23 juin 1999 art. 12 Journal Officiel du 24 juin 1999)

[45] *«Toute juridiction d'instruction ou de jugement, dans le cas où se pose une question d'ordre technique, peut, soit à la demande du ministère public, soit d'office, ou à la demande des parties, ordonner une expertise. Le ministère public ou la partie qui demande une expertise peut préciser dans sa demande les questions qu'il voudrait voir poser à l'expert.*

Lorsque le juge d'instruction estime ne pas devoir faire droit à une demande d'expertise, il doit rendre une ordonnance motivée au plus tard dans un délai d'un mois à compter de la réception de la demande. Les dispositions des avant-dernier et dernier alinéas de l'article 81 sont applicables.

Les experts procèdent à leur mission sous le contrôle du juge d'instruction ou du magistrat que doit désigner la juridiction ordonnant l'expertise.» – Article 156

70 *Medidas Cautelares e de Polícia do Processo Penal em Direito Comparado*

que a acção do Ministério Público, ou da polícia judiciária, em caso de urgência ou de perigo na demora, e desde que em infracção criminal cometida em flagrante, pode ir mais além do que à mera preservação dos vestígios, obtendo até os imediatos relatórios periciais, ainda que transmitidos oralmente, necessários à adopção de outras medidas de urgência.

D7. *Apreensões em caso de urgência ou perigo na demora*

D7.1. *Apreensões de objectos*

Em situação de flagrante crime ou delito, nos termos do art. 53 do CPPF, se a natureza do ilícito é tal que a prova pudesse ser adquirida através da apreensão de papéis, documentos, ou outros objectos na posse das pessoas suspeitas de nele terem participado, ou de possuírem peças ou objectos relacionados com os factos, "...*o oficial de polícia judiciária desloca-se, sem demora, ao domicílio daqueles para aí proceder a uma busca...Todos os objectos apreendidos são imediatamente inventariados e cerrados...*",[46] lavrando-se auto de notícia.

CPPF. (Ordonnance n.° 58-1296 du 23 décembre 1958 art. 1 Journal Officiel du 24 décembre 1958) (Ordonnance n.° 60-529 du 4 juin 1960 art. 1 Journal Officiel du 8 juin 1960) (Loi n.° 93-2 du 4 janvier 1993 art. 38 Journal Officiel du 5 janvier 1993 en vigueur le 1er mars 1993) (Loi n.° 93-1013 du 24 août 1993 art. 8 Journal Officiel du 25 août 1993 en vigueur le 2 septembre 1993) (Loi n.° 2000-516 du 15 juin 2000 art. 27 Journal Officiel du 16 juin 2000 en vigueur le 1er janvier 2001) (Loi n.° 2004-204 du 9 mars 2004 art. 126 VII Journal Officiel du 10 mars 2004)

    «Le juge d'instruction désigne l'expert chargé de procéder à l'expertise.

    Si les circonstances le justifient, il désigne plusieurs experts.» – Article 159 CPPF. (Ordonnance n.° 58-1296 du 23 décembre 1958 art. 1 Journal Officiel du 24 décembre 1958) (Ordonnance n.° 60-529 du 4 juin 1960 art. 2 Journal Officiel du 8 juin 1960) (Loi n.° 85-1407 du 30 décembre 1985 art. 24 et 94 Journal Officiel du 31 décembre 1985 en vigueur le 1er février 1986) (Loi n.° 93-2 du 4 janvier 1993 art. 39 Journal Officiel du 5 janvier 1993 en vigueur le 1er mars 1993) (Loi n.° 93-1013 du 24 août 1993 art. 35 Journal Officiel du 25 août 1993 en vigueur le 2 septembre 1993)

    [46] *«Si la nature du crime est telle que la preuve en puisse être acquise par la saisie des papiers, documents, données informatiques ou autres objets en la possession des personnes qui paraissent avoir participé au crime ou détenir des pièces, informations ou objets relatifs aux faits incriminés, l'officier de police judiciaire se transporte sans désem-*

Contudo, estando presente o juiz de instrução, nos termos do art. 72 do CPPF, a ele passa a competir o exercício das funções de polícia judiciária, ficando na sua dependência o Ministério Público e os oficiais

parer au domicile de ces derniers pour y procéder à une perquisition dont il dresse procès-verbal.

Il a seul, avec les personnes désignées à l'article 57 et celles auxquelles il a éventuellement recours en application de l'article 60, le droit de prendre connaissance des papiers, documents ou données informatiques avant de procéder à leur saisie.

Toutefois, il a l'obligation de provoquer préalablement toutes mesures utiles pour que soit assuré le respect du secret professionnel et des droits de la défense.

Tous objets et documents saisis sont immédiatement inventoriés et placés sous scellés. Cependant, si leur inventaire sur place présente des difficultés, ils font l'objet de scellés fermés provisoires jusqu'au moment de leur inventaire et de leur mise sous scellés définitifs et ce, en présence des personnes qui ont assisté à la perquisition suivant les modalités prévues à l'article 57.

Il est procédé à la saisie des données informatiques nécessaires à la manifestation de la vérité en plaçant sous main de justice soit le support physique de ces données, soit une copie réalisée en présence des personnes qui assistent à la perquisition.

Si une copie est réalisée, il peut être procédé, sur instruction du procureur de la République, à l'effacement définitif, sur le support physique qui n'a pas été placé sous main de justice, des données informatiques dont la détention ou l'usage est illégal ou dangereux pour la sécurité des personnes ou des biens.

Avec l'accord du procureur de la République, l'officier de police judiciaire ne maintient que la saisie des objets, documents et données informatiques utiles à la manifestation de la vérité.

Le procureur de la République peut également, lorsque la saisie porte sur des espèces, lingots, effets ou valeurs dont la conservation en nature n'est pas nécessaire à la manifestation de la vérité ou à la sauvegarde des droits des personnes intéressées, autoriser leur dépôt à la Caisse des dépôts et consignations ou à la Banque de France.

Lorsque la saisie porte sur des billets de banque ou pièces de monnaie libellés en euros contrefaits, l'officier de police judiciaire doit transmettre, pour analyse et identification, au moins un exemplaire de chaque type de billets ou pièces suspectés faux au centre d'analyse national habilité à cette fin. Le centre d'analyse national peut procéder à l'ouverture des scellés. Il en dresse inventaire dans un rapport qui doit mentionner toute ouverture ou réouverture des scellés. Lorsque les opérations sont terminées, le rapport et les scellés sont déposés entre les mains du greffier de la juridiction compétente. Ce dépôt est constaté par procès-verbal.» – Article 56 CPPF. (Ordonnance n.° 60-529 du 4 juin 1960 art. 2 Journal Officiel du 8 juin 1960) (Loi n.° 99-515 du 23 juin 1999 art. 22 Journal Officiel du 24 juin 1999) (Loi n.° 2001-1168 du 11 décembre 2001 art. 18 Journal Officiel du 12 décembre 2001) (Loi n.° 2004-204 du 9 mars 2004 art. 79 I Journal Officiel du 10 mars 2004) (Loi n.° 2004-575 du 21 juin 2004 art. 41 Journal Officiel du 22 juin 2004)

72 Medidas Cautelares e de Polícia do Processo Penal em Direito Comparado

de polícia judiciária, aos quais pode determinar a execução de quaisquer diligências.

Durante a instrução preparatória, as buscas (e as revistas)[47] tendo em vista a apreensão de objectos podem ser feitas "... *em todos os lugares onde possam ser encontrados objectos cuja descoberta será útil à manifestação da verdade.*". "*Se a busca tem lugar no domicílio da pessoa suspeita, o juiz deve conformar-se às disposições dos art. 57 e 59.*"[48], ou seja, deve fazer proceder à busca na presença do visado.

Tratando-se de busca domiciliária, ela deve verificar-se entre as 6 e as 21 horas, excepto quando haja pedido de socorro feito do interior do domicílio[49], ou noutros casos em que a lei o permita.

Assim, podem as buscas e apreensões ter lugar a qualquer hora do dia ou da noite (mesmo as domiciliárias), desde que previamente consentidas pela autoridade judiciária e quando estejam em causa certas infracções, como o terrorismo, o tráfico de estupefacientes e o lenocínio (*proxénetisme*).[50]

---

[47] *O Código Processual Penal francês, trata indistintamente as buscas (perquisitions) e as revistas (fouilles). Mas, de acordo com a jurisprudência da "Cour de Cassation Criminelle" de 1958 Dec18 é equiparável à busca a revista corporal.*

[48] *«Les perquisitions sont effectuées dans tous les lieux où peuvent se trouver des objets ou des données informatiques dont la découverte serait utile à la manifestation de la vérité.» – Article 94 CPPF. (Loi n.° 91-646 du 10 juillet 1991 art. 2 Journal Officiel du 13 juillet 1991 en vigueur le 1er octobre 1991) (Loi n.° 2004-575 du 21 juin 2004 art. 42 Journal Officiel du 22 juin 2004)*

«Si la perquisition a lieu au domicile de la personne mise en examen, le juge d'instruction doit se conformer aux dispositions des articles 57 et 59.» – Article 95 CPPF. (Loi n.° 91-646 du 10 juillet 1991 art. 2 Journal Officiel du 13 juillet 1991 en vigueur le 1er octobre 1991) (Loi n.° 93-2 du 4 janvier 1993 art. 163 Journal Officiel du 5 janvier 1993 en vigueur le 1er mars 1993)

[49] *«Sauf réclamation faite de l'intérieur de la maison ou exceptions prévues par la loi, les perquisitions et les visites domiciliaires ne peuvent être commencées avant 6 heures et après 21 heures.*

Les formalités mentionnées aux articles 56, 56-1, 57 et au présent article sont prescrites à peine de nullité.» – Article 59 CPPF. (Ordonnance n.° 60-1245 du 25 novembre 1960 art. 12 Journal Officiel du 27 novembre 1960) (Loi n.° 92-1336 du 16 décembre 1992 art. 12 Journal Officiel du 23 décembre 1992 en vigueur le 1er mars 1994) (Loi n.° 93-2 du 4 janvier 1993 art. 161 Journal Officiel du 5 janvier 1993 en vigueur le 1er mars 1993) (Loi n.° 93-1013 du 24 août 1993 art. 20 Journal Officiel du 25 août 1993 en vigueur le 2 septembre 1993)

[50] *«En cas d'urgence, si les nécessités de l'instruction l'exigent, les visites, perquisitions et saisies peuvent être effectuées en dehors des heures prévues par l'article 59, pour*

O Sistema Francês
73

Na falta de mandato do juiz de instrução, conferido por "***commission rogatoire***"[51] onde é exarada a natureza da infracção objecto das buscas,[52] em regra os oficiais de polícia judiciária não podem efectuar buscas domiciliárias sem o acordo do visado[53]. Resulta das disposições conjugadas dos

---

la recherche et la constatation des actes de terrorisme prévus par l'article 706-16 et punis d'au moins dix ans d'emprisonnement:

1.° Lorsqu'il s'agit d'un crime ou d'un délit flagrant;

2.° Lorsqu'il existe un risque immédiat de disparition des preuves ou des indices matériels;

3.° Lorsqu'il existe des présomptions qu'une ou plusieurs personnes se trouvant dans les locaux où la perquisition doit avoir lieu se préparent à commettre de nouveaux actes de terrorisme.

A peine de nullité, ces opérations doivent être prescrites par une ordonnance motivée du juge d'instruction précisant la nature de l'infraction dont la preuve est recherchée ainsi que l'adresse des lieux dans lesquelles ces opérations doivent être accomplies, et comportant l'énoncé des considérations de droit et de fait qui constituent le fondement de cette décision par référence aux seules conditions prévues par les 1.°, 2.° et 3.° du présent article.

Cette ordonnance est notifiée par tout moyen au procureur de la République. Elle n'est pas susceptible d'appel.

Les dispositions du quatrième alinéa de l'article 706-24 sont applicables.» – Article 706-24-1 CPPF. (inséré par Loi n.° 96-1235 du 30 décembre 1996 art. 16 Journal Officiel du 1er janvier 1997)

«Pour la recherche et la constatation des infractions visées à l'article 706-26, les visites, perquisitions et saisies prévues par l'article 59 peuvent être opérées en dehors des heures prévues par cet article à l'intérieur des locaux où l'on use en société de stupéfiants ou dans lesquels sont fabriqués, transformés ou entreposés illicitement des stupéfiants lorsqu'il ne s'agit pas de locaux d'habitation.

Les actes prévus au présent article ne peuvent, à peine de nullité, avoir un autre objet que la recherche et la constatation des infractions visées à l'article 706-26.» – Article 706-28 CPPF. (Loi n.° 92-1336 du 16 décembre 1992 art. 77 Journal Officiel du 23 décembre 1992 en vigueur le 1er mars 1994) (Loi n.° 96-647 du 22 juillet 1996 art. 11 Journal Officiel du 23 juillet 1996) (Loi n.° 2000-516 du 15 juin 2000 art. 49 Journal Officiel du 16 juin 2000 en vigueur le 16 juin 2002) (Loi n.° 2004-204 du 9 mars 2004 art. 14 V Journal Officiel du 10 mars 2004 en vigueur le 1er octobre 2004)

[51] *Espécie de delegação específica de poderes para determinados actos.*

[52] *Art. 151 CPPF.*

[53] *«Si la nature du crime est telle que la preuve en puisse être acquise par la saisie des papiers, documents, données informatiques ou autres objets en la possession des personnes qui paraissent avoir participé au crime ou détenir des pièces, informations ou objets relatifs aux faits incriminés, l'officier de police judiciaire se transporte sans désemparer au domicile de ces derniers pour y procéder à une perquisition dont il dresse*

artigos 56 e 76 do CPPF que sem o consentimento expresso da pessoa em cuja habitação a busca deva ter lugar, ou sem mandado do juiz de instrução, não se poderá proceder legalmente a uma busca ou a uma apreensão, a menos que se esteja perante um caso de crime ou de delito cometidos em flagrante, ou seja, nas palavras de Mireille Delmas-Marty, "...*quando exista a suspeita de o visado ter participado num crime ou num delito grave, revelado por um indício aparente de comportamento delituoso, ou se ele parece ter na sua posse peças ou objectos relativos a esses factos*."[54]

As buscas e apreensões em escritório ou domicílio de advogado, escritório de solicitador ou de oficial de diligências, estabelecimento de imprensa ou de comunicação áudio-visual e consultório médico, não podem ser realizadas senão com a presença de um magistrado e de um representante da respectiva organização profissional[55].

---

procès-verbal.» – Article 56 CPPF. (Ordonnance n.° 60-529 du 4 juin 1960 art. 2 Journal Officiel du 8 juin 1960) (Loi n.° 99-515 du 23 juin 1999 art. 22 Journal Officiel du 24 juin 1999) (Loi n.° 2001-1168 du 11 décembre 2001 art. 18 Journal Officiel du 12 décembre 2001) (Loi n.° 2004-204 du 9 mars 2004 art. 79 I Journal Officiel du 10 mars 2004) (Loi n.° 2004-575 du 21 juin 2004 art. 41 Journal Officiel du 22 juin 2004)

«Les perquisitions, visites domiciliaires et saisies de pièces à conviction ne peuvent être effectuées sans l'assentiment exprès de la personne chez laquelle l'opération a lieu.

Cet assentiment doit faire l'objet d'une déclaration écrite de la main de l'intéressé ou, si celui-ci ne sait écrire, il en est fait mention au procès verbal ainsi que de son assentiment.

Les formes prévues par les articles 56 et 59 (premier alinéa) sont applicables.» – Article 76 CPPF.

[54] *Mireille Delmas-Marty, in « Procédures Pénales d'Europe », Ed. Thémis – Presses Universitaires de France, pág. 256.*

[55] *«Les perquisitions dans le cabinet d'un avocat ou à son domicile ne peuvent être effectuées que par un magistrat et en présence du bâtonnier ou de son délégué. Ce magistrat et le bâtonnier ou son délégué ont seuls le droit de prendre connaissance des documents découverts lors de la perquisition préalablement à leur éventuelle saisie.*

Le bâtonnier ou son délégué peut s'opposer à la saisie d'un document à laquelle le magistrat a l'intention de procéder s'il estime que cette saisie serait irrégulière. Le document doit alors être placé sous scellé fermé. Ces opérations font l'objet d'un procès-verbal mentionnant les objections du bâtonnier ou de son délégué, qui n'est pas joint au dossier de la procédure. Si d'autres documents ont été saisis au cours de la perquisition sans soulever de contestation, ce procès-verbal est distinct de celui prévu par l'article 57. Ce procès-verbal ainsi que le document placé sous scellé fermé sont transmis sans

O Sistema Francês

As peças ou objectos úteis à manifestação da verdade, ou cuja divulgação possa prejudicar o inquérito, devem ser apreendidos, nos termos do art. 97 do CPPF[56].

---

délai au juge des libertés et de la détention, avec l'original ou une copie du dossier de la procédure.

Dans les cinq jours de la réception de ces pièces, le juge des libertés et de la détention statue sur la contestation par ordonnance motivée non susceptible de recours.

A cette fin, il entend le magistrat qui a procédé à la perquisition et, le cas échéant, le procureur de la République, ainsi que l'avocat au cabinet ou au domicile duquel elle a été effectuée et le bâtonnier ou son délégué. Il peut ouvrir le scellé en présence de ces personnes.

S'il estime qu'il n'y a pas lieu à saisir le document, le juge des libertés et de la détention ordonne sa restitution immédiate, ansi que la destruction du procès-verbal des opérations et, le cas échéant, la cancellation de toute référence à ce document ou à son contenu qui figurerait dans le dossier de la procédure.

Dans le cas contraire, il ordonne le versement du scellé et du procès-verbal au dossier de la procédure. Cette décision n'exclut pas la possibilité ultérieure pour les parties de demander la nullité de la saisie devant, selon les cas, la juridiction de jugement ou la chambre de l'instruction.» – Article 56-1 CPPF. (Loi n.° 85-1407 du 30 décembre 1985 art. 10 et 94 Journal Officiel du 31 décembre 1985 en vigueur le 1er février 1986) (Loi n.° 93-2 du 4 janvier 1993 art. 7 Journal Officiel du 5 janvier 1993 en vigueur le 1er mars 1993) (Loi n.° 2000-516 du 15 juin 2000 art. 44 Journal Officiel du 16 juin 2000)

[56] *« Lorsqu'il y a lieu, en cours d'information, de rechercher des documents et sous réserve des nécessités de l'information et du respect, le cas échéant, de l'obligation stipulée par l'alinéa 3 de l'article précédent, le juge d'instruction ou l'officier de police judiciaire par lui commis a seul le droit d'en prendre connaissance avant de procéder à la saisie.*

Tous les objets et documents placés sous main de justice sont immédiatement inventoriés et placés sous scellés. Cependant, si leur inventaire sur place présente des difficultés, l'officier de police judiciaire procède comme il est dit au quatrième alinéa de l'article 56.

Avec l'accord du juge d'instruction, l'officier de police judiciaire ne maintient que la saisie des objets et documents utiles à la manifestation de la vérité.

Lorsque ces scellés sont fermés, ils ne peuvent être ouverts et les documents dépouillés qu'en présence de la personne, assistée de son avocat, ou eux dûment appelés. Le tiers chez lequel la saisie a été faite est également invité à assister à cette opération.

Si les nécessités de l'instruction ne s'y opposent pas, copie ou photocopie des documents placés sous main de justice peuvent être délivrées à leurs frais, dans le plus bref délai, aux intéressés qui en font la demande.

Si la saisie porte sur des espèces, lingots, effets ou valeurs dont la conservation en nature n'est pas nécessaire à la manifestation de la vérité ou à la sauvegarde des droits

D7.2. *Apreensão de correspondência*

Em matéria criminal ou correccional, se a pena aplicável for de máximo igual ou superior a dois anos de prisão, o juiz de instrução pode, quando as necessidades da instrução o exigirem, determinar a intercepção, registo e transcrição de correspondência emitida por meios de telecomunicação.[57]

Embora o Código não o refira de forma expressa, "*ad maiorum ad minus*": se pode haver lugar à intercepção e apreensão de correspondência transmitida por meios electrónicos, também a transmitida por meios físi-

---

des parties, il peut autoriser le greffier à en faire le dépôt à la Caisse des dépôts et consignations ou à la Banque de France.

Lorsque la saisie porte sur des billets de banque ou pièces de monnaie libellés en euros contrefaits, le juge d'instruction ou l'officier de police judiciaire par lui commis doit transmettre, pour analyse et identification, au moins un exemplaire de chaque type de billets ou pièces suspectés faux au centre d'analyse national habilité à cette fin. Le centre d'analyse national peut procéder à l'ouverture des scellés. Il en dresse inventaire dans un rapport qui doit mentionner toute ouverture ou réouverture des scellés. Lorsque les opérations sont terminées, le rapport et les scellés sont déposés entre les mains du greffier de la juridiction compétente. Ce dépôt est constaté par procès-verbal.

Les dispositions du précédent alinéa ne sont pas applicables lorsqu'il n'existe qu'un seul exemplaire d'un type de billets ou de pièces suspectés faux, tant que celui-ci est nécessaire à la manifestation de la vérité.» – Article 97 CPPF. (Ordonnance n.° 58-1296 du 23 décembre 1958 art. 1 Journal Officiel du 24 décembre 1958) (Ordonnance n.° 60-121 du 13 février 1960 art. 13 Journal Officiel du 14 février 1960) (Ordonnance n.° 60-529 du 4 juin 1960 art. 2 Journal Officiel du 8 juin 1960) (Loi n.° 85-1407 du 30 décembre 1985 art. 3 et art. 4 Journal Officiel du 31 décembre 1985 en vigueur le 1er février 1986) (Loi n.° 91-646 du 10 juillet 1991 art. 2 Journal Officiel du 13 juillet 1991 en vigueur le 1er octobre 1991) (Loi n.° 93-2 du 4 janvier 1993 art. 164 et 224 Journal Officiel du 5 janvier 1993 en vigueur le 1er mars 1993) (Loi n.° 2001-1168 du 11 décembre 2001 art. 18 Journal Officiel du 12 décembre 2001)

[57] *«En matière criminelle et en matière correctionnelle, si la peine encourue est égale ou supérieure à deux ans d'emprisonnement, le juge d'instruction peut, lorsque les nécessités de l'information l'exigent, prescrire l'interception, l'enregistrement et la transcription de correspondances émises par la voie des télécommunications. Ces opérations sont effectuées sous son autorité et son contrôle.*

La décision d'interception est écrite. Elle n'a pas de caractère juridictionnel et n'est susceptible d'aucun recours.» – Article 100 CPPF. (Loi n.° 85-1407 du 30 décembre 1985 art. 9 et art. 94 Journal Officiel du 31 décembre 1985 en vigueur le 1er février 1986) (Loi n.° 91-646 du 10 juillet 1991 art. 2 Journal Officiel du 13 juillet 1991 en vigueur le 1er octobre 1991)

cos, designadamente por serviços de recepção e entrega postal, é susceptível de ser considerada meio de prova e, consequentemente, pode ser sujeita à medida cautelar de apreensão. Aliás, em favor desta interpretação, acode uma vez mais o art. 54 do CPPF que, em caso de flagrante crime ou delito, estabelece o <u>dever de conservação dos indícios (documentais, materiais, etc) susceptíveis de desaparecerem</u> e que possam servir à manifestação da verdade, assim como a apreensão imediata de instrumentos que estejam relacionados com o crime *"e tudo o que pareça ser produto desse crime.".*

De harmonia com o disposto no art. 94: *"As buscas são efectuadas em todos os lugares onde possam se encontrados objectos cuja descoberta seja útil à manifestação da verdade.",* o que, claramente, inclui as estações de correio[58].

D7.3. *Intercepção e gravação de telecomunicações e transmissão de dados informáticos*

A escuta das comunicações telefónicas de uma pessoa suspeita de estar implicada num crime ou num delito, durante longo tempo não teve como fundamento legal senão os termos gerais do art. 81 do código de processo penal[59]. A jurisprudência, contudo, veio determinando as condições

---

[58] *«Les perquisitions sont effectuées dans tous les lieux où peuvent se trouver des objets ou des données informatiques dont la découverte serait utile à la manifestation de la vérité.» – Article 94 CPPF. (Loi n.º 91-646 du 10 juillet 1991 art. 2 Journal Officiel du 13 juillet 1991 en vigueur le 1er octobre 1991) (Loi n.º 2004-575 du 21 juin 2004 art. 42 Journal Officiel du 22 juin 2004)*

[59] *«Le juge d'instruction procède, conformément à la loi, à tous les actes d'information qu'il juge utiles à la manifestation de la vérité. Il instruit à charge et à décharge (...)» – Article 81 CPPF. (Ordonnance n.º 58-1296 du 23 décembre 1958 Journal Officiel du 24 décembre 1958 en vigueur le 2 mars 1959) (Ordonnance n.º 60-529 du 4 juin 1960 art. 2 Journal Officiel du 8 juin 1960) (Loi n.º 83-466 du 10 juin 1983 art. 28 Journal Officiel du 11 juin 1983) (Loi n.º 84-576 du 9 juillet 1984 art. 18 et art. 19 Journal Officiel du 10 juillet 1984 en vigueur le 1er janvier 1985) (Loi n.º 89-461 du 6 juillet 1989 art. 1 Journal Officiel du 8 juillet 1989 en vigueur le 1er décembre 1989) (Loi n.º 93-2 du 4 janvier 1993 art. 24 et 224 Journal Officiel du 5 janvier 1993 en vigueur le 1er mars 1993) (Loi n.º 93-1013 du 24 août 1993 art. 6 Journal Officiel du 25 août 1993 en vigueur le 2 septembre 1993) (Loi n.º 2000-516 du 15 juin 2000 art. 2 Journal Officiel du 16 juin 2000) (Loi n.º 2000-516 du 15 juin 2000 art. 50 et 83 Journal Officiel du 16 juin 2000 en vigueur le 1er janvier 2001)*

78   *Medidas Cautelares e de Polícia do Processo Penal em Direito Comparado*

mais precisas da licitude deste meio de investigação. A Lei *n.° 91-646 de 10 de Julho de 1991* viria a consagrar parcialmente esta jurisprudência.[60] De então em diante passou a ser incontestado que "*a intercepção, registo e transcrição de comunicações feitas por meios de telecomunicação*", em matéria criminal ou delitual, podem ser prescritas pelo juiz de instrução.

A medida terá a duração máxima de quatro meses, eventualmente renovável, ficando as operações sob a sua autoridade e sob o seu controlo e em execução pelos oficiais de polícia judiciária ou seus agentes. Os suportes de registo, após o seu conteúdo ter sido reduzido a auto, são devidamente cerrados e colocados à disposição do juiz de instrução.[61]

"*Os oficiais de polícia judiciária ou, sob sua responsabilidade, os agentes de polícia judiciária, podem, no decurso de uma busca (...) aceder por um sistema informático implantado no local onde se desenrola a busca, a dados importantes para o inquérito em curso e armazenados no referido sistema informático, desde que esses dados estejam acessíveis a partir do sistema inicial ou disponíveis para o sistema inicial.*" (art. 57-1 do CPPF).

---

     [60] *Mireille Delmas-Marty, in «Procédures Pénales d'Europe», Ed. Thémis – Presses Universitaires de France, pág. 255.*

     [61] *«En matière criminelle et en matière correctionnelle, si la peine encourue est égale ou supérieure à deux ans d'emprisonnement, le juge d'instruction peut, lorsque les nécessités de l'information l'exigent, prescrire l'interception, l'enregistrement et la transcription de correspondances émises par la voie des télécommunications. Ces opérations sont effectuées sous son autorité et son contrôle.*

     La décision d'interception est écrite. Elle n'a pas de caractère juridictionnel et n'est susceptible d'aucun recours.» – Article 100 CPPF. (Loi n.° 85-1407 du 30 décembre 1985 art. 9 et art. 94 Journal Officiel du 31 décembre 1985 en vigueur le 1er février 1986) (Loi n.° 91-646 du 10 juillet 1991 art. 2 Journal Officiel du 13 juillet 1991 en vigueur le 1er octobre 1991)

     «Cette décision est prise pour une durée maximum de quatre mois. Elle ne peut être renouvelée que dans les mêmes conditions de forme et de durée.» – Article 100-2 CPPF. (inséré par Loi n.° 91-646 du 10 juillet 1991 art. 2 Journal Officiel du 13 juillet 1991 en vigueur le 1er octobre 1991)

     «Le juge d'instruction ou l'officier de police judiciaire commis par lui peut requérir tout agent qualifié d'un service ou organisme placé sous l'autorité ou la tutelle du ministre chargé des télécommunications ou tout agent qualifié d'un exploitant de réseau ou fournisseur de services de télécommunications autorisé, en vue de procéder à l'installation d'un dispositif d'interception.» – Article 100-3 CPPF. (inséré par Loi n.° 91-646 du 10 juillet 1991 art. 2 Journal Officiel du 13 juillet 1991 en vigueur le 1er octobre 1991)

O *Sistema Francês*

Havendo lugar à procura de documentos ou de dados informáticos só o juiz de instrução, ou o oficial de polícia judiciária por ele mandatado, têm direito a conhecer o respectivo conteúdo, antes da apreensão.

Todos os objectos ou dados informáticos colocados sob a mão da justiça são imediatamente inventariados e cerrados. Procede-se à apreensão dos dados informáticos necessários à manifestação da verdade, colocando nas mãos da justiça quer o suporte físico desses dados quer uma cópia realizada na presença das pessoas que assistam à busca.[62]

---

[62] *«Lorsqu'il y a lieu, en cours d'information, de rechercher des documents et sous réserve des nécessités de l'information et du respect, le cas échéant, de l'obligation stipulée par l'alinéa 3 de l'article précédent, le juge d'instruction ou l'officier de police judiciaire par lui commis a seul le droit d'en prendre connaissance avant de procéder à la saisie.*

Tous les objets et documents placés sous main de justice sont immédiatement inventoriés et placés sous scellés. Cependant, si leur inventaire sur place présente des difficultés, l'officier de police judiciaire procède comme il est dit au quatrième alinéa de l'article 56.

Avec l'accord du juge d'instruction, l'officier de police judiciaire ne maintient que la saisie des objets et documents utiles à la manifestation de la vérité.

Lorsque ces scellés sont fermés, ils ne peuvent être ouverts et les documents dépouillés qu'en présence de la personne, assistée de son avocat, ou eux dûment appelés. Le tiers chez lequel la saisie a été faite est également invité à assister à cette opération.

Si les nécessités de l'instruction ne s'y opposent pas, copie ou photocopie des documents placés sous main de justice peuvent être délivrées à leurs frais, dans le plus bref délai, aux intéressés qui en font la demande.

Si la saisie porte sur des espèces, lingots, effets ou valeurs dont la conservation en nature n'est pas nécessaire à la manifestation de la vérité ou à la sauvegarde des droits des parties, il peut autoriser le greffier à en faire le dépôt à la Caisse des dépôts et consignations ou à la Banque de France.

Lorsque la saisie porte sur des billets de banque ou pièces de monnaie libellés en euros contrefaits, le juge d'instruction ou l'officier de police judiciaire par lui commis doit transmettre, pour analyse et identification, au moins un exemplaire de chaque type de billets ou pièces suspectés faux au centre d'analyse national habilité à cette fin. Le centre d'analyse national peut procéder à l'ouverture des scellés. Il en dresse inventaire dans un rapport qui doit mentionner toute ouverture ou réouverture des scellés. Lorsque les opérations sont terminées, le rapport et les scellés sont déposés entre les mains du greffier de la juridiction compétente. Ce dépôt est constaté par procès-verbal.

Les dispositions du précédent alinéa ne sont pas applicables lorsqu'il n'existe qu'un seul exemplaire d'un type de billets ou de pièces suspectés faux, tant que celui-ci est nécessaire à la manifestation de la vérité.» – Article 97 CPPF. (Ordonnance n.° 58-1296 du 23 décembre 1958 art. 1 Journal Officiel du 24 décembre 1958) (Ordonnance n.° 60-121 du

80 *Medidas Cautelares e de Polícia do Processo Penal em Direito Comparado*

Em caso de urgência, o juiz de instrução pode, através de uma *"commission rogatoire"* nos termos dos art. 18 e art. 81 do CPPF, conferir ao oficial de polícia judiciária a competência para proceder às operações prescritas para aquele magistrado[63].

D8. *Identificação de suspeitos*

Toda e qualquer pessoa está sujeita a controlo de identidade efectuado pelas autoridades policiais: ***"Qualquer pessoa que se encontre em território nacional deve aceitar sujeitar-se a um controlo de identidade."***[64] Este controlo, para além de submissão posterior a validação judiciária, é limitado, em princípio, ao requisito de suspeita de comissão de infracção de natureza criminal, delitual ou contravencional: ***«Os ofi-***

---

13 février 1960 art. 13 Journal Officiel du 14 février 1960) (Ordonnance n.° 60-529 du 4 juin 1960 art. 2 Journal Officiel du 8 juin 1960) (Loi n.° 85-1407 du 30 décembre 1985 art. 3 et art. 4 Journal Officiel du 31 décembre 1985 en vigueur le 1er février 1986) (Loi n.° 91-646 du 10 juillet 1991 art. 2 Journal Officiel du 13 juillet 1991 en vigueur le 1er octobre 1991) (Loi n.° 93-2 du 4 janvier 1993 art. 164 et 224 Journal Officiel du 5 janvier 1993 en vigueur le 1er mars 1993) (Loi n.° 2001-1168 du 11 décembre 2001 art. 18 Journal Officiel du 12 décembre 2001)

[63] *«Les officiers de police judiciaire peuvent, sur commission rogatoire expresse du juge d'instruction ou sur réquisitions du procureur de la République, prises au cours d'une enquête préliminaire ou d'une enquête de flagrance, procéder aux opérations prescrites par ces magistrats sur toute l'étendue du territoire national. Ils sont tenus d'être assistés d'un officier de police judiciaire territorialement compétent si le magistrat dont ils tiennent la commission ou la réquisition le décide (…)» – Article 18 CPPF.*

«Si le juge d'instruction est dans l'impossibilité de procéder lui-même à tous les actes d'instruction, il peut donner commission rogatoire aux officiers de police judiciaire afin de leur faire exécuter tous les actes d'information nécessaires dans les conditions et sous les réserves prévues aux articles 151 et 152.» – Article 81 CPPF.

[64] *«L'application des règles prévues par le présent chapitre est soumise au contrôle des autorités judiciaires mentionnées aux articles 12 et 13.*

Toute personne se trouvant sur le territoire national doit accepter de se prêter à un contrôle d'identité effectué dans les conditions et par les autorités de police visées aux articles suivants.» – Article 78-1 CPPF. (Loi n.° 83-466 du 10 juin 1983 art. 21 Journal Officiel du 11 juin 1983 en vigueur le 27 juin 1983) (Loi n.° 86-1004 du 3 septembre 1986 art. 1 Journal Officiel du 4 septembre 1986) (Loi n.° 93-992 du 10 août 1993 art. 2 Journal Officiel du 11 août 1993) (Loi n.° 99-291 du 15 avril 1999 art. 15 Journal Officiel du 16 avril 1999)

ciais de polícia judiciária e, (...) os agentes de polícia judiciária (...)
podem convidar a justificar, por qualquer meio, a identidade de qual-
quer pessoa relativamente á qual existem plausíveis razões para supor
que ela cometeu ou tentou cometer uma infracção; ou que ela se pre-
para para cometer um crime ou um delito; ou que ela é susceptível
de fornecer informações úteis ao inquérito, em caso de crime ou de
delito; ou que ela é objecto de procura por parte das autoridades judi-
ciárias."[65]

---

[65] *«Les officiers de police judiciaire et, sur l'ordre et sous la responsabilité de ceux-ci, les agents de police judiciaire et agents de police judiciaire adjoints mention-nés aux articles 20 et 21-1.° peuvent inviter à justifier, par tout moyen, de son identité toute personne à l'égard de laquelle existe une ou plusieurs raisons plausibles de soup-çonner:*

– qu'elle a commis ou tenté de commettre une infraction;
– ou qu'elle se prépare à commettre un crime ou un délit;
– ou qu'elle est susceptible de fournir des renseignements utiles à l'enquête en cas de crime ou de délit;
– ou qu'elle fait l'objet de recherches ordonnées par une autorité judiciaire.

Sur réquisitions écrites du procureur de la République aux fins de recherche et de poursuite d'infractions qu'il précise, l'identité de toute personne peut être également con-trôlée, selon les mêmes modalités, dans les lieux et pour une période de temps déterminés par ce magistrat. Le fait que le contrôle d'identité révèle des infractions autres que celles visées dans les réquisitions du procureur de la République ne constitue pas une cause de nullité des procédures incidentes.

L'identité de toute personne, quel que soit son comportement, peut également être contrôlée, selon les modalités prévues au premier alinéa, pour prévenir une atteinte à l'ordre public, notamment à la sécurité des personnes ou des biens.

Dans une zone comprise entre la frontière terrestre de la France avec les États par-ties à la convention signée à Schengen le 19 juin 1990 et une ligne tracée à 20 kilomètres en deçà, (Dispositions déclarées non conformes à la Constitution par décision du Conseil constitutionnel n.° 93-323 DC du 5 août 1993) ainsi que dans les zones accessibles au public des ports, aéroports et gares ferroviaires ou routières ouverts au trafic internatio-nal et désignés par arrêté (Dispositions déclarées non conformes à la Constitution par décision du Conseil constitutionnel n.° 93-323 DC du 5 août 1993) l'identité de toute per-sonne peut également être contrôlée, selon les modalités prévues au premier alinéa, en vue de vérifier le respect des obligations de détention, de port et de présentation des titres et documents prévues par la loi. Le fait que le contrôle d'identité révèle une infraction autre que celle de non-respect des obligations susvisées ne constitue pas une cause de nullité des procédures incidentes.

Dans une zone comprise entre les frontières terrestres ou le littoral du département de la Guyane et une ligne tracée à vingt kilomètres en-deçà, et sur une ligne tracée à cinq

82 *Medidas Cautelares e de Polícia do Processo Penal em Direito Comparado*

Mas é permitida, também, por determinação do procurador da República, para fins de localização e de acusação, a identificação de qualquer pessoa, qualquer que seja o seu comportamento (suspeito ou não), <u>para prevenir um atentado contra a ordem pública</u>, designadamente contra a segurança das pessoas e dos bens.

A legislação processual mais recente veio alargar os poderes de intervenção policial de forma a prevenir mais eficazmente actos criminosos mais graves e mais actuais:

A Polícia, com o prévio suprimento do procurador da República, pode proceder também a controlos de identidade de pessoas nos seus locais de trabalho para efeitos de verificação da legalidade de funcionamento das unidades económicas, designadamente por razões de registo comercial ou industrial, controlo fiscal e verificação de cumprimento das obrigações para com os sistemas de segurança social. Também mediante mandado da mesma autoridade judiciária, as entidades policiais podem proceder à identificação das pessoas sempre que exista necessidade de detecção ou perseguição de comportamentos relacionados com actos de terrorismo, armas e explosivos ilegais e roubo, nos lugares de acesso ao público e em viaturas, por um período temporal que não pode exceder 24 horas, sem prejuízo da possibilidade de renovação, devidamente fundamentada.[66] Em caso de recusa ou de impossibilidade de justificar a iden-

---

kilomètres de part et d'autre, ainsi que sur la route nationale 2 sur le territoire de la commune de Régina, l'identité de toute personne peut être contrôlée, selon les modalités prévues au premier alinéa, en vue de vérifier le respect des obligations de détention, de port et de présentation des titres et documents prévus par la loi.» – Article 78-2 CPPF (Loi n.° 83-466 du 10 juin 1983 art. 21 Journal Officiel du 11 juin 1983 en vigueur le 27 juin 1983) (Loi n.° 86-1004 du 3 septembre 1986 art. 2 Journal Officiel du 4 septembre 1986) (Loi n.° 93-992 du 10 août 1993 art. 1 et 2 Journal Officiel du 11 août 1993) (Loi n.° 93--1027 du 24 août 1993 art. 34 Journal Officiel du 29 août 1993) (Loi n.° 97-396 du 24 avril 1997 art. 18 Journal Officiel du 25 avril 1997) (Loi n.° 99-291 du 15 avril 1999 art. 15 Journal Officiel du 16 avril 1999) (Loi n.° 2003-239 du 18 mars 2003 art. 10 Journal Officiel du 19 mars 2003) (Loi n.° 2003-239 du 18 mars 2003 art. 143 Journal Officiel du 19 mars 2003)

[66] *«Sur réquisitions du procureur de la République, les officiers de police judiciaire et, sur l'ordre ou la responsabilité de ceux-ci, les agents de police judiciaire et agents de police judiciaire adjoints mentionnés aux articles 20 et 21 (1.°) sont habilités à entrer dans les lieux à usage professionnel, ainsi que dans leurs annexes et dépendances, sauf s'ils constituent un domicile, où sont en cours des activités de construction, de production, de transformation, de réparation, de prestation de services ou de commercialisation, en vue:*

tidade, o visado pode ser retido no local de identificação ou conduzido ao estabelecimento policial para fins de confirmação da identidade, <u>por um período não superior a 4 horas</u>. Se o identificando persiste na recusa de

---

      – *de s'assurer que ces activités ont donné lieu à l'immatriculation au répertoire des métiers ou au registre du commerce et des sociétés lorsqu'elle est obligatoire, ainsi qu'aux déclarations exigées par les organismes de protection sociale et l'administration fiscale;*

      – *de se faire présenter le registre unique du personnel et les documents attestant que les déclarations préalables à l'embauche ont été effectuées;*

      – *de contrôler l'identité des personnes occupées, dans le seul but de vérifier qu'elles figurent sur le registre ou qu'elles ont fait l'objet des déclarations mentionnées à l'alinéa précédent.*

Les réquisitions du procureur de la République sont écrites et précisent les infractions, parmi celles visées aux articles L. 324-9 et L. 341-6 du code du travail, qu'il entend faire rechercher et poursuivre, ainsi que les lieux dans lesquels l'opération de contrôle se déroulera. Ces réquisitions sont prises pour une durée maximum d'un mois et sont présentées à la personne disposant des lieux ou à celle qui la représente.

Les mesures prises en application des dispositions prévues au présent article font l'objet d'un procès-verbal remis à l'intéressé.» – Article 78-2-1 CPPF. (Loi n.° 97-396 du 24 avril 1997 art. 19 Journal Officiel du 25 avril 1997) (Loi n.° 99-291 du 15 avril 1999 art. 15 Journal Officiel du 16 avril 1999)

"Sur réquisitions écrites du procureur de la République aux fins de recherche et de poursuite des actes de terrorisme visés par les articles 421-1 à 421-5 du code pénal, des infractions en matière d'armes et d'explosifs visées par l'article 3 de la loi du 19 juin 1871 qui abroge le décret du 4 septembre 1870 sur la fabrication des armes de guerre et par les articles 20, 31 et 32 du décret du 18 avril 1939 fixant le régime des matériels de guerre, armes et munitions, des infractions de vol visées par les articles 311-3 à 311-11 du code pénal, de recel visées par les articles 321-1 et 321-2 du même code ou des faits de trafic de stupéfiants visés par les articles 222-34 à 222-38 dudit code, les officiers de police judiciaire, assistés, le cas échéant, des agents de police judiciaire et des agents de police judiciaire adjoints mentionnés aux 1.°, 1.° bis et 1.° ter de l'article 21 peuvent, dans les lieux et pour la période de temps que ce magistrat détermine et qui ne peut excéder vingt-quatre heures, renouvelables sur décision expresse et motivée selon la même procédure, procéder non seulement aux contrôles d'identité prévus au sixième alinéa de l'article 78-2 mais aussi à la visite des véhicules circulant, arrêtés ou stationnant sur la voie publique ou dans des lieux accessibles au public.

Pour l'application des dispositions du présent article, les véhicules en circulation ne peuvent être immobilisés que le temps strictement nécessaire au déroulement de la visite qui doit avoir lieu en présence du conducteur. Lorsqu'elle porte sur un véhicule à l'arrêt ou en stationnement, la visite se déroule en présence du conducteur ou du propriétaire du véhicule ou, à défaut, d'une personne requise à cet effet par l'officier ou l'agent de police judiciaire et qui ne relève pas de son autorité administrative. La présence d'une personne

justificação da sua identidade, esta pode ter lugar, precedendo autorização do procurador da República ou do juiz de instrução, através da colheita de impressões digitais ou de fotografias.

---

extérieure n'est toutefois pas requise si la visite comporte des risques graves pour la sécurité des personnes et des biens.

En cas de découverte d'une infraction ou si le conducteur ou le propriétaire du véhicule le demande ainsi que dans le cas où la visite se déroule en leur absence, il est établi un procès-verbal mentionnant le lieu et les dates et heures du début et de la fin de ces opérations. Un exemplaire en est remis à l'intéressé et un autre est transmis sans délai au procureur de la République.

Toutefois, la visite des véhicules spécialement aménagés à usage d'habitation et effectivement utilisés comme résidence ne peut être faite que conformément aux dispositions relatives aux perquisitions et visites domiciliaires.

Le fait que ces opérations révèlent des infractions autres que celles visées dans les réquisitions du procureur de la République ne constitue pas une cause de nullité des procédures incidentes.» – Article 78-2-2 CPPF. (Loi n.° 2001-1062 du 15 novembre 2001 art. 23 Journal Officiel du 16 novembre 2001) (Loi n.° 2003-239 du 18 mars 2003 art. 11 II Journal Officiel du 19 mars 2003).

«Si l'intéressé refuse ou se trouve dans l'impossibilité de justifier de son identité, il peut, en cas de nécessité, être retenu sur place ou dans le local de police où il est conduit aux fins de vérification de son identité. Dans tous les cas, il est présenté immédiatement à un officier de police judiciaire qui le met en mesure de fournir par tout moyen les éléments permettant d'établir son identité et qui procède, s'il y a lieu, aux opérations de vérification nécessaires. Il est aussitôt informé par celui-ci de son droit de faire aviser le procureur de la République de la vérification dont il fait l'objet et de prévenir à tout moment sa famille ou toute personne de son choix. Si des circonstances particulières l'exigent, l'officier de police judiciaire prévient lui-même la famille ou la personne choisie.

Lorsqu'il s'agit d'un mineur de dix-huit ans, le procureur de la République doit être informé dès le début de la rétention. Sauf impossibilité, le mineur doit être assisté de son représentant légal.

La personne qui fait l'objet d'une vérification ne peut être retenue que pendant le temps strictement exigé par l'établissement de son identité. La rétention ne peut excéder quatre heures à compter du contrôle effectué en application de l'article 78-2 et le procureur de la République peut y mettre fin à tout moment.

Si la personne interpellée maintient son refus de justifier de son identité ou fournit des éléments d'identité manifestement inexacts, les opérations de vérification peuvent donner lieu, après autorisation du procureur de la République ou du juge d'instruction, à la prise d'empreintes digitales ou de photographies lorsque celle-ci constitue l'unique moyen d'établir l'identité de l'intéressé.

La prise d'empreintes ou de photographies doit être mentionnée et spécialement motivée dans le procès-verbal prévu ci-après.

L'officier de police judiciaire mentionne, dans un procès-verbal, les motifs qui justifient le contrôle ainsi que la vérification d'identité, et les conditions dans lesquelles la

D9. Submissão a termo de identidade e residência

No quadro das medidas de controlo judiciário[67], aquelas que em maior ou menor extensão restringem direitos ou de liberdades individuais, podem ser ordenadas a título de medidas cautelares ou de segurança, ou para evitar perturbação para a investigação e instrução do processo. Basta, para isso, que a situação concreta seja de gravidade que tal aconselhe e que

---

personne a été présentée devant lui, informée de ses droits et mise en demeure de les exercer. Il précise le jour et l'heure à partir desquels le contrôle a été effectué, le jour et l'heure de la fin de la rétention et la durée de celle-ci.

«Ce procès-verbal est présenté à la signature de l'intéressé. Si ce dernier refuse de le signer, mention est faite du refus et des motifs de celui-ci.

Le procès-verbal est transmis au procureur de la République, copie en ayant été remise à l'intéressé dans le cas prévu par l'alinéa suivant.

Si elle n'est suivie à l'égard de la personne qui a été retenue d'aucune procédure d'enquête ou d'exécution adressée à l'autorité judiciaire, la vérification d'identité ne peut donner lieu à une mise en mémoire sur fichiers et le procès-verbal ainsi que toutes les pièces se rapportant à la vérification sont détruits dans un délai de six mois sous le contrôle du procureur de la République.

Dans le cas où il y a lieu à procédure d'enquête ou d'exécution adressée à l'autorité judiciaire et assortie du maintien en garde à vue, la personne retenue doit être aussitôt informée de son droit de faire aviser le procureur de la République de la mesure dont elle fait l'objet.

Les prescriptions énumérées au présent article sont imposées à peine de nullité.» – Article 78-3 CPPF. (Loi n.° 83-466 du 10 juin 1983 art. 21 Journal Officiel du 11 juin 1983 en vigueur le 27 juin 1983) (Loi n.° 86-1004 du 3 septembre 1986 art. 3 Journal Officiel du 4 septembre 1986) (Loi n.° 93-2 du 4 janvier 1993 art. 162 Journal Officiel du 5 janvier 1993 en vigueur le 1er mars 1993) (Loi n.° 93-992 du 10 août 1993 art. 2 Journal Officiel du 11 août 1993) (Loi n.° 93-1013 du 24 août 1993 art. 20 Journal Officiel du 25 août 1993 en vigueur le 2 septembre 1993) (Loi n.° 99-291 du 15 avril 1999 art. 15 Journal Officiel du 16 avril 1999).*

«Seront punis de trois mois d'emprisonnement et de 3750 euros d'amende ceux qui auront refusé de se prêter aux prises d'empreintes digitales ou de photographies autorisées par le procureur de la République ou le juge d'instruction, conformément aux dispositions de l'article 78-3.» – Article 78-5 CPPF. (Loi n.° 83-466 du 10 juin 1983 art. 21 Journal Officiel du 11 juin 1983 en vigueur le 27 juin 1983) (Loi n.° 86-1004 du 3 septembre 1986 art. 5 Journal Officiel du 4 septembre 1986) (Loi n.° 93-992 du 10 août 1993 art. 2 Journal Officiel du 11 août 1993) (Loi n.° 92-1336 du 16 décembre 1992 art. 322 et 329 Journal Officiel du 23 décembre 1992 en vigueur le 1er mars 1994) (Loi n.° 99-291 du 15 avril 1999 art. 15 Journal Officiel du 16 avril 1999) (Ordonnance n.° 2000-916 du 19 septembre 2000 art. 3 Journal Officiel du 22 septembre 2000 en vigueur le 1er janvier 2002)*

[67] *Da competência do juiz de instrução, ou do juiz de julgamento quando o processo se encontra nesta fase – vd. art. 138 e 141-1 do CPPF.*

esteja em causa crime ou delito a que corresponda pena de prisão correccional, ou pena ainda mais grave do que esta.

Não se encontra, no acervo de medidas acolhidas sob o art. 138 do CPPF[68], uma específica obrigação de submissão a um acto formal de pres-

---

[68] «Le contrôle judiciaire peut être ordonné par le juge d'instruction ou par le juge des libertés et de la détention si la personne mise en examen encourt une peine d'emprisonnement correctionnel ou une peine plus grave.

Ce contrôle astreint la personne concernée à se soumettre, selon la décision du juge d'instruction ou du juge des libertés et de la détention, à une ou plusieurs des obligations ci-après énumérées:

1.° Ne pas sortir des limites territoriales déterminées par le juge d'instruction ou le juge des libertés et de la détention;

2.° Ne s'absenter de son domicile ou de la résidence fixée par le juge d'instruction ou le juge des libertés et de la détention qu'aux conditions et pour les motifs déterminés par ce magistrat;

3.° Ne pas se rendre en certains lieux ou ne se rendre que dans les lieux déterminés par le juge d'instruction ou le juge des libertés et de la détention;

4.° Informer le juge d'instruction ou le juge des libertés et de la détention de tout déplacement au-delà de limites déterminées;

5.° Se présenter périodiquement aux services, associations habilitées ou autorités désignés par le juge d'instruction ou le juge des libertés et de la détention qui sont tenus d'observer la plus stricte discrétion sur les faits reprochés à la personne mise en examen;

6.° Répondre aux convocations de toute autorité, de toute association ou de toute personne qualifiée désignée par le juge d'instruction ou le juge des libertés et de la détention et se soumettre, le cas échéant, aux mesures de contrôle portant sur ses activités professionnelles ou sur son assiduité à un enseignement ainsi qu'aux mesures socio-éducatives destinées à favoriser son insertion sociale et à prévenir le renouvellement de l'infraction;

7.° Remettre soit au greffe, soit à un service de police ou à une brigade de gendarmerie tous documents justificatifs de l'identité, et notamment le passeport, en échange d'un récépissé valant justification de l'identité;

8.° S'abstenir de conduire tous les véhicules ou certains véhicules et, le cas échéant, remettre au greffe son permis de conduire contre récépissé; toutefois, le juge d'instruction ou le juge des libertés et de la détention peut décider que la personne mise en examen pourra faire usage de son permis de conduire pour l'exercice de son activité professionnelle;

9.° S'abstenir de recevoir ou de rencontrer certaines personnes spécialement désignées par le juge d'instruction ou le juge des libertés et de la détention, ainsi que d'entrer en relation avec elles, de quelque façon que ce soit;

10.° Se soumettre à des mesures d'examen, de traitement ou de soins, même sous le régime de l'hospitalisation, notamment aux fins de désintoxication;

taçāo de identidade e residência, por termo próprio no processo. Mas pode concluir-se, pela superior força e abrangência das medidas expressamente recebidas naquelas normas que, da sua aplicação, resulta a obrigação de

11.° Fournir un cautionnement dont le montant et les délais de versement, en une ou plusieurs fois, sont fixés par le juge d'instruction ou le juge des libertés et de la détention, compte tenu notamment des ressources et des charges de la personne mise en examen;

12.° Ne pas se livrer à certaines activités de nature professionnelle ou sociale, à l'exclusion de l'exercice des mandats électifs et des responsabilités syndicales, lorsque l'infraction a été commise dans l'exercice ou à l'occasion de l'exercice de ces activités et lorsqu'il est à redouter qu'une nouvelle infraction soit commise. Lorsque l'activité concernée est celle d'un avocat, le conseil de l'ordre, saisi par le juge d'instruction ou le juge des libertés et de la détention, a seul le pouvoir de prononcer cette mesure à charge d'appel, dans les conditions prévues à l'article 24 de la loi n.° 71-1130 du 31 décembre 1971 portant réforme de certaines professions judiciaires et juridiques; le conseil de l'ordre statue dans les quinze jours;

13.° Ne pas émettre de chèques autres que ceux qui permettent exclusivement le retrait de fonds par le tireur auprès du tiré ou ceux qui sont certifiés et, le cas échéant, remettre au greffe les formules de chèques dont l'usage est ainsi prohibé;

14.° Ne pas détenir ou porter une arme et, le cas échéant, remettre au greffe contre récépissé les armes dont elle est détentrice;

15.° Constituer, dans un délai, pour une période et un montant déterminés par le juge d'instruction ou le juge des libertés et de la détention, des sûretés personnelles ou réelles;

16.° Justifier qu'elle contribue aux charges familiales ou acquitte régulièrement les aliments qu'elle a été condamnée à payer conformément aux décisions judiciaires et aux conventions judiciairement homologuées portant obligation de verser des prestations, subsides ou contributions aux charges du mariage.

L'obligation prévue au 2.° peut être exécutée, avec l'accord de l'intéressé recueilli en présence de son avocat, sous le régime du placement sous surveillance électronique, à l'aide du procédé prévu par l'article 723-8. Les articles 723-9 et 723-12 sont applicables, le juge d'instruction exerçant les compétences attribuées au juge de l'application des peines.

Les modalités d'application du présent article, en ce qui concerne notamment l'habilitation des personnes contribuant au contrôle judiciaire et au placement sous surveillance électronique sont déterminées en tant que de besoin par un décret en Conseil d'État.» Article 138 do CPPF (Loi n.° 70-643 du 17 juillet 1970 art. 1 Journal Officiel du 19 juillet 1970); (Loi n.° 75-701 du 6 août 1975 art. 23 Journal Officiel du 7 août 1975); (Loi n.° 83-466 du 10 juin 1983 art. 30 Journal Officiel du 11 juin 1983); (Loi n.° 83-608 du 8 juillet 1983 art. 4 Journal Officiel du 9 juillet 1983); (Loi n.° 85-1407 du 30 décembre 1985 art. 16 et art. 94 Journal Officiel du 31 décembre 1985 en vigueur le 1er février

88 *Medidas Cautelares e de Polícia do Processo Penal em Direito Comparado*

indicação dos elementos identificativos e da sujeição a processos de controlo domiciliário do arguido, pela inerente proibição de se ausentar fora das condições que lhe forem assinaladas, designadamente sem a prévia autorização judicial, como facilmente se extrai do § 2.° do mesmo artigo 138 do CPPF.

D10. *Caução e Arresto preventivo*

Também nos casos de delitos ou de crimes puníveis com pena de prisão correccional, ou com pena mais grave, pode ser aplicada ao arguido a <u>medida de prestação de caução</u>, cujo montante e processo de prestação são fixados pelo juiz, que terá em conta, entre outras, as condições económicas do arguido, por referência aos seus recursos e aos seus encargos.[69] Não existe, na lei processual penal geral francesa, a

---

1986); (Loi n.° 87-1062 du 30 décembre 1987 art. 3 Journal Officiel du 31 décembre 1987 en vigueur le 1er septembre 1989); (Loi n.° 89-461 du 6 juillet 1989 art. 21 Journal Officiel du 8 juillet 1989); (Loi n.° 93-2 du 4 janvier 1993 art. 149 Journal Officiel du 5 janvier 1993); (Loi n.° 93-2 du 4 janvier 1993 art. 179 Journal Officiel du 5 janvier 1993 en vigueur le 1er mars 1993); (Loi n.° 93-1013 du 24 août 1993 art. 46 Journal Officiel du 25 août 1993 en vigueur le 2 septembre 1993); (Loi n.° 2000-516 du 15 juin 2000 art. 45 Journal Officiel du 16 juin 2000); (Loi n.° 2000-516 du 15 juin 2000 art. 50, 51 et 132 Journal Officiel du 16 juin 2000 en vigueur le 1er janvier 2001); (Loi n.° 2002-1138 du 9 septembre 2002 art. 49 Journal Officiel du 10 septembre 2002); (Loi n.° 2004-130 du 11 février 2004 art. 32 II Journal Officiel du 12 février 2004); (Loi n.° 2004-204 du 9 mars 2004 art. 126 IV V Journal Officiel du 10 mars 2004) NOTA: Loi 2004-130 2004-02-11 art. 78: Les dispositions des titres III, V et VI s'appliquent aux procédures engagées postérieurement à leur entrée en vigueur.

«Lorsque la personne mise en examen est soumise à l'interdiction de recevoir, ou rencontrer la victime ou d'entrer en relation de quelque façon que ce soit avec elle en application des dispositions du 9.° de l'article 138, le juge d'instruction ou le juge des libertés et de la détention adresse à celle-ci un avis l'informant de cette mesure; si la victime est partie civile, cet avis est également adressé à son avocat.

Cet avis précise les conséquences susceptibles de résulter pour la personne mise en examen du non-respect de cette interdiction.» Article 138-1 do CPPF(inséré par Loi n.° 2004-204 du 9 mars 2004 art. 92 I Journal Officiel du 10 mars 2004 en vigueur le 1er octobre 2004)

[69] *«Ce contrôle astreint la personne concernée à se soumettre, selon la décision du juge d'instruction ou du juge des libertés et de la détention, à une ou plusieurs des obligations ci-après énumérées:*

possibilidade de recurso ao instituto do "*arresto preventivo*". O mesmo efeito (ou o mais próximo) será obtido através da medida cautelar de apreensão, nos termos já acima expendidos.[70]

Mas, dentro do quadro das medidas de controlo judiciário,[71] o juiz de instrução ou o presidente do tribunal correccional podem ordenar ao arguido, por exemplo, que justifique se contribui para os encargos familiares ou que constitua <u>garantias reais ou pessoais para assegurar os direitos das vítimas</u>: "***O controlo judiciário pode ser ordenado pelo juiz de***

(...)

11.° Fournir un cautionnement dont le montant et les délais de versement, en une ou plusieurs fois, sont fixés par le juge d'instruction ou le juge des libertés et de la détention, compte tenu notamment des ressources et des charges de la personne mise en examen;»

[70] *Vd., por exemplo, os arts. 54, 56 e 95, respectivamente, do CPPF:*

«En cas de crime flagrant, l'officier de police judiciaire qui en est avisé, informe immédiatement le procureur de la République, se transporte sans délai sur le lieu du crime et procède à toutes constatations utiles.

Il veille à la conservation des indices susceptibles de disparaître et de tout ce qui peut servir à la manifestation de la vérité. Il saisit les armes et instruments qui ont servi à commettre le crime ou qui étaient destinés à le commettre, ainsi que tout ce qui paraît avoir été le produit de ce crime.

Il représente les objets saisis, pour reconnaissance, aux personnes qui paraissent avoir participé au crime, si elles sont présentes.

«Si la nature du crime est telle que la preuve en puisse être acquise par la saisie des papiers, documents, données informatiques ou autres objets en la possession des personnes qui paraissent avoir participé au crime ou détenir des pièces, informations ou objets relatifs aux faits incriminés, l'officier de police judiciaire se transporte sans désemparer au domicile de ces derniers pour y procéder à une perquisition dont il dresse procès-verbal.

Il a seul, avec les personnes désignées à l'article 57 et celles auxquelles il a éventuellement recours en application de l'article 60, le droit de prendre connaissance des papiers, documents ou données informatiques avant de procéder à leur saisie.

Toutefois, il a l'obligation de provoquer préalablement toutes mesures utiles pour que soit assuré le respect du secret professionnel et des droits de la défense.

Tous objets et documents saisis sont immédiatement inventoriés et placés sous scellés. Cependant, si leur inventaire sur place présente des difficultés, ils font l'objet de scellés fermés provisoires jusqu'au moment de leur inventaire et de leur mise sous scellés définitifs et ce, en présence des personnes qui ont assisté à la perquisition suivant les modalités prévues à l'article 57 (...).

«Les perquisitions sont effectuées dans tous les lieux où peuvent se trouver des objets ou des données informatiques dont la découverte serait utile à la manifestation de la vérité.»

[71] *Art. 138 do CPPF.*

instrução ou pelo juiz das liberdades e da detenção,[72] se a pessoa a submeter ao controlo incorre numa pena de prisão correccional ou numa pena mais grave. Este controlo impõe à pessoa em causa que se submeta, segundo a decisão do juiz de instrução ou o juiz das liberdades e da detenção, a uma ou várias das obrigações abaixo enumeradas:

(…) Justificar que ela contribui para os encargos familiares ou providencia regularmente os alimentos em que foi condenada a pagar, em conformidade com as decisões judiciais e com os acordos que imponham a obrigação de pagamento de prestações, subsídios ou contribuições decorrentes dos encargos do casamento." – § 16.° do art. 138 do CPPF.

D11. *Obrigação de apresentação periódica*

Outra das medidas de controlo cautelar, susceptível de aplicação quando o arguido incorra em pena de prisão correccional ou mais grave[73], é a obrigação de apresentação periódica aos serviços, associações especificamente habilitadas ou autoridades designadas pelo juiz de instrução ou pelo juiz das liberdades e da detenção. As entidades, assim encarregadas da monitorização do cumprimento da medida, ficam vinculadas ao dever de rigoroso segredo relativamente aos factos de que é suspeito o sujeito à medida:[74]

"O controlo judiciário pode ser ordenado pelo juiz de instrução ou pelo juiz das liberdades e da detenção, se a pessoa a submeter ao con-

---

[72] *O juíz das liberdades de da detenção é um magistrado judicial com a qualidade de presidente, de primeiro vice-presidente ou de vice-presidente. Ele é nomeado pelo juiz presidente do "tribunal de grande instância" e tem competências gerais no âmbito da aplicação das medidas de controlo judiciário e, especialmente, das medidas cautelares privativas da liberdade pessoal.*

[73] *Prisão correccional é a aplicável aos delitos, nos termos do art. 381 do CPPF*

[74] *«Ce contrôle astreint la personne concernée à se soumettre, selon la décision du juge d'instruction ou du juge des libertés et de la détention, à une ou plusieurs des obligations ci-après énumérées:*

(...)

5.° Se présenter périodiquement aux services, associations habilitées ou autorités désignés par le juge d'instruction ou le juge des libertés et de la détention qui sont tenus d'observer la plus stricte discrétion sur les faits reprochés à la personne mise en examen;» – § 5.° do art. 138 do CPPF.

trolo incorre numa pena de prisão correccional ou numa pena mais grave. Este controlo impõe à pessoa em causa que se submeta, segundo a decisão do juiz de instrução ou o juiz das liberdades e da detenção, a uma ou várias das obrigações abaixo enumeradas:

(…)

Apresentar-se periodicamente aos serviços, associações habilitadas ou autoridades designadas pelo juiz de instrução ou pelo juiz das liberdades e da detenção, que ficam obrigadas à mais estrita discrição acerca dos factos relativos à pessoa colocada sob controlo." – § 5.° do art. 138 do CPPF.

Trata-se, como nos demais sistemas em apreciação, de um processo que tem em vista verificar, com a regularidade que venha a ser considerada como a mais adequada, da permanência ou pelo menos da manutenção da ligação do suspeito a determinada área geográfica. Simultaneamente, confere ás entidades encarregadas do controlo, a possiblidade de contacto presencial, que lhes permitirá alguma proximidade do arguido com o desenvolvimento do processo, facilitando notificações e comunicações para actos processuais em que deva intervir e algum auxílio à verificação de que o suspeito não persiste no comportamento criminoso.

D12. *Suspensão do exercício de funções, de profissão ou de direitos*

O arguido pode ser submetido à medida cautelar de proibição do exercício de determinadas actividades de natureza profissional ou social, com exclusão das actividades inerentes a mandato electivo e de responsabilidade sindical, quando a infracção tiver sido cometida no exercício daquelas actividades e deva ser acautelada a verosímil possibilidade de cometimento de novas infracções.[75]

---

[75] *«Ce contrôle astreint la personne concernée à se soumettre, selon la décision du juge d'instruction ou du juge des libertés et de la détention, à une ou plusieurs des obligations ci-après énumérées:*

(…)

12.° Ne pas se livrer à certaines activités de nature professionnelle ou sociale, à l'exclusion de l'exercice des mandats électifs et des responsabilités syndicales,

92 Medidas Cautelares e de Polícia do Processo Penal em Direito Comparado

"O controlo judiciário pode ser ordenado pelo juiz de instrução ou pelo juiz das liberdades e da detenção, se a pessoa a submeter ao controlo incorre numa pena de prisão correccional ou numa pena mais grave. Este controlo impõe à pessoa em causa que se submeta, segundo a decisão do juiz de instrução ou o juiz das liberdades e da detenção, a uma ou várias das obrigações abaixo enumeradas:

(...)

Não se dedicar a certas actividades de natureza profissional ou social, com excepção do exercício de mandatos electivos e de responsabilidades sindicais, quando a infracção tenha sido cometida no exercício ou por causa do exercício daquelas actividades e quando seja de esperar que uma nova infracção seja cometida (...) – § 12.° do art. 138 do CPPF.

Procura-se, portanto, obviar ao perigo de continuação da actividade criminosa, retirando ao suspeito as condições que em princípio lhe favoreceriam a prática de novos ou similares factos integradores de ilícitos criminais.

D13. *Proibição de permanência, de ausência e de contactos*

O juiz de instrução ou o juiz das liberdades e da detenção podem determinar ao arguido, quando o entendam como adequado aos fins do processo que:

a) Não se ausente, sem autorização judicial, de determinados limites territoriais;
b) Não permaneça em certos lugares;
c) Apenas permaneça em certos lugares;
d) Se abstenha de receber ou de se encontrar com determinadas pessoas, assim como entrar em qualquer tipo de relação com as mesmas.

---

lorsque l'infraction a été commise dans l'exercice ou à l'occasion de l'exercice de ces activités et lorsqu'il est à redouter qu'une nouvelle infraction soit commise. Lorsque l'activité concernée est celle d'un avocat, le conseil de l'ordre, saisi par le juge d'instruction ou le juge des libertés et de la détention, a seul le pouvoir de prononcer cette mesure à charge d'appel, dans les conditions prévues à l'article 24 de la loi n.° 71-1130 du 31 décembre 1971 portant réforme de certaines professions judiciaires et juridiques; le conseil de l'ordre statue dans les quinze jours;

"O controlo judiciário pode ser ordenado pelo juiz de instrução ou pelo juiz das liberdades e da detenção, se a pessoa a submeter ao controlo incorre numa pena de prisão correccional ou numa pena mais grave. Este controlo impõe à pessoa em causa que se submeta, segundo a decisão do juiz de instrução ou o juiz das liberdades e da detenção, a uma ou várias das obrigações abaixo enumeradas:

(...)

1.° Não sair dos limites territoriais determinados pelo juiz de instrução ou pelo juiz das liberdades e da detenção;

(...)

Não frequentar certos lugares ou não frequentar senão determinados lugares determinados pelo juiz de instrução ou pelo juiz das liberdades e da detenção; (...) Se abster de receber ou de se encontrar com determiandas pessoas especialmente designadas pelo juiz de instrução ou pelo juiz das liberdades e da detenção, assim como de entrar em relacionamento com elas, por qualquer forma;" – art. 138 do CPPF.

Procura-se, com este homogéneo conjunto de medidas, não só <u>evitar que o arguido se subtraia à acção penal pública</u>. Ter-se-á por finalidade, também, <u>acautelar a ocorrência de novos factos criminosos e/ou evitar a concertação destinada a prejudicar a aquisição da prova</u>, designadamente a prova testemunhal, pelos possíveis ou mesmo previsíveis actos de coacção exercidos sobre as pessoas que estejam em condições de poderem contribuir para o esclarecimento da verdade e, por essa via, conduzirem à responsabilização criminal do suspeito.[76]

---

[76] *Cfr. §§ 1.°, 3.° e 9.° do art. 138.° do CPPF «Le contrôle judiciaire peut être ordonné par le juge d'instruction ou par le juge des libertés et de la détention si la personne mise en examen encourt une peine d'emprisonnement correctionnel ou une peine plus grave.*

Ce contrôle astreint la personne concernée à se soumettre, selon la décision du juge d'instruction ou du juge des libertés et de la détention, à une ou plusieurs des obligations ci-après énumérées:

1.° Ne pas sortir des limites territoriales déterminées par le juge d'instruction ou le juge des libertés et de la détention;

(...)

3.° Ne pas se rendre en certains lieux ou ne se rendre que dans les lieux déterminés par le juge d'instruction ou le juge des libertés et de la détention;

(...)

9.° S'abstenir de recevoir ou de rencontrer certaines personnes spécialement désignées par le juge d'instruction ou le juge des libertés et de la détention, ainsi que d'entrer en relation avec elles, de quelque façon que ce soit;»

94   *Medidas Cautelares e de Polícia do Processo Penal em Direito Comparado*

D14. *Obrigação de permanência na habitação*

Outra das medidas cautelares, com directa incidência na liberdade pessoal de trânsito, é prevista no § 2.º do art. 138 do CPPF:

"O controlo judiciário pode ser ordenado pelo juiz de instrução ou pelo juiz das liberdades e da detenção, se a pessoa a submeter ao controlo incorre numa pena de prisão correccional ou numa pena mais grave. Este controlo impõe à pessoa em causa que se submeta, segundo a decisão do juiz de instrução ou o juiz das liberdades e da detenção, a uma ou várias das obrigações abaixo enumeradas:

(...)

2.º Não se ausentar do seu domicílio ou da residência fixada pelo juiz de instrução ou pelo juiz das liberdades e da detenção, senão nas condições e para os fins determinados pelo mesmo magistrado".

Tendo em vista <u>garantir a manutenção da disponibilidade do arguido</u> para os subsequentes trâmites processuais, o juiz de instrução pode impor-lhe que não se afaste do seu domicílio ou da residência que lhe tiver sido fixada (pode ser diversa da do seu domicílio habitual, sobretudo tratando-se de estrangeiro), a não ser para as finalidades e nas precisas condições que forem determinadas, se a elas tiver havido lugar[77].

D15. *Prisão preventiva*

No processo penal francês, a regra base é a não aplicação de medidas de controlo judiciário detentivas da liberdade pessoal, quando outras,

---

[77] *«Le contrôle judiciaire peut être ordonné par le juge d'instruction ou par le juge des libertés et de la détention si la personne mise en examen encourt une peine d'emprisonnement correctionnel ou une peine plus grave.*

Ce contrôle astreint la personne concernée à se soumettre, selon la décision du juge d'instruction ou du juge des libertés et de la détention, à une ou plusieurs des obligations ci-après énumérées:

(...)

2.º Ne s'absenter de son domicile ou de la résidence fixée par le juge d'instruction ou le juge des libertés et de la détention qu'aux conditions et pour les motifs déterminés par ce magistrat;»

O *Sistema Francês*   95

menos severas, se mostrem adequadas aos fins do interesse público em vista. "*A pessoa sob investigação, presumível inocente, mantém-se livre. Todavia, em razão das necessidades da instrução ou a título de medida de segurança, ela pode ser sujeita a uma ou mais obrigações de controlo judiciário. Logo que estas se revelem insuficientes aos seus fins, a título excepcional pode ser colocada em prisão preventiva.*" – art. 137 do CPPF.

Ou seja, o princípio é o de que a pessoa suspeita se mantém em liberdade. A prisão preventiva constitui medida excepcional de recurso limitado às <u>graves necessidades cautelares ou de polícia processual</u>.[78]

A prisão preventiva (*la détention provisoire*) constitui, portanto e por referência ao direito fundamental à liberdade, a mais drástica das medidas de controlo judiciário (e também a mais polémica, aqui como nos demais sistemas jurídicos que a ela recorrem, considerando o princípio constitucional da presunção da inocência de todo o suspeito antes da condenação definitiva).

No sistema processual penal francês, a medida é aplicável apenas a casos de suspeita de prática de infracções que:

a) Devam ser julgadas sob a forma de processo criminal (julgamento de crimes) ou correccional (julgamento de delitos);

b) A pena aplicável seja igual ou superior a 1 ano de prisão em caso de flagrante, ou a 2 anos de prisão nos demais casos;

c) Ou quando se considere que as demais medidas de controlo judiciário são inadequadas ou insuficientes para garantir o normal desenvolvimento das investigações e do processo penal global-

---

[78] «*La personne mise en examen, présumée innocente, reste libre. Toutefois, en raison des nécessités de l'instruction ou à titre de mesure de sûreté, elle peut être astreinte à une ou plusieurs obligations du contrôle judiciaire. Lorsque celles-ci se révèlent insuffisantes au regard de ces objectifs, elle peut, à titre exceptionnel, être placée en détention provisoire.*» *Article 137 do CPPF; (Loi n.° 70-643 du 17 juillet 1970 art. 1 Journal Officiel du 19 juillet 1970); (Loi n.° 84-576 du 9 juillet 1984 art. 8 et art. 19 Journal Officiel du 10 juillet 1984 en vigueur le 1er janvier 1985); (Loi n.° 87-1062 du 30 décembre 1987 art. 2 Journal Officiel du 31 décembre 1987 en vigueur le 1er septembre 1989); (Loi n.° 89-461 du 6 juillet 1989 art. 21 Journal Officiel du 8 juillet 1989); (Loi n.° 93-2 du 4 janvier 1993 art. 178 Journal Officiel du 5 janvier 1993 en vigueur le 1er mars 1993); (Loi n.° 93-1013 du 24 août 1993 art. 16 Journal Officiel du 25 août 1993 en vigueur le 2 septembre 1993); (Loi n.° 2000-516 du 15 juin 2000 art. 46 Journal Officiel du 16 juin 2000).*

mente considerado. Com tal medida, pretende o legislador acautelar, nomeadamente:

a) A conservação das provas e dos indícios materiais;
b) As pressões sobre as vítimas ou sobre as testemunhas;
c) A concertação entre o suspeito e os seus cúmplices;
d) A protecção do próprio visado;
e) A continuação da actividade criminosa;
f) A manutenção da pessoa à disposição da justiça;
g) A preservação da ordem pública.

A prisão preventiva poderá ser aplicada, ainda, quando o suspeito se subtraia à obediência devida a outras medidas de controlo judiciário que lhe tenham sido aplicadas, apresentando-se aquela como a única capaz de fazer respeitar as finalidades do processo, já que outras menos onerosas para a liberdade pessoal se revelaram ineficazes.[79]

---

[79] «Sous réserve des dispositions de l'article 137, la détention provisoire ne peut être ordonnée ou prolongée que dans l'un des cas ci-après énumérés:
1.° La personne mise en examen encourt une peine criminelle;
2.° La personne mise en examen encourt une peine correctionnelle d'une durée égale ou supérieure à trois ans d'emprisonnement.
La détention provisoire peut également être ordonnée dans les conditions prévues à l'article 141-2 lorsque la personne mise en examen se soustrait volontairement aux obligations du contrôle judiciaire.» Article 143-1 do CPPF; (Loi n.° 2000-516 du 15 juin 2000 art. 57 Journal Officiel du 16 juin 2000 en vigueur le 1er janvier 2001); (Loi n.° 2002-307 du 4 mars 2002 art. 5 Journal Officiel du 5 mars 2002); (Loi n.° 2002-1138 du 9 septembre 2002 art. 37 Journal Officiel du 10 septembre 2002)
«La détention provisoire ne peut être ordonnée ou prolongée que si elle constitue l'unique moyen:
1.° De conserver les preuves ou les indices matériels ou d'empêcher soit une pression sur les témoins ou les victimes, soit une concertation frauduleuse entre personnes mises en examen et complices;
2.° De protéger la personne mise en examen, de garantir son maintien à la disposition de la justice, de mettre fin à l'infraction ou de prévenir son renouvellement;
3.° De mettre fin à un trouble exceptionnel et persistant à l'ordre public provoqué par la gravité de l'infraction, les circonstances de sa commission ou l'importance du préjudice qu'elle a causé.» Article 144 do CPPF; (Loi n.° 70-463 du 17 juillet 1970 art. 1 Journal Officiel du 19 juillet 1970); (Loi n.° 81-82 du 2 février 1981 art. 40 et art. 51-ii Journal Officiel du 3 février 1981); (Loi n.° 83--466 du 10 juin 1983 art. 19-i et 19-ii Journal Officiel du 11 juin 1983 en

Ao juiz das liberdades e da detenção cabe a competência para determinar a prisão preventiva do suspeito: "***A prisão preventiva é ordenada ou prorrogada pelo juiz das liberdades e da detenção. Os requerimentos para a restituição à liberdade, são-lhe igualmente submetidos***" – art. 137-1 do CPPF.[80]

Uma vez decretada a prisão preventiva do arguido, pelo juiz das liberdades e da detenção, <u>o juiz de instrução pode ordenar que o arguido</u>

---

vigueur le 27 juin 1983); (Loi n.° 87-1062 du 30 décembre 1987 art. 4 Journal Officiel du 31 décembre 1987 en vigueur le 1er septembre 1989); (Loi n.° 89-146 du 6 juillet 1989 art. 21 Journal Officiel du 8 juillet 1989); (Loi n.° 89-461 du 6 juillet 1989 art. 4 Journal Officiel du 8 juillet 1989 en vigueur le 1er décembre 1989); (Loi n.° 93-2 du 4 janvier 1993 art. 63 Journal Officiel du 5 janvier 1993 en vigueur le 1er mars 1993); (Loi n.° 96-1235 du 30 décembre 1996 art. 3 Journal Officiel du 1er janvier 1997 en vigueur le 31 mars 1997); (Loi n.° 2000-516 du 15 juin 2000 art. 57 Journal Officiel du 16 juin 2000 en vigueur le 1er janvier 2001); (Loi n.° 2002-1138 du 9 septembre 2002 art. 37 Journal Officiel du 10 septembre 2002);

[80] *«La détention provisoire est ordonnée ou prolongée par le juge des libertés et de la détention. Les demandes de mise en liberté lui sont également soumises.*

Le juge des libertés et de la détention est un magistrat du siège ayant rang de président, de premier vice-président ou de vice-président. Il est désigné par le président du tribunal de grande instance. Lorsqu'il statue à l'issue d'un débat contradictoire, il est assisté d'un greffier. En cas d'empêchement du juge des libertés et de la détention désigné et d'empêchement du président ainsi que des premiers vice-présidents et des vice-présidents, le juge des libertés et de la détention est remplacé par le magistrat du siège le plus ancien dans le grade le plus élevé, désigné par le président du tribunal de grande instance. Il peut alors faire application des dispositions de l'article 93.

Il ne peut, à peine de nullité, participer au jugement des affaires pénales dont il a connu.

Hors le cas prévu par le deuxième alinéa de l'article 137-4, il est saisi par une ordonnance motivée du juge d'instruction, qui lui transmet le dossier de la procédure accompagné des réquisitions du procureur de la République.» Article 137-1 do CPPF; (Loi n.° 93-2 du 4 janvier 1993 art. 235 Journal Officiel du 5 janvier 1993 en vigueur le 1er mars 1993); (Loi n.° 93-1013 du 24 août 1993 art. 34 Journal Officiel du 25 août 1993 en vigueur le 2 septembre 1993); (Loi n.° 93-2 du 4 janvier 1993 art. 57 Journal Officiel du 5 janvier 1993 en vigueur le 1er janvier 1994); (Loi n.° 93-1013 du 24 août 1993 art. 18 Journal Officiel du 25 août 1993 en vigueur le 2 septembre 1993); (Loi n.° 2000--516 du 15 juin 2000 art. 48 Journal Officiel du 16 juin 2000 en vigueur le 1er janvier 2001); (Loi n.° 2000-1354 du 30 décembre 2000 art. 13 Journal Officiel du 31 décembre 2000 en vigueur le 1er janvier 2001); (Loi n.° 2004-204 du 9 mars 2004 art. 120, art. 121 II Journal Officiel du 10 mars 2004)

se mantenha incomunicável durante os 10 dias subsequentes,[81] o que evidencia a natureza fortemente cautelar da medida e a determinação séria em afastar o perigo de perturbação do decurso da investigação ou da perda de elementos de prova: "*Logo que a pessoa sob investigação seja sujeita a prisão preventiva, o juiz de instrução pode determinar-lhe a interdição de comunicar, por um período de dez dias. Esta medida pode ser renovada por um novo e único período de dez dias. Em caso algum a interdição se aplica à comunicação com o advogado do arguido. (...)*" – art. 154-4 do CPPF.

D16. *Captura e Detenção*

D16.1. *Captura*

A "*arrestation*" surge, no direito processual francês, como acto material que tem por objectivo a privação temporária da liberdade pessoal e a sua subsumpção a qualquer das formas jurídicas da detenção: "*No caso de crime flagrante ou de delito flagrante punido com*

---

[81] «*Lorsque la personne mise en examen est placée en détention provisoire, le juge d'instruction peut prescrire à son encontre l'interdiction de communiquer pour une période de dix jours. Cette mesure peut être renouvelée, mais pour une nouvelle période de dix jours seulement. En aucun cas, l'interdiction de communiquer ne s'applique à l'avocat de la personne mise en examen.*
Sous réserve des dispositions qui précèdent, toute personne placée en détention provisoire peut, avec l'autorisation du juge d'instruction, recevoir des visites sur son lieu de détention.
A l'expiration d'un délai d'un mois à compter du placement en détention provisoire, le juge d'instruction ne peut refuser de délivrer un permis de visite à un membre de la famille de la personne détenue que par une décision écrite et spécialement motivée au regard des nécessités de l'instruction.
Cette décision est notifiée par tout moyen et sans délai au demandeur. Ce dernier peut la déférer au président de la chambre de l'instruction qui statue dans un délai de cinq jours par une décision écrite et motivée non susceptible de recours. Lorsqu'il infirme la décision du juge d'instruction, le président de la chambre de l'instruction délivre le permis de visite.» Article 145-4; (Loi n.° 96-1235 du 30 décembre 1996 art. 8 Journal Officiel du 1er janvier 1997 en vigueur le 31 mars 1997); (Loi n.° 2000-516 du 15 juin 2000 art. 83 Journal Officiel du 16 juin 2000 en vigueur le 1er janvier 2001)*

uma pena de prisão, qualquer pessoa pode capturar o autor e conduzi--lo perante o oficial de polícia judiciária mais próximo." – art. 73 do CPPF[82].

D16.2. Detenção

A detenção pode assumir diferente tipologia, consoante a natureza do ilícito e as finalidades processuais prosseguidas.

Pode consistir em não mais do que a mera retenção para efeitos de verificação da identidade que, nestes casos, não pode exceder o prazo máximo de 4 horas: ***"A pessoa que constitui objecto de uma verificação não pode ser retida senão durante o tempo estritamente necessário para a confirmação da sua identidade. A retenção não pode exceder quatro horas a contar do controlo efectuado em aplicação do artigo 78-2, podendo o procurador da república fazê-la cessar a todo o tempo."*** – art. 78-3 do CPPF.[83]

---

[82] *«Dans les cas de crime flagrant ou de délit flagrant puni d'une peine d'emprisonnement, toute personne a qualité pour en appréhender l'auteur et le conduire devant l'officier de police judiciaire le plus proche.» Art. 73 do CPPF.*

[83] *«Si l'intéressé refuse ou se trouve dans l'impossibilité de justifier de son identité, il peut, en cas de nécessité, être retenu sur place ou dans le local de police où il est conduit aux fins de vérification de son identité. Dans tous les cas, il est présenté immédiatement à un officier de police judiciaire qui le met en mesure de fournir par tout moyen les éléments permettant d'établir son identité et qui procède, s'il y a lieu, aux opérations de vérification nécessaires. Il est aussitôt informé par celui-ci de son droit de faire aviser le procureur de la République de la vérification dont il fait l'objet et de prévenir à tout moment sa famille ou toute personne de son choix. Si des circonstances particulières l'exigent, l'officier de police judiciaire prévient lui-même la famille ou la personne choisie.*

Lorsqu'il s'agit d'un mineur de dix-huit ans, le procureur de la République doit être informé dès le début de la rétention. Sauf impossibilité, le mineur doit être assisté de son représentant légal.

La personne qui fait l'objet d'une vérification ne peut être retenue que pendant le temps strictement exigé par l'établissement de son identité. La rétention ne peut excéder quatre heures à compter du contrôle effectué en application de l'article 78-2 et le procureur de la République peut y mettre fin à tout moment.

Si la personne interpellée maintient son refus de justifier de son identité ou fournit des éléments d'identité manifestement inexacts, les opérations de vérification peuvent donner lieu, après autorisation du procureur de la République ou du juge d'instruction, à la

100 *Medidas Cautelares e de Polícia do Processo Penal em Direito Comparado*

O prazo da retenção pessoal é já mais alargado quando esteja em causa o cumprimento de um mandado de comparência ou de condução: *"O juiz de instrução interroga imediatamente a pessoa visada com um mandado de comparência. Ele procede, nas mesmas condições, ao interrogatório da pessoa capturada em virtude de um mandado de condução. Contudo, se o interrogatório não puder ter lugar de imediato, a pessoa pode ficar retida nos serviços de polícia ou da "gendarmerie" durante o prazo máximo de vinte e quatro horas após a captura, antes de ser presente ao juiz de intrução ou na sua falta ao presidente do tribunal ou a um juiz por este designado, que procede imediatamente ao seu interrogatório; não sendo este possível, a pessoa e colocada em liberdade."*

---

prise d'empreintes digitales ou de photographies lorsque celle-ci constitue l'unique moyen d'établir l'identité de l'intéressé.

La prise d'empreintes ou de photographies doit être mentionnée et spécialement motivée dans le procès-verbal prévu ci-après.

L'officier de police judiciaire mentionne, dans un procès-verbal, les motifs qui justifient le contrôle ainsi que la vérification d'identité, et les conditions dans lesquelles la personne a été présentée devant lui, informée de ses droits et mise en demeure de les exercer. Il précise le jour et l'heure à partir desquels le contrôle a été effectué, le jour et l'heure de la fin de la rétention et la durée de celle-ci.

Ce procès-verbal est présenté à la signature de l'intéressé. Si ce dernier refuse de le signer, mention est faite du refus et des motifs de celui-ci.

Le procès-verbal est transmis au procureur de la République, copie en ayant été remise à l'intéressé dans le cas prévu par l'alinéa suivant.

Si elle n'est suivie à l'égard de la personne qui a été retenue d'aucune procédure d'enquête ou d'exécution adressée à l'autorité judiciaire, la vérification d'identité ne peut donner lieu à une mise en mémoire sur fichiers et le procès-verbal ainsi que toutes les pièces se rapportant à la vérification sont détruits dans un délai de six mois sous le contrôle du procureur de la République.

Dans le cas où il y a lieu à procédure d'enquête ou d'exécution adressée à l'autorité judiciaire et assortie du maintien en garde à vue, la personne retenue doit être aussitôt informée de son droit de faire aviser le procureur de la République de la mesure dont elle fait l'objet.

Les prescriptions énumérées au présent article sont imposées à peine de nullité.» – Art. 78-3; (Loi n.° 83-466 du 10 juin 1983 art. 21 Journal Officiel du 11 juin 1983 en vigueur le 27 juin 1983); (Loi n.° 86-1004 du 3 septembre 1986 art. 3 Journal Officiel du 4 septembre 1986); (Loi n.° 93-2 du 4 janvier 1993 art. 162 Journal Officiel du 5 janvier 1993 en vigueur le 1er mars 1993); (Loi n.° 93-992 du 10 août 1993 art. 2 Journal Officiel du 11 août 1993); (Loi n.° 93-1013 du 24 août 1993 art. 20 Journal Officiel du 25 août 1993 en vigueur le 2 septembre 1993); (Loi n.° 99-291 du 15 avril 1999 art. 15 Journal Officiel du 16 avril 1999).

O *Sistema Francês* 101

Também nestes casos, a regra é a da apresentação imediata, em favor da menor lesão possível ao direito à liberdade pessoal. Qualquer contrariedade que possa conduzir a maior demora é considerada pelo legislador como tolerável apenas até ao máximo de 24 horas.[84]

A detenção pode também assumir a modalidade de guarda à vista (***garde à vue***). Quer perante delitos ou crimes praticados em flagrante, quer para os fins do inquérito preliminar, resulta das disposições conjugadas dos artigos 63 e 77 do Código do Processo Penal que o oficial de polícia judiciária pode guardar à sua disposição, durante um máximo de 24 horas, certas pessoas contra as quais haja a fundada suspeita de terem cometido ou tentado cometer uma infracção, disso dando imediato conhecimento ao procurador da república: "***O oficial de polícia judiciária pode, para as necessidades do inquérito, colocar em guarda à vista qualquer pessoa relativamente à qual existem uma ou várias razões plausíveis para supor que ela cometeu ou tentou cometer uma infracção. Ele informa, desde o início da guarda à vista, o procurador da República. A pessoa guardada à vista não pode ser retida mais do que vinte e quatro horas***".[85]

---

[84] «*Le juge d'instruction interroge immédiatement la personne qui fait l'objet d'un mandat de comparution.*

Il est procédé dans les mêmes conditions à l'interrogatoire de la personne arrêtée en vertu d'un mandat d'amener. Toutefois, si l'interrogatoire ne peut être immédiat, la personne peut être retenue par les services de police ou de gendarmerie pendant une durée maximum de vingt-quatre heures suivant son arrestation avant d'être présentée devant le juge d'instruction ou à défaut le président du tribunal ou un juge désigné par celui-ci, qui procède immédiatement à son interrogatoire; à défaut, la personne est mise en liberté.» – Art. 125 do CPPF; (Loi n.° 87-432 du 22 juin 1987 art. 5-ii Journal Officiel du 23 juin 1987); (Loi n.° 93-2 du 4 janvier 1993 art. 167 Journal Officiel du 5 janvier 1993 en vigueur le 1er mars 1993); (Loi n.° 2004-204 du 9 mars 2004 art. 97 I Journal Officiel du 10 mars 2004 en vigueur le 1er octobre 2004).

[85] «*L'officier de police judiciaire peut, pour les nécessités de l'enquête, placer en garde à vue toute personne à l'encontre de laquelle il existe une ou plusieurs raisons plausibles de soupçonner qu'elle a commis ou tenté de commettre une infraction. Il en informe dès le début de la garde à vue le procureur de la République.*

La personne gardée à vue ne peut être retenue plus de vingt-quatre heures. Toutefois, la garde à vue peut être prolongée pour un nouveau délai de vingt-quatre heures au plus, sur autorisation écrite du procureur de la République. Ce magistrat peut subordonner cette autorisation à la présentation préalable de la personne gardée à vue.

Sur instructions du procureur de la République, les personnes à l'encontre desquel-

102   *Medidas Cautelares e de Polícia do Processo Penal em Direito Comparado*

A detenção pode ser determinada por mandado do juiz de instrução ou, não estando este disponível, por mandado de detenção do procurador da República[86] quando não tenha lugar em acto seguido à captura por flagrante

---

les les éléments recueillis sont de nature à motiver l'exercice de poursuites sont, à l'issue de la garde à vue, soit remises en liberté, soit déférées devant ce magistrat.

Pour l'application du présent article, les ressorts des tribunaux de grande instance de Paris, Nanterre, Bobigny et Créteil constituent un seul et même ressort.» – Art. 63 do CPPF; (Ordonnance n.° 60-121 du 13 février 1960 art. 1 Journal Officiel du 14 février 1960); (Loi n.° 63-22 du 15 janvier 1963 art. 1 Journal Officiel du 16 janvier 1963); (Loi n.° 93-2 du 4 janvier 1993 art. 9 Journal Officiel du 5 janvier 1993 en vigueur le 1er mars 1993); (Loi n.° 93-1013 du 24 août 1993 art. 2 Journal Officiel du 25 août 1993 en vigueur le 2 septembre 1993); (Loi n.° 2000-516 du 15 juin 2000 art. 5 Journal Officiel du 16 juin 2000 en vigueur le 1er janvier 2001); (Loi n.° 2002-307 du 4 mars 2002 art. 2 Journal Officiel du 5 mars 2002).

«L'officier de police judiciaire peut, pour les nécessités de l'enquête, garder à sa disposition toute personne à l'encontre de laquelle il existe une ou plusieurs raisons plausibles de soupçonner qu'elle a commis ou tenté de commettre une infraction. Il en informe dès le début de la garde à vue le procureur de la République. La personne gardée à vue ne peut être retenue plus de vingt-quatre heures.

Le procureur de la République peut, avant l'expiration du délai de vingt-quatre heures, prolonger la garde à vue d'un nouveau délai de vingt-quatre heures au plus. Cette prolongation ne peut être accordée qu'après présentation préalable de la personne à ce magistrat. Toutefois, elle peut, à titre exceptionnel, être accordée par décision écrite et motivée sans présentation préalable de la personne. Si l'enquête est suivie dans un autre ressort que celui du siège du procureur de la République saisi des faits, la prolongation peut être accordée par le procureur de la République du lieu d'exécution de la mesure.

Sur instructions du procureur de la République saisi des faits, les personnes à l'encontre desquelles les éléments recueillis sont de nature à motiver l'exercice de poursuites sont, à l'issue de la garde à vue, soit remises en liberté, soit déférées devant ce magistrat.

Pour l'application du présent article, les ressorts des tribunaux de grande instance de Paris, Nanterre, Bobigny et Créteil constituent un seul et même ressort.

Les dispositions des articles 63-1, 63-2, 63-3, 63-4, 64 et 65 sont applicables aux gardes à vue exécutées dans le cadre du présent chapitre.» – Art. 77 do CPPF; (Ordonnance n.° 60-121 du 13 février 1960 art. 1 Journal Officiel du 14 février 1960); (Loi n.° 63-22 du 15 janvier 1963 art. 1 Journal Officiel du 16 janvier 1963 en vigueur le 24 février 1963); (Loi n.° 93-2 du 4 janvier 1993 art. 15 Journal Officiel du 5 janvier 1993 en vigueur le 1er mars 1993); (Loi n.° 93-1013 du 24 août 1993 art. 5 Journal Officiel du 25 août 1993 en vigueur le 2 septembre 1993); (Loi n.° 2000-516 du 15 juin 2000 art. 13 Journal Officiel du 16 juin 2000 en vigueur le 1er janvier 2001); (Loi n.° 2002-307 du 4 mars 2002 art. 1er Journal Officiel du 5 mars 2002).

[86] *«Si les nécessités de l'enquête portant sur un crime flagrant ou un délit flagrant puni d'au moins trois ans d'emprisonnement l'exigent, le procureur de la République peut,*

delito.[87] Fora destes casos, a detenção pode verificar-se por mandado do juiz de instrução, nos termos do art. 122 do CPPF, para comparência ou condução a acto judicial, ou para sujeição a imediato interrogatório judicial.[88]

---

sans préjudice de l'application des dispositions de l'article 73, décerner mandat de recherche contre toute personne à l'encontre de laquelle il existe une ou plusieurs raisons plausibles de soupçonner qu'elle a commis ou tenté de commettre l'infraction.

Pour l'exécution de ce mandat, les dispositions de l'article 134 sont applicables. La personne découverte en vertu de ce mandat est placée en garde à vue par l'officier de police judiciaire du lieu de la découverte, qui peut procéder à son audition, sans préjudice de l'application de l'article 43 et de la possibilité pour les enquêteurs déjà saisis des faits de se transporter sur place afin d'y procéder eux-mêmes, après avoir si nécessaire bénéficié d'une extension de compétence en application de l'article 18. Le procureur de la République ayant délivré le mandat de recherche en est informé dès le début de la mesure; ce magistrat peut ordonner que, pendant la durée de la garde à vue, la personne soit conduite dans les locaux du service d'enquête saisi des faits.

Si la personne ayant fait l'objet du mandat de recherche n'est pas découverte au cours de l'enquête et si le procureur de la République requiert l'ouverture d'une information contre personne non dénommée, le mandat de recherche demeure valable pour le déroulement de l'information, sauf s'il est rapporté par le juge d'instruction.» – Art. 70 do CPPF; (Loi n.° 2004-204 du 9 mars 2004 art. 86 I Journal Officiel du 10 mars 2004 en vigueur le 1er octobre 2004).

[87] *Por entidade policial ou judiciária, ou por particular – vd. art. 73 do CPPF.*

[88] *«Le juge d'instruction peut, selon les cas, décerner mandat de recherche, de comparution, d'amener ou d'arrêt. Le juge des libertés et de la détention peut décerner mandat de dépôt.*

Le mandat de recherche peut être décerné à l'égard d'une personne à l'encontre de laquelle il existe une ou plusieurs raisons plausibles de soupçonner qu'elle a commis ou tenté de commettre une infraction. Il ne peut être décerné à l'égard d'une personne ayant fait l'objet d'un réquisitoire nominatif, d'un témoin assisté ou d'une personne mise en examen. Il est l'ordre donné à la force publique de rechercher la personne à l'encontre de laquelle il est décerné et de la placer en garde à vue.

Le mandat de comparution, d'amener ou d'arrêt peut être décerné à l'égard d'une personne à l'égard de laquelle il existe des indices graves ou concordants rendant vraisemblable qu'elle ait pu participer, comme auteur ou complice, à la commission d'une infraction, y compris si cette personne est témoin assisté ou mise en examen.

Le mandat de comparution a pour objet de mettre en demeure la personne à l'encontre de laquelle il est décerné de se présenter devant le juge à la date et à l'heure indiquées par ce mandat.

Le mandat d'amener est l'ordre donné à la force publique de conduire immédiatement devant lui la personne à l'encontre de laquelle il est décerné.

Le mandat d'arrêt est l'ordre donné à la force publique de rechercher la personne à l'encontre de laquelle il est décerné et de la conduire devant lui après l'avoir, le cas

O cuidado posto pelo legislador na necessidade de preservar o processo investigatório está bem expressa na norma do art. 63-2 do CPPF, quando excepciona da possibilidade conferida ao detido de comunicar com pessoa da sua confiança, os casos em que haja necessidade de preservar o inquérito e o seu normal percurso: *"Qualquer pessoa colocada em guarda à vista pode, a seu pedido, fazer informar, dentro do prazo previsto na última alínea do artigo 63-1, por telefone, uma pessoa com a qual resida habitualmente ou um dos seus parentes da linha recta, um dos seus irmãos ou irmãs ou o seu empregador, acerca da medida a que se encontra sujeita. Se o oficial de polícia judiciária considerar que, em função das necessidades do inquérito, não dever aceder a este pedido, refere-o imediatamente ao procurador da república que decidirá se a comunicação é juridicamente admissível e deverá, ou não, verificar-se."*[89]

échéant, conduite à la maison d'arrêt indiquée sur le mandat, où elle sera reçue et détenue.

Le juge d'instruction est tenu d'entendre comme témoins assistés les personnes contre lesquelles il a été décerné un mandat de comparution, d'amener ou d'arrêt, sauf à les mettre en examen conformément aux dispositions de l'article 116. Ces personnes ne peuvent pas être mises en garde à vue pour les faits ayant donné lieu à la délivrance du mandat.

Le mandat de dépôt peut être décerné à l'encontre d'une personne mise en examen et ayant fait l'objet d'une ordonnance de placement en détention provisoire. Il est l'ordre donné au chef de l'établissement pénitentiaire de recevoir et de détenir la personne à l'encontre de laquelle il est décerné. Ce mandat permet également de rechercher ou de transférer la personne lorsqu'il lui a été précédemment notifié.» – Art. 122 do CPPF; (Loi n.° 87-432 du 22 juin 1987 art. 5-i Journal Officiel du 23 juin 1987); (Loi n.° 87-1062 du 30 décembre 1987 art. 1 I Journal Officiel du 31 décembre 1987 en vigueur le 1er septembre 1989); (Loi n.° 93-2 du 4 janvier 1993 art. 236 Journal Officiel du 5 janvier 1993 en vigueur le 1er mars 1993); (Loi n.° 93-2 du 4 janvier 1993 art. 59 Journal Officiel du 5 janvier 1993 en vigueur le 1er mars 1993); (Loi n.° 93-1013 du 24 août 1993 art. 19 Journal Officiel du 25 août 1993 en vigueur le 2 septembre 1993); (Loi n.° 2000-516 du 15 juin 2000 art. 132 Journal Officiel du 16 juin 2000 en vigueur le 1er janvier 2001); (Loi n.° 2004-204 du 9 mars 2004 art. 96 I Journal Officiel du 10 mars 2004 en vigueur le 1er octobre 2004).*

[89] *«Toute personne placée en garde à vue peut, à sa demande, faire prévenir dans le délai prévu au dernier alinéa de l'article 63-1, par téléphone, une personne avec laquelle elle vit habituellement ou l'un de ses parents en ligne directe, l'un de ses frères et soeurs ou son employeur de la mesure dont elle est l'objet.*

Si l'officier de police judiciaire estime, en raison des nécessités de l'enquête, ne pas devoir faire droit à cette demande, il en réfère sans délai au procureur de la République

D17. Outras Medidas Cautelares

D17.1. De controlo judiciário

Além das medidas de controlo judiciário de vocação cautelar, atrás referidas, o legislador francês colocou na disponibilidade do juiz de instrução outras que lhe permitem que institua sobre o arguido, isolada ou cumulativamente com as demais, as obrigações de:

i. Responder a todas as convocatórias de qualquer autoridade ou de qualquer pessoa qualificada designada pelo juiz de instrução, e de se submeter, segundo o caso, às medidas de controlo da sua actividade profissional ou da sua assiduidade a acção reeducacional;

ii. Remeter ao escrivão, ou aos serviços de polícia, todos os documentos justificativos da sua identidade;

iii. Não conduzir veículos ou certo tipo de veículos;

iv. Submeter-se a medidas de exame, de tratamento ou de outros cuidados, mesmo em regime de hospitalização, nomeadamente para efeitos de desintoxicação;

v. Não emitir determinados cheques;

vi. Não deter ou possuir armas.[90]

---

qui décide, s'il y a lieu, d'y faire droit.» – Art. 63-2; (Loi n.° 93-2 du 4 janvier 1993 art. 10 Journal Officiel du 5 janvier 1993 en vigueur le 1er mars 1993); (Loi n.° 93-1013 du 24 août 1993 art. 2 Journal Officiel du 25 août 1993 en vigueur le 2 septembre 1993); (Loi n.° 2000-516 du 15 juin 2000 art. 10 Journal Officiel du 16 juin 2000 en vigueur le 1er janvier 2001 rectificatif JORF 8 juillet 2000); (Loi n.° 2002-307 du 4 mars 2002 art. 3 Journal Officiel du 5 mars 2002).

[90] *«Le contrôle judiciaire peut être ordonné par le juge d'instruction ou par le juge des libertés et de la détention si la personne mise en examen encourt une peine d'emprisonnement correctionnel ou une peine plus grave.*

Ce contrôle astreint la personne concernée à se soumettre, selon la décision du juge d'instruction ou du juge des libertés et de la détention, à une ou plusieurs des obligations ci-après énumérées:

(...)

6.° Répondre aux convocations de toute autorité, de toute association ou de toute personne qualifiée désignée par le juge d'instruction ou le juge des libertés et de la détention et se soumettre, le cas échéant, aux mesures de contrôle portant sur ses activités professionnelles ou sur son assiduité à un enseignement ainsi

106 *Medidas Cautelares e de Polícia do Processo Penal em Direito Comparado*

Em suma, mais um conjunto de instrumentos cautelares e de polícia, destinado a garantir a vida e a regularidade do processo, incluídos no vasto elenco das medidas acolhidas sob o art. 138 do CPPF:

"O controlo judiciário pode ser ordenado pelo juiz de instrução ou pelo juiz das liberdades e da detenção, se a pessoa a submeter ao controlo incorre numa pena de prisão correccional ou numa pena mais grave. Este controlo impõe à pessoa em causa que se submeta, segundo a decisão do juiz de instrução ou o juiz das liberdades e da detenção, a uma ou várias das obrigações abaixo enumeradas:

(...)

6.° Responder às convocatórias de toda a autoridade, de toda a associação ou de toda a pessoa qualificada designada pelo juiz de instrução ou pelo juiz das liberdades e da detenção e de se submeter, se for o caso, às medidas de controlo referentes às suas actividades profissionais ou sobre a sua assiduidade a aconselhamento assim como às medidas sócio-educativas destinadas a favorecer a sua reinserção social e a prevenir o reaparecimento da infracção;

---

qu'aux mesures socio-éducatives destinées à favoriser son insertion sociale et à prévenir le renouvellement de l'infraction;

7.° Remettre soit au greffe, soit à un service de police ou à une brigade de gendarmerie tous documents justificatifs de l'identité, et notamment le passeport, en échange d'un récépissé valant justification de l'identité;

8.° S'abstenir de conduire tous les véhicules ou certains véhicules et, le cas échéant, remettre au greffe son permis de conduire contre récépissé; toutefois, le juge d'instruction ou le juge des libertés et de la détention peut décider que la personne mise en examen pourra faire usage de son permis de conduire pour l'exercice de son activité professionnelle;

(...)

10.° Se soumettre à des mesures d'examen, de traitement ou de soins, même sous le régime de l'hospitalisation, notamment aux fins de désintoxication;

(...)

13.° Ne pas émettre de chèques autres que ceux qui permettent exclusivement le retrait de fonds par le tireur auprès du tiré ou ceux qui sont certifiés et, le cas échéant, remettre au greffe les formules de chèques dont l'usage est ainsi prohibé;

14.° Ne pas détenir ou porter une arme et, le cas échéant, remettre au greffe contre récépissé les armes dont elle est détentrice;» – §§ 6.°, 7.°, 8.°, 10.°, 11.°, 13.° e 14.°, todos do art. 138 do CPPF.

O Sistema Francês 107

7.º *Remeter quer ao escrivão judicial, quer a um serviço de polícia ou a uma brigada de "gendarmerie", todos os documentos justificativos da sua identidade, e designadamente o passaporte, em troca de recibo válido como justificativo da identidade;*

8.º *Abster-se de conduzir todos os veículos ou certa categoria de veículos e, se for o caso, remeter ao escrivão judicial, contra recibo, a sua carta de condução; contudo, o juiz de instrução ou o juiz das liberdades e da detenção pode decidir que a pessoa sujeita a investigação possa fazer uso da sua carta de condução para o exercício da sua actividade profissional;*

(…)

10.º *Submeter-se a medidas de exame, de tratamento ou de cuidados, mesmo sob o regime de hospitalização, designadamente para efeitos de desintoxicação;*

(…)

13.º *Não emitir cheques a não ser aqueles que exclusivamente permitem a retirada de fundos pelo sacador junto do sacado ou os que são visados e, se necessário ou conveniente, remeter ao escrivão judicial os impressos dos cheques cujo uso se encontra proibido;*

14.º *Não deter ou portar determinada arma e, se necessário ou conveniente, remeter ao escrivão judicial, contra recibo, as armas de que é detentora;* (…)" – §§ 6.º, 7.º, 8.º, 10.º, 13.º e 14.º, todos do art. 138 do CPPF.

VI – O SISTEMA ALEMÃO

A – Apresentação geral

"A desintegração do império e da sociedade, que se produziu no século XIII, levou ao desaparecimento de toda a jurisdição central neste País. O Tribunal Imperial que subsiste, tem uma competência muito reduzida devido às imunidades de jurisdição concedidas pelo imperador. (...) Uma nova jurisdição imperial (...) estabelecida em 1495 pelo imperador Maximiliano, limitar-se-á a ter, do mesmo modo, uma influência muito restrita. Nestas condições, a jurisprudência (...) não conseguiu constituir um sistema de direito alemão; a via foi, por este facto, aberta à recepção do direito romano."[91]

Portanto, o sistema legal germânico contemporâneo é o resultado de muitos séculos de desenvolvimento, em que confluem costumes tribais, direito românico e, mais tarde, também elementos recebidos das leis prevalentes no Sacro Império Romano do Ocidente.

A Alemanha dos nossos dias resulta de uma federação de dezasseis Estados (*Länder*), com vastas competências de decisão própria, mas com subordinação a direito aplicável em todos os territórios federados: a Constituição – *das Grundgesetz* – (GG), as leis e os regulamentos federais.

A Constituição de 23 de Maio de 1949, inspirada nos princípios da democracia liberal, veio restabelecer o Estado de Direito após doze anos de domínio do III Reich, proclamando a sua incondicional adesão à paz e ao respeito pelos direitos humanos. O articulado do texto constitucional é, por isso, iniciado com a defesa expressa da dignidade humana: *"A digni-*

---

[91] *David, René, in "Les Grands Systèmes du Droit Contemporains (Droit Comparé)", tradução de Carvalho, Hermínio A., Ed. Martins Fontes, S. Paulo, 1986.*

110 *Medidas Cautelares e de Polícia do Processo Penal em Direito Comparado*

dade humana é intocável. Constitui obrigação dos poderes dos Estados assegurá-la e protegê-la." – § (1) do art. 1 da GG – e com declaração solene de que o povo alemão reconhece a prevalência de invioláveis e inalienáveis direitos das pessoas, essenciais à existência de toda a comunidade humana e à manutenção da paz e da justiça no mundo: *"O povo alemão reconhece a existência de invulneráveis e inalienáveis direitos humanos, que constituem os fundamentos de qualquer comunidade humana, da paz e da justiça no mundo."* – § (2) do art. 1 da GG[92].

A Constituição reconhece um vasto elenco de direitos e liberdades fundamentais (*die Grundsrechte*), a que confere força jurídica, aplicabilidade e garantia jurisdicional directas.

Relevam, entre outros, a liberdade pessoal, o direito à vida e à integridade física, o direito à igualdade, à liberdade de religião, de ideologia e de expressão, o direito à reserva da confidencialidade das comunicações, o direito à invulnerabilidade do domicílio e o direito de propriedade.[93]

Apesar da quase nula referência ao procedimento penal, admite (ao longo do texto normativo-constitucional) que a lei estabeleça restrições ao gozo pleno de alguns dos direitos e liberdades, como condição necessária para que funcionem as liberdades e os direitos dos demais membros do conjunto social e, particularmente, o interesse público na realização da justiça.

---

[92] *"[Menschenwürde; Grundrechtsbindung der staatlichen Gewalt]*

(1) Die Würde des Menschen ist unantastbar. Sie zu achten und zu schützen ist Verpflichtung aller staatlichen Gewalt.

(2) Das Deutsche Volk bekennt sich darum zu unverletzlichen und unveräußerlichen Menschenrechten als Grundlage jeder menschlichen Gemeinschaft, des Friedens und der Gerechtigkeit in der Welt. (...) – Artikel 1 GG

[93] *Vd. art. 2 a 14 do GG: Artikel 2 [Allgemeine Handlungsfreiheit; Freiheit der Person; Recht auf Leben]; Artikel 3 [Gleichheit vor dem Gesetz; Gleichberechtigung von Männern und Frauen; Diskriminierungsverbote] Artikel 4; [Glaubens-, Gewissens- und Bekenntnisfreiheit]; Artikel 5 [Meinungs-, Informations-, Pressefreiheit; Kunst und Wissenschaft]; Artikel 6 [Ehe und Familie; nichteheliche Kinder]; Artikel 7 [Schulwesen]; Artikel 8 [Versammlungsfreiheit]; Artikel 9 [Vereinigungs-, Koalitionsfreiheit]: Artikel 10 [Brief-, Post- und Fernmeldegeheimnis]; Artikel 11 [Freizügigkeit]; Artikel 12 [Berufsfreiheit; Verbot der Zwangsarbeit]; Artikel 12a [Wehrdienst- und andere Dienstverpflichtungen]; Artikel 13 [Unverletzlichkeit der Wohnung]; Artikel 14 [Eigentum; Erbrecht; Enteignung].*

B – Fases Processuais

O Código de Processo Penal alemão, das Strafprozeßordnung (StPO), tem cerca de um século de vigência. Entrou em vigor de 01 de Outubro de 1879 e recebeu, desde então, mais de uma centena de reformas. Permanece a legislação processual penal geral da Alemanha, apesar do tempo já decorrido e ainda que não contenha toda a matéria relacionada com o processo penal, que é complementado com a Lei do Tribunal Constitucional. Esta lei, que iniciou a sua vigência na mesma data do Código do Processo Penal e que igualmente sofreu inúmeras alterações, determina a competência objectiva, a estrutura e a constituição dos tribunais, a organização do Ministério Público e os princípios gerais da actividade judiciária.

São três as fases ou momentos do procedimento penal geral: a <u>fase preparatória</u> ou pré-processual (*"das Vorverfharen"*), correspondente ao inquérito (§§ 151 a 177 do StPO – Acção pública / Preparação da acção pública); a <u>fase de controlo jurisdicional</u> ou intermédia (*"das Zwischenverfharen"*), no decurso da qual se exerce o controlo judicial do inquérito e se decide da submissão, ou não, do feito a juízo (§§ 199 a 211 do StPO – Decisão sobre a abertura do plenário); a <u>fase de julgamento</u> ou principal (*"das Hauptverfharen"*), que começa com todo o conjunto de medidas preparatórias, após o que seguem os debates perante o tribunal competente e é proferida a decisão (§§ 213 a 275a do StPO – Preparação do julgamento / Julgamento).[94]

---

[94] *"2. Buch – Verfahren im ersten Rechtszug (§§ 151-295):*

1. *Abschnitt – Öffentliche Klage (§§ 151-157)*
2. *Abschnitt – Vorbereitung der öffentlichen Klage (§§ 158-177)*
3. *Abschnitt – §§ 178-197 (weggefallen)*
4. *Abschnitt – Entscheidung über die Eröffnung des Hauptverfahrens (§§ 198--211)*
5. *Abschnitt – Vorbereitung der Hauptverhandlung (§§ 213-225a)*
6. *Abschnitt – Hauptverhandlung (§§ 226-275)*
7. *Abschnitt – Entscheidung über die im Urteil vorbehaltene oder die nachträgliche Anordnung der Sicherungsverwahrung (§ 275a)"*

Fase preparatória (Inquérito)

A fase preparatória, coincidente com o inquérito, é dirigida pelo Ministério Público (MP), sem prejuízo das funções do Juiz de Instrução, nesta mesma fase.

Tem por finalidade determinar a existência de uma infracção criminal, respectiva autoria e circunstâncias e, desse modo, sustentar uma acusação *"A abertura de um inquérito está depedente da apresentação de uma queixa."*[95].

O inquérito pode ter início também através de uma denúncia ou de um auto de notícia elaborado pelos órgãos de polícia criminal, quando sejam estes a verificar ou constatar a prática da infracção. No direito penal alemão subsiste a distinção entre crimes e delitos: *"(1) Crimes são acções ilícitas, puníveis com pena de prisão igual ou superior a 1 ano. (2) Delitos são acções ilícitas puníveis com pena de prisão inferior a 1 ano ou com pena de multa. (...)."* – §12 do Código Penal Alemão (Strafgesetzbuch – StGB).[96]

Quando o Ministério Público considerar que a infracção é de acentuado desvalor, nem sempre haverá continuidade e consequências penais, pois que é competente para se decidir pelo arquivamento do processo, sob concretas circunstâncias e deveres do visado: *"O Ministério Público pode prescindir do procedimento, com o consentimento do tribunal competente para a abertura do plenário, se a culpa do autor dever considerar-se diminuta e se não existir nenhum interesse público no procedimento. É dispensado o consentimento do tribunal quando esteja em causa um crime a que não corresponda uma pena mínima e quando as consequências do acto também tenham sido mínimas."* – StPO §153 (1).

---

[95] *"Die Eröffnung einer gerichtlichen Untersuchung ist durch die Erhebung einer Klage bedingt."* – StPO § 151

[96] *"§ 12 – Verbrechen und Vergehen*

(1) Verbrechen sind rechtswidrige Taten, die im Mindestmaß mit Freiheitsstrafe von einem Jahr oder darüber bedroht sind.

(2) Vergehen sind rechtswidrige Taten, die im Mindestmaß mit einer geringeren Freiheitsstrafe oder die mit Geldstrafe bedroht sind.

(3) Schärfungen oder Milderungen, die nach den Vorschriften des Allgemeinen Teils oder für besonders schwere oder minder schwere Fälle vorgesehen sind, bleiben für die Einteilung außer Betracht." – §12 do Strafgesetzbuch – StGB.

O Sistema Alemão 113

"Com o consentimento do arguido e do tribunal competente para a aberturado plenário, o Ministério Público pode prescindir provisoriamente da interposição da acção pública, impondo ao arguido:

1. *A entrega de determinada quantia para reparação do dano causado pelo acto;*
2. *O pagamento de uma importância em favor de uma instituição de interesse público ou em favor do Estado;*
3. *A sujeição a outras prestações de interesse público;*
4. *O cumprimento do dever de prestação de alimentos em determinado valor,*

se estas obrigações e instruções se revelarem adequadas para suprir o interesse público no procedimento penal e se isso não for contrário à gravidade da culpa. (…)" – StPO §153a (1)[97]

No inquérito, o arguido dispõe de um número considerável de direitos, entre os quais o direito de ser ouvido,[98] explicando-se sobre os fac-

---

[97] *"Hat das Verfahren ein Vergehen zum Gegenstand, so kann die Staatsanwaltschaft mit Zustimmung des für die Eröffnung des Hauptverfahrens zuständigen Gerichts von der Verfolgung absehen, wenn die Schuld des Täters als gering anzusehen wäre und kein öffentliches Interesse an der Verfolgung besteht. Der Zustimmung des Gerichtes bedarf es nicht bei einem Vergehen, das nicht mit einer im Mindestmaß erhöhten Strafe bedroht ist und bei dem die durch die Tat verursachten Folgen gering sind. – StPO § 153 (1).*

"Mit Zustimmung des für die Eröffnung des Hauptverfahrens zuständigen Gerichts und des Beschuldigten kann die Staatsanwaltschaft bei einem Vergehen vorläufig von der Erhebung der öffentlichen Klage absehen und zugleich dem Beschuldigten Auflagen und Weisungen erteilen, wenn diese geeignet sind, das öffentliche Interesse an der Strafverfolgung zu beseitigen, und die Schwere der Schuld nicht entgegensteht. Als Auflagen oder Weisungen kommen insbesondere in Betracht,

1. *zur Wiedergutmachung des durch die Tat verursachten Schadens eine bestimmte Leistung zu erbringen,*
2. *einen Geldbetrag zugunsten einer gemeinnützigen Einrichtung oder der Staatskasse zu zahlen,*
3. *sonst gemeinnützige Leistungen zu erbringen,*
4. *Unterhaltspflichten in einer bestimmten Höhe nachzukommen, (...)"* – StPO *§ 153a (1).*

[98] *"Der Beschuldigte ist zur Vernehmung schriftlich zu laden.*

Die Ladung kann unter der Androhung geschehen, daß im Falle des Ausbleibens seine Vorführung erfolgen werde". – StPO *§ 133 (1) (2)*

114   *Medidas Cautelares e de Polícia do Processo Penal em Direito Comparado*

tos e contestando as provas[99] ou, contrariamente, usar do seu direito ao silêncio[100]. Nesta fase, como aliás ao longo de todo o processo, são

---

[99] *§§ 115, 118, 128, 136, 163a e 201, todos do StPO:*

§ 115

"(1) Wird der Beschuldigte auf Grund des Haftbefehls ergriffen, so ist er unverzüglich dem zuständigen Richter vorzuführen.

(2) Der Richter hat den Beschuldigten unverzüglich nach der Vorführung, spätestens am nächsten Tage, über den Gegenstand der Beschuldigung zu vernehmen. (...)."

§ 118

"(1) Bei der Haftprüfung wird auf Antrag des Beschuldigten oder nach dem Ermessen des Gerichts von Amts wegen nach mündlicher Verhandlung entschieden.

(2) Ist gegen den Haftbefehl Beschwerde eingelegt, so kann auch im Beschwerdeverfahren auf Antrag des Beschuldigten oder von Amts wegen nach mündlicher Verhandlung entschieden werden. (...)."

§ 128

"(1) Der Festgenommene ist, sofern er nicht wieder in Freiheit gesetzt wird, unverzüglich, spätestens am Tage nach der Festnahme, dem Richter bei dem Amtsgericht, in dessen Bezirk er festgenommen worden ist, vorzuführen. Der Richter vernimmt den Vorgeführten gemäß § 115 Abs. 3.

(2) Hält der Richter die Festnahme nicht für gerechtfertigt oder ihre Gründe für beseitigt, so ordnet er die Freilassung an. Andernfalls erläßt er auf Antrag der Staatsanwaltschaft oder, wenn ein Staatsanwalt nicht erreichbar ist, von Amts wegen einen Haftbefehl oder einen Unterbringungsbefehl. § 115 Abs. 4 gilt entsprechend."

§ 136

"(1) Bei Beginn der ersten Vernehmung ist dem Beschuldigten zu eröffnen, welche Tat ihm zur Last gelegt wird und welche Strafvorschriften in Betracht kommen. Er ist darauf hinzuweisen, daß es ihm nach dem Gesetz freistehe, sich zu der Beschuldigung zu äußern oder nicht zur Sache auszusagen und jederzeit, auch schon vor seiner Vernehmung, einen von ihm zu wählenden Verteidiger zu befragen. Er ist ferner darüber zu belehren, daß er zu seiner Entlastung einzelne Beweiserhebungen beantragen kann. In geeigneten Fällen soll der Beschuldigte auch darauf, dass er sich schriftlich äußern kann, sowie auf die Möglichkeit eines Täter-Opfer-Ausgleichs hingewiesen werden.

(2) Die Vernehmung soll dem Beschuldigten Gelegenheit geben, die gegen ihn vorliegenden Verdachtsgründe zu beseitigen und die zu seinen Gunsten sprechenden Tatsachen geltend zu machen.

(3) Bei der ersten Vernehmung des Beschuldigten ist zugleich auf die Ermittlung seiner persönlichen Verhältnisse Bedacht zu nehmen."

§ 163a

"(1) Der Beschuldigte ist spätestens vor dem Abschluß der Ermittlungen zu vernehmen, es sei denn, daß das Verfahren zur Einstellung führt. In einfachen Sachen genügt es, daß ihm Gelegenheit gegeben wird, sich schriftlich zu äußern.

O Sistema Alemão

dominantes o princípio da legalidade da prova e o princípio da presunção da inocência.

---

(2) Beantragt der Beschuldigte zu seiner Entlastung die Aufnahme von Beweisen, so sind sie zu erheben, wenn sie von Bedeutung sind.

(3) Der Beschuldigte ist verpflichtet, auf Ladung vor der Staatsanwaltschaft zu erscheinen. Die §§ 133 bis 136a und 168c Abs. 1 und 5 gelten entsprechend. Über die Rechtmäßigkeit der Vorführung entscheidet auf Antrag des Beschuldigten das Gericht; § 161a Abs. 3 Satz 2 bis 4 ist anzuwenden.

(4) Bei der ersten Vernehmung des Beschuldigten durch Beamte des Polizeidienstes ist dem Beschuldigten zu eröffnen, welche Tat ihm zur Last gelegt wird. Im übrigen sind bei der Vernehmung des Beschuldigten durch Beamte des Polizeidienstes § 136 Abs. 1 Satz 2 bis 4, Abs. 2, 3 und § 136a anzuwenden.

(5) Bei der Vernehmung eines Zeugen oder Sachverständigen durch Beamte des Polizeidienstes sind § 52 Abs. 3, § 55 Abs. 2 und § 81c Abs. 3 Satz 2 in Verbindung mit § 52 Abs. 3 und § 136a entsprechend anzuwenden."

§ 201

"(1) Der Vorsitzende des Gerichts teilt die Anklageschrift dem Angeschuldigten mit und fordert ihn zugleich auf, innerhalb einer zu bestimmenden Frist zu erklären, ob er die Vornahme einzelner Beweiserhebungen vor der Entscheidung über die Eröffnung des Hauptverfahrens beantragen oder Einwendungen gegen die Eröffnung des Hauptverfahrens vorbringen wolle.

(2) Über Anträge und Einwendungen beschließt das Gericht. Die Entscheidung ist unanfechtbar."

[100] *Cfr. § 136 (1) e §243 (4) do StPO:*

§ 136:

"(1) Bei Beginn der ersten Vernehmung ist dem Beschuldigten zu eröffnen, welche Tat ihm zur Last gelegt wird und welche Strafvorschriften in Betracht kommen. Er ist darauf hinzuweisen, daß es ihm nach dem Gesetz freistehe, sich zu der Beschuldigung zu äußern oder nicht zur Sache auszusagen und jederzeit, auch schon vor seiner Vernehmung, einen von ihm zu wählenden Verteidiger zu befragen. Er ist ferner darüber zu belehren, daß er zu seiner Entlastung einzelne Beweiserhebungen beantragen kann. In geeigneten Fällen soll der Beschuldigte auch darauf, dass er sich schriftlich äußern kann, sowie auf die Möglichkeit eines Täter-Opfer-Ausgleichs hingewiesen werden."

§ 243:

"(4) Sodann wird der Angeklagte darauf hingewiesen, daß es ihm freistehe, sich zu der Anklage zu äußern oder nicht zur Sache auszusagen. Ist der Angeklagte zur Äußerung bereit, so wird er nach Maßgabe des § 136 Abs. 2 zur Sache vernommen. Vorstrafen des Angeklagten sollen nur insoweit festgestellt werden, als sie für die Entscheidung von Bedeutung sind. Wann sie festgestellt werden, bestimmt der Vorsitzende."

Fase Intermédia (Controlo jurisdicional)

Nos termos dos §§ 199 a 211 do StPO, é na fase intermédia que tem lugar o controlo judicial sobre a decisão acusatória proferida pelo MP.

Fixado o objecto do processo (*der Prozessgegenstand*), é requerida a intervenção do tribunal competente.

O presidente do tribunal requerido, dá conhecimento da acusação ao arguido, em audiência restrita, recolhe as suas declarações, os elementos de prova contra e a seu favor. Verifica a validade da acusação e das provas recolhidas, para determinar se existe fundamento para submissão a julgamento.[101] "*Se é proferida decisão favorável, o tribunal homologa a decisão de acusação e, do mesmo passo, abre a fase de julgamento, se for verosímil que o condenado poderá ser condenado*".[102]

Fase de julgamento (das Hauptverfharen)

Recebida a acusação, na íntegra ou com a eventual reforma determinada na fase intermédia, o feito é submetido a juízo. A audiência de discussão e julgamento é dominada pelos princípios da publicidade, da oralidade, do contraditório, da imediação da prova e da obtenção desta ainda que por meios oficiosos, na busca da verdade material[103]. Terminado o julgamento é tomada a decisão (ou deliberação) que ao caso corresponda.

C – Actores Públicos nas Fases Preparatória e Intermédia

O Ministério Público (der Staatsanwaltschaft)

O Ministério Público encontra-se representado perante cada jurisdição (ordinária, administrativa, financeira, laboral e social[104]). É consti-

---

[101] "*Das Gericht beschließt die Eröffnung des Hauptverfahrens, wenn nach den Ergebnissen des vorbereitenden Verfahrens der Angeschuldigte einer Straftat hinreichend verdächtig erscheint.*" – § 203 do StPO

[102] Mireille Delmas-Marty, in «Procédures Pénales d'Europe», Ed. Thémis – Presses Universitaires de France, pág. 91.

[103] Vd. §§ 213 a 275, todos do StPO.

[104] Almeida, Carlos Ferreira, in "Introdução ao Direito Comparado", Ed. Almedina, Coimbra, 1994, pág. 59.

O Sistema Alemão

tuído por um corpo de magistrados fortemente hierarquizado e com estrutura federal.

Esta estrutura tem uma base constituída pelos procuradores federais sendo a cúpula representada pelo procurador-geral federal, directamente dependente do ministro federal da justiça.

Idêntica estrutura existe ao nível dos *Länder*, cuja entidade de cúpula (procurador-geral) depende, também directamente, do ministro estadual da justiça e dirige os membros do Ministério Público de cada um desses Estados.

O Ministério Público tem por principais funções o registo das participações criminais apresentadas pelas vítimas, a direcção do inquérito policial, a dedução das acusações criminais e a participação nas audiências, requerendo o que considere legal e útil ao exercício da acção pública[105]:

"(1) Para o exercício da acção pública é designado o Ministério Público. (2) Excepto nos casos previstos na lei, o Ministério Público está obrigado a proceder contra todas as infracções legalmente puníveis, desde que existam suficientes indícios reais."

O Juiz de Instrução (der Ermittlungsrichter)

Como a própria expressão o revela (*das Ermittelung* – averiguação), o Juiz de Instrução (JI), é o verificador da regularidade jurídica do acto que lhe é submetido.

É o magistrado judicial encarregado do controlo da legalidade. Os seus actos referem-se, essencialmente, à liberdade individual[106]: determina a prisão ou o internamento preventivos; profere decisão provisória de inibição do direito de conduzir; procede à audição de testemunhas e peritos; adopta as medidas de urgência que não possam ser encetadas pelo MP ou pela polícia criminal; exerce, no inquérito, as funções de controlo da oportunidade da aplicação e execução de medidas aos arguidos.

---

[105] *"(1) Zur Erhebung der öffentlichen Klage ist die Staatsanwaltschaft berufen.*

(2) Sie ist, soweit nicht gesetzlich ein anderes bestimmt ist, verpflichtet, wegen aller verfolgbaren Straftaten einzuschreiten, sofern zureichende tatsächliche Anhaltspunkte vorliegen." – § 152 do StPO.

[106] *"(1) Die Untersuchungshaft wird durch schriftlichen Haftbefehl des Richters angeordnet. (...)"* – § 144 do StPO.

Os Órgãos de Polícia Criminal (Krimminal Polizei)

A polícia (*die Polizei*), cujos poderes e responsabilidades são bastante diversos, apresenta uma estrutura algo complexa. A Constituição comete a cada um dos Estados (*Länder*) a criação e organização dos serviços de polícia, reservando para a Federação tão só a organização e funcionamento de alguns órgãos centrais, como a polícia de fronteiras e de segurança interna.[107] A cooperação entre estes níveis policiais é determinada constitucionalmente[108], quer ao nível da luta contra a criminalidade, quer ao nível da segurança interna da Federação:

"Constitui objecto de exclusiva competência legislativa da Federação (...)

10. A cooperação entre a Federação e os Estados em matéria de:

a. Polícia criminal,

b. Protecção da ordem democrática liberal, a continuidade e a segurança da Federação ou de qualquer Estado (protecção constitucional) e

c. Protecção contra ameaças externas ao território federal, consubstanciadas na aplicação da força ou em acções preparatórias do uso da força (...) – Al. 10 do art. 73 do GG.

---

[107] *"[Gegenstände bundeseigener Verwaltung] (1) In bundeseigener Verwaltung mit eigenem Verwaltungsunterbau werden geführt der Auswärtige Dienst, die Bundesfinanzverwaltung und nach Maßgabe des Artikels 89 die Verwaltung der Bundeswasserstraßen und der Schiffahrt. Durch Bundesgesetz können Bundesgrenzschutzbehörden, Zentralstellen für das polizeiliche Auskunfts- und Nachrichtenwesen, für die Kriminalpolizei und zur Sammlung von Unterlagen für Zwecke des Verfassungsschutzes und des Schutzes gegen Bestrebungen im Bundesgebiet, die durch Anwendung von Gewalt oder darauf gerichtete Vorbereitungshandlungen auswärtige Belange der Bundesrepublik Deutschland gefährden, eingerichtet werden" (...)* – Art. 87 do GG

[108] *"[Gegenstände der ausschließlichen Gesetzgebung des Bundes] Der Bund hat die ausschließliche Gesetzgebung über: (...)*

10. die Zusammenarbeit des Bundes und der Länder

a. in der Kriminalpolizei,

b. zum Schutze der freiheitlichen demokratischen Grundordnung, des Bestandes und der Sicherheit des Bundes oder eines Landes (Verfassungsschutz) und

c. zum Schutze gegen Bestrebungen im Bundesgebiet, die durch Anwendung von Gewalt oder darauf gerichtete Vorbereitungshandlungen auswärtige Belange der Bundesrepublik Deutschland gefährden,(...)" – Al. 10 do art. 73 do GG.

O *Sistema Alemão*

Por seu lado, a lei ordinária veio a estabelecer as bases de um "direito de polícia" e, bem assim, a organização geral das polícias cometendo-lhes, genericamente: "... *no interesse individual e colectivo, evitar as ameaças e suprimir os perigos contra à segurança e ordem públicas. A ela compete, especialmente, a garantia da ordem constitucional e do exercício dos direitos civis.*" – § 1 (1) da lei de Polícia (Polizeigesetz), aprovada em 1992JAN13, com as alterações que lhe foram introduzidas em 2004JUL01.[109]

Em consonância com o constitucionalmente esculpido, a mesma lei aprova a existência de quatro tipos básicos de polícia de competência genérica:

– Polícia federal;
– Polícia regional (dos Länder);
– Polícia municipal;
– Polícia local.

Segundo o que decorre do seu § 61 (2), as demais polícias de competência específica não são abrangidas por esta lei.[110]

As polícias dos Estados, além das normais funções de segurança interna e ordem pública, possuem um corpo de funcionários com expressas funções de auxiliares do Ministério Público (*Hilfsbeamten der Staatsanwaltschaft*)[111]: *"(1) Para as finalidades do § 160, o Ministério Público*

---

[109] *"dejure.org" – Gesetze und Rechtsprechung zum europäischen, deutschen und baden-württembergischen Recht – página da Internet.*

[110] *"§ 61 Arten der Polizeibehörden*

(1) Allgemeine Polizeibehörden sind
1. die obersten Landespolizeibehörden,
2. die Landespolizeibehörden,
3. die Kreispolizeibehörden,
4. die Ortspolizeibehörden.

(2) Besondere Polizeibehörden sind alle anderen Polizeibehörden. Ihr Aufbau wird durch dieses Gesetz nicht berührt."

[111] *"(1) Zu dem in § 160 Abs. 1 bis 3 bezeichneten Zweck ist die Staatsanwaltschaft befugt, von allen Behörden Auskunft zu verlangen und Ermittlungen jeder Art entweder selbst vorzunehmen oder durch die Behörden und Beamten des Polizeidienstes vornehmen zu lassen, soweit nicht andere gesetzliche Vorschriften ihre Befugnisse besonders regeln.*

120   *Medidas Cautelares e de Polícia do Processo Penal em Direito Comparado*

pode requerer informações de todas as autoridades públicas e efectuar investigações de todo o tipo por si próprio, ou fazê-las realizar pelas autoridades e funcionários dos serviços de polícia. As autoridades e funcionários policiais estão obrigados ao cumprimento dos requerimentos ou petições do Ministério Público." (...).

"*A Polícia tem, também, o dever de intervenção inicial (ersten Zugriffs), o que significa que deve, por si mesma, sem esperar pela intervenção do Ministério Público, detectar o ilícito e tomar todas as providências para que ele não persista (§163). Depois, em regra, deve enviar os autos, sem demora, ao Ministério Público*" (...).[112]

Embora qualquer membro da polícia possa proceder a uma captura ou a uma medida de identificação judiciária sobre a pessoa detida, só os funcionários policiais considerados como auxiliares do Ministério Público (pelo § 152 da Lei do Tribunal Constitucional) possuem os demais poderes para a investigação criminal, podendo, em caso de urgência, proceder a buscas, apreensões, provas sanguíneas e outras medidas cautelares e de polícia, como adiante mais detalhadamente se verá.[113]

Die Behörden und Beamten des Polizeidienstes sind verpflichtet, dem Ersuchen oder Auftrag der Staatsanwaltschaft zu genügen, und in diesem Falle befugt, von allen Behörden Auskunft zu verlangen." – § 161 (1) do StPO.

[112] *Código Penal Alemán StGB, Código Procesal Penal Alemán StPO, Noriega, Juan Ortiz; Sánchez, Cristina Larios; Rós, Juan Carlos Peg; Diaz, Ana Monreal, Marcial Pons Ed. Madri 2001, pp. 214*

[113] *Na Alemanha, o departamento de investigação criminal é aquela parte da polícia e da administração interna que se ocupa exclusivamente da prevenção e investigação das infracções criminais.*

A forma de organização dos departamentos de investigação criminal é diferente desde quando os assuntos policiais passaram a fazer parte das áreas de responsabilidade dos Estados Federados.

No mês de Março de 2004 cessou a tendência das administrações públicas internas da cada Estado, para a generalização extensiva das competências ("each police officer can all"), seguindo-se modelos em que a especialização técnica de cada departamento policial e do departamento oficial de investigação criminal é determinado pelas necessidades factuais:

"*In der Bundesrepublik Deutschland ist die Kriminalpolizei jener Teil der Polizei (und damit der Innenverwaltung), der sich ausschließlich mit der Verfolgung von Straftaten und ihrer Verhütung beschäftigt.*

Die Organisationsformen der Kriminalpolizeien sind in der Bundesrepublik Deuts-

D – Medidas cautelares e de polícia

D1. *Notícia da Infracção*

A abertura oficiosa da fase preparatória, pelo Ministério Público[114] ou pela Polícia[115], verifica-se a partir do momento em que é há conhecimento da infracção criminal:

"Logo que o Ministério Público tenha conhecimento da suspeita de um crime ou de um delito, mediante denúncia ou de outra forma, deve investigar as circunstâncias para decidir se deve ou não instaurar o procedimento penal (...) – § 160 (1) do StPO.

---

chland unterschiedlich, da die Polizeiangelegenheiten grundsätzlich in den Zuständigkeitsbereich der Bundesländer fallen.

In den Monaten vor März 2004 ist in den Innenverwaltungen der Bundesländer die Tendenz zu einer weitgehenden Generalisierung ("Jeder Polizist kann alles.") gestoppt, und man kommt wieder mehr zu der Erkenntnis, dass die fachliche Spezialisierung einzelner Dienststellen und ihrer Kriminalpolizeibeamten auf sachlichen Notwendigkeiten basieren." – **Internet: de.wikipedia.org/wiki/Kriminalpolizei**

[114] *"(1) Sobald die Staatsanwaltschaft durch eine Anzeige oder auf anderem Wege von dem Verdacht einer Straftat Kenntnis erhält, hat sie zu ihrer Entschließung darüber, ob die öffentliche Klage zu erheben ist, den Sachverhalt zu erforschen.*

(2) Die Staatsanwaltschaft hat nicht nur die zur Belastung, sondern auch die zur Entlastung dienenden Umstände zu ermitteln und für die Erhebung der Beweise Sorge zu tragen, deren Verlust zu besorgen ist.

(3) Die Ermittlungen der Staatsanwaltschaft sollen sich auch auf die Umstände erstrecken, die für die Bestimmung der Rechtsfolgen der Tat von Bedeutung sind. Dazu kann sie sich der Gerichtshilfe bedienen.

(4) Eine Maßnahme ist unzulässig, soweit besondere bundesgesetzliche oder entsprechende landesgesetzliche Verwendungsregelungen entgegenstehen." – § 160 do StPO.

[115] *"(1) Die Behörden und Beamten des Polizeidienstes haben Straftaten zu erforschen und alle keinen Aufschub gestattenden Anordnungen zu treffen, um die Verdunkelung der Sache zu verhüten. Zu diesem Zweck sind sie befugt, alle Behörden um Auskunft zu ersuchen, bei Gefahr im Verzug auch, die Auskunft zu verlangen, sowie Ermittlungen jeder Art vorzunehmen, soweit nicht andere gesetzliche Vorschriften ihre Befugnisse besonders regeln.*

(2) Die Behörden und Beamten des Polizeidienstes übersenden ihre Verhandlungen ohne Verzug der Staatsanwaltschaft. Erscheint die schleunige Vornahme richterlicher Untersuchungshandlungen erforderlich, so kann die Übersendung unmittelbar an das Amtsgericht erfolgen." – § 163 do StPO.

Verifica-se, ainda, quando é recebida uma denúncia oral ou escrita[116]:

"(1) A denúncia de um crime e o pedido de procedimento criminal podem ser apresentados oralmente ou por escrito ao Ministério Público, às autoridades e funcionários de polícia e aos tribunais locais. A denúncia oral deve ser registada. (2) Em caso de crimes cujo procedimento só terá lugar a instância da parte, o pedido deve ser apresentado por escrito ou feito constar em acta, quando dirigidos ao Ministério Público ou ao Tribunal; às demais autoridades, deve ser apresentado por escrito."
– §158 do StPO.

Quando não tenha sido o Ministério Público a recebê-las, a Polícia transmite-lhe as denúncias ou as notícias das infracções criminais:

"As autoridades e funcionários de polícia remetem ao Ministério Público, sem demora, todas as diligências por si empreendidas." (...)
– §163 (2) do StPO.

Independentemente da existência de uma qualificação de *"funcionários auxiliares do ministério público"*, todas as autoridades e funcionários de polícia cumprem aqui, desde então, um dever de colaboração com a procuradoria pública, para que esta imediatamente fique em condições de poder exercer o mandato, na defesa dos interesses do Estado.

Por conseguinte, todas aquelas autoridades e funcionários policiais podem (devem) proceder a uma detenção, à tomada de medidas de identificação judiciária, e à pronta comunicação dos resultados das suas diligências e medidas processuais. As demais medidas cautelares e procedimentos investigatórios encontram-se, em princípio, reservados aos *"funcionários auxiliares do ministério público"*, sem prejuízo da cooperação das demais autoridades e seus agentes, designadamente na <u>preservação e conservação dos vestígios materiais da infracção</u>.

---

[116] *"(1) Die Anzeige einer Straftat und der Strafantrag können bei der Staatsanwaltschaft, den Behörden und Beamten des Polizeidienstes und den Amtsgerichten mündlich oder schriftlich angebracht werden. Die mündliche Anzeige ist zu beurkunden.*

(2) Bei Straftaten, deren Verfolgung nur auf Antrag eintritt, muß der Antrag bei einem Gericht oder der Staatsanwaltschaft schriftlich oder zu Protokoll, bei einer anderen Behörde schriftlich angebracht werden. – §158 do StPO.

D2. Actos cautelares imediatos e urgentes para assegurar os meios de prova

"As autoridades e funcionários de polícia devem investigar as infracções e adoptar todas as diligências para prevenir o encobrimento dos factos. Para esse fim, eles estão autorizados a requerer quaisquer informações, assim como executar quaisquer investigações que legalmente não lhe estejam vedadas.

As autoridades e funcionários de polícia remetem ao Ministério Público, sem demora, o resultado das suas diligências. Se a imediata execução das mesmas se revelar necessária, e carecer de intervenção judicial prévia, a transmissão dos pedidos pode ter lugar directamente para o tribunal competente.". – §163 (1) do StPO.[117]

A Polícia está, pois, investida de poderes de investigação preliminares e cautelares (*"die pflicht zum ersten Zugriff"*[118]), o que significa que deve deslocar-se aos locais de comissão da infracção e aí proceder à conservação dos meios de prova. Pelo texto das invocadas normas perpassam os conceitos e as ideias de intervenção preventiva, de actuação imediata, enfim, de intervenção prévia. Revela-se, sem dúvida, a preocupação do legislador no célere cuidar para evitar novos factos criminosos ou a amplificação dos efeitos dos factos já verificados, agindo na salvaguarda de todos os meios relevantes para a prova, ou que a ela possam conduzir.

D3. Preservação e exame dos vestígios

A Polícia procede às primeiras verificações materiais, que permitam reconstituir as circunstâncias da infracção e acautelar os meios de prova, nestes se incluindo a preservação e recolha de vestígios materiais da

---

[117] "§ 163 (1) do StPO.

(1) Die Behörden und Beamten des Polizeidienstes haben Straftaten zu erforschen und alle keinen Aufschub gestattenden Anordnungen zu treffen, um die Verdunkelung der Sache zu verhüten. Zu diesem Zweck sind sie befugt, alle Behörden um Auskunft zu ersuchen, bei Gefahr im Verzug auch, die Auskunft zu verlangen, sowie Ermittlungen jeder Art vorzunehmen, soweit nicht andere gesetzliche Vorschriften ihre Befugnisse besonders regeln."

[118] "O dever de primeira intervenção".

124 *Medidas Cautelares e de Polícia do Processo Penal em Direito Comparado*

infracção[119]. Ou seja, na fórmula ampla usada no § 163 do StPO, sob o capítulo 2 (*"Vorbereitung der öffentlichen Klage"*) do livro 2 (*"Verfahren im ersten Rechtszug"*)[120] relativo aos deveres da Polícia, cabe a competência para a adopção de todas as medidas técnicas e legais aptas à preservação e exame dos vestígios materiais da infracção.

D4. *Proibição de actos que possam prejudicar a descoberta da verdade*

A competência conferida pelo dispositivo legal do §163 do StPO compreende, naturalmente, a <u>preservação integral do local da infracção</u>, evitando que actos humanos, intencionais ou involuntários, prejudiquem

---

[119] *"§163 StPO.*

(1) Die Behörden und Beamten des Polizeidienstes haben Straftaten zu erforschen und alle keinen Aufschub gestattenden Anordnungen zu treffen, um die Verdunkelung der Sache zu verhüten. Zu diesem Zweck sind sie befugt, alle Behörden um Auskunft zu ersuchen, bei Gefahr im Verzug auch, die Auskunft zu verlangen, sowie Ermittlungen jeder Art vorzunehmen, soweit nicht andere gesetzliche Vorschriften ihre Befugnisse besonders regeln.

(2) Die Behörden und Beamten des Polizeidienstes übersenden ihre Verhandlungen ohne Verzug der Staatsanwaltschaft. Erscheint die schleunige Vornahme richterlicher Untersuchungshandlungen erforderlich, so kann die Übersendung unmittelbar an das Amtsgericht erfolgen."

[120] *"Preparação da acusação pública"; "Procedimentos na primeira instância".*

[121] *"§ 161*

(1) Zu dem in § 160 Abs. 1 bis 3 bezeichneten Zweck ist die Staatsanwaltschaft befugt, von allen Behörden Auskunft zu verlangen und Ermittlungen jeder Art entweder selbst vorzunehmen oder durch die Behörden und Beamten des Polizeidienstes vornehmen zu lassen, soweit nicht andere gesetzliche Vorschriften ihre Befugnisse besonders regeln. Die Behörden und Beamten des Polizeidienstes sind verpflichtet, dem Ersuchen oder Auftrag der Staatsanwaltschaft zu genügen, und in diesem Falle befugt, von allen Behörden Auskunft zu verlangen.

(2) In oder aus einer Wohnung erlangte personenbezogene Informationen aus einem Einsatz technischer Mittel zur Eigensicherung im Zuge nicht offener Ermittlungen auf polizeirechtlicher Grundlage dürfen unter Beachtung des Grundsatzes der Verhältnismäßigkeit zu Beweiszwecken nur verwendet werden (Artikel 13 Abs. 5 des Grundgesetzes), wenn das Amtsgericht (§ 162 Abs. 1), in dessen Bezirk die anordnende Stelle ihren Sitz hat, die Rechtmäßigkeit der Maßnahme festgestellt hat; bei Gefahr im Verzug ist die richterliche Entscheidung unverzüglich nachzuholen.".

O Sistema Alemão 125

o estado das coisas e, consequentemente, vão prejudicar o pretendido conhecimento da verdade dos factos e das circunstâncias que rodearam a prática do ilícito criminal.

D5. *Obtenção de informações*

Inexistindo uma situação de urgência, de harmonia com o § 161 do StPO,[121] *"Para alcançar as finalidades do § 160, (1) a (3), o Ministério Público pode requerer informações a quaisquer autoridades e proceder a investigações de qualquer natureza, por si próprio ou através das autoridades e funcionários de polícia, sem prejuizo do previsto em legislação especial. As autoridades e funcionários de polícia, estão vinculados ao dever de cumprimento das ordens ou solicitações do Ministério Público e, nesse caso, ficam investidos no poder de requerer as informações que por aquele podem ser requeridas.*

As informações obtidas no domicílio com recurso a meios tecnológicos, para fins de protecção das pessoas, previamente à existência de investigações assentes num determinado processo penal, apenas podem ser usadas dentro do princípio da razoabilidade acolhido no art. 13, § 5 da Constituição,[122] se o tribunal local (§162-1), em cuja área a ordem

---

[122] *"Artikel 13*

(1) Die Wohnung ist unverletzlich.

(2) Durchsuchungen dürfen nur durch den Richter, bei Gefahr im Verzuge auch durch die in den Gesetzen vorgesehenen anderen Organe angeordnet und nur in der dort vorgeschriebenen Form durchgeführt werden.

(3) Begründen bestimmte Tatsachen den Verdacht, daß jemand eine durch Gesetz einzeln bestimmte besonders schwere Straftat begangen hat, so dürfen zur Verfolgung der Tat auf Grund richterlicher Anordnung technische Mittel zur akustischen Überwachung von Wohnungen, in denen der Beschuldigte sich vermutlich aufhält, eingesetzt werden, wenn die Erforschung des Sachverhalts auf andere Weise unverhältnismäßig erschwert oder aussichtslos wäre. Die Maßnahme ist zu befristen. Die Anordnung erfolgt durch einen mit drei Richtern besetzten Spruchkörper. Bei Gefahr im Verzuge kann sie auch durch einen einzelnen Richter getroffen werden.

(4) Zur Abwehr dringender Gefahren für die öffentliche Sicherheit, insbesondere einer gemeinen Gefahr oder einer Lebensgefahr, dürfen technische Mittel zur Überwachung von Wohnungen nur auf Grund richterlicher Anordnung eingesetzt werden. Bei Gefahr im Verzuge kann die Maßnahme auch durch eine andere gesetzlich

126 *Medidas Cautelares e de Polícia do Processo Penal em Direito Comparado*

tem lugar, determinar a aplicabilidade da medida; em caso de perigo na demora, a decisão judicial é tomada de imediato.

Não nos parece, apesar da redacção da segunda parte da norma do §163 (1) do StPO, que expressa e directamente autoriza a intervenção policial na colheita de informações sobre o crime, que exista qualquer contradição entre ela e a norma do §161 (1), segunda parte, que aparentemente apenas lhe defere tal competência na sequência de ordem ou solicitação do Ministério Público.

Entendemos que esta última regra apenas vinca a titularidade do inquérito por parte desta entidade judiciária, não impondo que tais ordens ou pedidos sejam casuísticos, antes sugerindo que as autoridades e agentes de polícia, enquanto funcionários auxiliares do Ministério Público, ao intervirem por iniciativa própria, quer em questões de normalidade quer sobretudo em situações de urgência e perigo na demora, fazem-no em representação do Ministério Público.

Por isso, em caso de urgência ou de perigo na demora, com impossibilidade de intervenção da autoridade judiciária, e tendo por finalidades acautelar o início das investigações e assegurar meios de prova, as autoridades e funcionários de polícia são competentes para pedir informações

---

bestimmte Stelle angeordnet werden; eine richterliche Entscheidung ist unverzüglich nachzuholen.

(5) Sind technische Mittel ausschließlich zum Schutze der bei einem Einsatz in Wohnungen tätigen Personen vorgesehen, kann die Maßnahme durch eine gesetzlich bestimmte Stelle angeordnet werden. Eine anderweitige Verwertung der hierbei erlangten Erkenntnisse ist nur zum Zwecke der Strafverfolgung oder der Gefahrenabwehr und nur zulässig, wenn zuvor die Rechtmäßigkeit der Maßnahme richterlich festgestellt ist; bei Gefahr im Verzuge ist die richterliche Entscheidung unverzüglich nachzuholen.

(6) Die Bundesregierung unterrichtet den Bundestag jährlich über den nach Absatz 3 sowie über den im Zuständigkeitsbereich des Bundes nach Absatz 4 und, soweit richterlich überprüfungsbedürftig, nach Absatz 5 erfolgten Einsatz technischer Mittel. Ein vom Bundestag gewähltes Gremium übt auf der Grundlage dieses Berichts die parlamentarische Kontrolle aus. Die Länder gewährleisten eine gleichwertige parlamentarische Kontrolle.

(7) Eingriffe und Beschränkungen dürfen im übrigen nur zur Abwehr einer gemeinen Gefahr oder einer Lebensgefahr für einzelne Personen, auf Grund eines Gesetzes auch zur Verhütung dringender Gefahren für die öffentliche Sicherheit und Ordnung, insbesondere zur Behebung der Raumnot, zur Bekämpfung von Seuchengefahr oder zum Schutze gefährdeter Jugendlicher vorgenommen werden."

O Sistema Alemão

a quaisquer pessoas e de *"requerer o mesmo de quaisquer autoridades"*, tal qual lho concede o § 163 (1), 2.ª parte, do StPO.

O Ministério Público ou a Polícia podem obter informações, também quando procedem à audição de testemunhas na fase preparatória, fora da presença do advogado ou do suspeito, podendo proceder à sua acareação, no caso ela se revelar de utilidade para a prossecução do procedimento penal:[123]

"(1) As testemunhas são ouvidas individualmente e em separado das que tenham de ser interrogadas mais tarde. Mantém-se inalterado a 1.ª parte do ponto 1 do § 406g.

(2) A acareação com outras testemunhas ou com o arguido, é admissível no inquérito em caso de tais diligências se apresentarem necessárias ao desenvolvimento das investigações." – § 58 do StPO.

Nesta fase, as testemunhas não prestam juramento, excepto no caso de perigo na demora pela possibilidade de a testemunha não mais vir a ser encontrada, pela necessidade de autenticar um depoimento essencial para a fase subsequente, ou quando seja previsível que a testemunha não possa comparecer em audiência de julgamento:[124]

---

[123] *§ 58 StPO*
"(1) Die Zeugen sind einzeln und in Abwesenheit der später zu hörenden Zeugen zu vernehmen. § 406g Abs. 1 Satz 1 bleibt unberührt.

(2) Eine Gegenüberstellung mit anderen Zeugen oder mit dem Beschuldigten im Vorverfahren ist zulässig, wenn es für das weitere Verfahren geboten erscheint." – § 58 do StPO.

[124] *"(1) Zeugen werden nur vereidigt, wenn es das Gericht wegen der ausschlaggebenden Bedeutung der Aussage oder zur Herbeiführung einer wahren Aussage nach seinem Ermessen für notwendig hält. Der Grund dafür, dass der Zeuge vereidigt wird, braucht im Protokoll nicht angegeben zu werden, es sei denn, der Zeuge wird außerhalb der Hauptverhandlung vernommen.*

(2) Die Vereidigung der Zeugen erfolgt einzeln und nach ihrer Vernehmung. Soweit nichts anderes bestimmt ist, findet sie in der Hauptverhandlung statt." – § 59 do StPO.

"Im vorbereitenden Verfahren ist die Vereidigung zulässig, wenn
1. Gefahr im Verzug ist oder
2. der Zeuge voraussichtlich am Erscheinen in der Hauptverhandlung verhindert sein wird
und die Voraussetzungen des § 59 Abs. 1 vorliegen." – § 62 do StPO.

128 Medidas Cautelares e de Polícia do Processo Penal em Direito Comparado

"(1) As testemunhas apenas prestam juramento se o tribunal considerar que isso é essencial para o depoimento em causa ou para certificar a verdade de uma afirmação.

(2) A prestação de depoimento pela testemunha é prestado individualmente e após o seu interrogatório. Sempre que não exista disposição contrária, a prestação de depoimento tem lugar em julgamento" – § 59 do StPO.

"A prestação de juramento é permitida na fase de inquérito se,

1. Existe perigo na demora ou

2. É necessária para prevenir a eventual falta da testemunha na audiência de julgamento e estiverem reunidos os requisitos do § 59" – § 62 do StPO.

D6. *Realização de perícia*

A determinação da perícia, e respectivos objecto e condições, pertence sempre ao juiz, embora os peritos estejam obrigados ao dever de comparência perante o Ministério Público, a quem devem apresentar os seus relatórios, segundo o que resulta da conjugação das disposições dos § 73 e §161a, do StPO[125]:

---

[125] *"(1) Zeugen und Sachverständige sind verpflichtet, auf Ladung vor der Staatsanwaltschaft zu erscheinen und zur Sache auszusagen oder ihr Gutachten zu erstatten. Soweit nichts anderes bestimmt ist, gelten die Vorschriften des sechsten und siebenten Abschnitts des ersten Buches über Zeugen und Sachverständige entsprechend. Die eidliche Vernehmung bleibt dem Richter vorbehalten.*

(2) Bei unberechtigtem Ausbleiben oder unberechtigter Weigerung eines Zeugen oder Sachverständigen steht die Befugnis zu den in den §§ 51, 70 und 77 vorgesehenen Maßregeln der Staatsanwaltschaft zu. Jedoch bleibt die Festsetzung der Haft dem Richter vorbehalten; zuständig ist das Amtsgericht, in dessen Bezirk die Staatsanwaltschaft ihren Sitz hat, welche die Festsetzung beantragt.

(3) Gegen die Entscheidung der Staatsanwaltschaft nach Absatz 2 Satz 1 kann gerichtliche Entscheidung beantragt werden. Über den Antrag entscheidet, soweit nicht in § 120 Abs. 3 Satz 1 und § 135 Abs. 2 des Gerichtsverfassungsgesetzes etwas anderes bestimmt ist, das Landgericht, in dessen Bezirk die Staatsanwaltschaft ihren Sitz hat. Die §§ 297 bis 300, 302, 306 bis 309, 311a sowie die Vorschriften über die Auferlegung der Kosten des Beschwerdeverfahrens gelten entsprechend. Die Entscheidung des Gerichts ist nicht anfechtbar.

"(1) A selecção e o número dos peritos que devam ser notificados compete ao juiz, que deve estabelecer com eles acordo quanto ao prazo para entrega dos relatórios periciais.

(2) Se a identidade dos peritos for do conhecimento público, para determinados tipos de perícias podem ser designados outros, quando especiais circunstâncias o imponham" – § 73 do StPO.

"(1) As testemunhas e os peritos estão obrigados ao dever de comparência perante o Ministério Público, a fim de prestarem o seu depoimento ou os seus relatórios periciais. Na falta de disposição especial, aplicam-se as regras da 6.ª e 7.ª secções, do livro primeiro, sobre testemunhas e peritos. O interrogatório com prestação de juramento apenas tem lugar perante o juiz.

(2) No caso de falta injustificada ou de injustificada recusa de comparência, de testemunhas ou peritos, ao Ministério Público cabe adoptar as medidas previstas nos §§ 51, 70 e 77. Contudo, a detenção para comparência permanece da competência do juiz; é competente o tribunal do local onde estejam sedeados os serviços do Ministério Público que tenham requerido a detenção.

(3) É judicialmente recorrível a decisão do Ministério Público proferida nos termos do número (2), primeira parte. Salvo disposição legal em contrário, nos termos do § 120, secção 3, n.º 1 e § 135 secção 2, da Lei de Organização dos Tribunais, sobre o recurso decide o tribunal do lugar onde tenham sede os recorridos serviços do Ministério Público.

(4) Se o interrogatório de uma testemunha ou de um perito é solicitado por um serviço do Ministério Público, a outro serviço da mesma autoridade judiciária, a esta cabe, também, o exercício das competências previstas no número (2), 1.ª parte." – § 161a do StPO.

A perícia tem lugar quando:

a) For determinado o internamento do arguido em hospital psiquiátrico *"Para a elaboração de relatório sobre as condições psíquicas do arguido, o tribunal pode ordenar, depois de ouvido o*

---

(4) Ersucht eine Staatsanwaltschaft eine andere Staatsanwaltschaft um die Vernehmung eines Zeugen oder Sachverständigen, so stehen die Befugnisse nach Absatz 2 Satz 1 auch der ersuchten Staatsanwaltschaft zu. – § 161a do StPO.

130   Medidas Cautelares e de Polícia do Processo Penal em Direito Comparado

perito e o defensor, que o arguido seja conduzido a um hospital psiquiátrico e ali seja observado." – § 80 (1) do StPO[126];

b) Quando se tornem necessários exames corporais ou autópsia: "*Se for previsível o internamento do arguido em hospital psiquiátrico, num estabelecimento de desintoxicação, ou num estabelecimento de prisão preventiva, deverá dar-se ao perito, durante o inquérito, a oportunidade de preparação de um relatório que será apresentado em julgamento*" – §80a do StPO;

"*(1) O levantamento do cadáver é ordenado pelo Ministério Público, ou pelo juiz a requerimento do Ministério Público, sob orientação médica. A consulta do médico é dispensável quando se apresenta manifestamente dispensável para o esclarecimento da situação.*" *(4) A autópsia e a exumação de um cadáver são ordenadas pelo juiz; o Ministério Público pode ordená-las em caso de perigo para o êxito da investigação. Se a exumação for ordenada, deverá ser notificado um membro da família da pessoa morta, se puder ser determinado e notificado sem dificuldades especiais e as finalidades da investigação não ficarem em perigo por via dessa notificação.*" – § 87 do StPO

"*Se for previsível que será ordenado o internamento psiquiátrico, num estabelecimento de desintoxicação, ou num estabelecimento de prisão preventiva, deverá interrogar-se um perito sobre o estado do arguido e as perspectivas de tratamento. Se o*

---

[126] "*(1) Zur Vorbereitung eines Gutachtens über den psychischen Zustand des Beschuldigten kann das Gericht nach Anhörung eines Sachverständigen und des Verteidigers anordnen, daß der Beschuldigte in ein öffentliches psychiatrisches Krankenhaus gebracht und dort beobachtet wird.*

(2) Das Gericht trifft die Anordnung nach Absatz 1 nur, wenn der Beschuldigte der Tat dringend verdächtig ist. Das Gericht darf diese Anordnung nicht treffen, wenn sie zu der Bedeutung der Sache und der zu erwartenden Strafe oder Maßregel der Besserung und Sicherung außer Verhältnis steht.

(3) Im vorbereitenden Verfahren entscheidet das Gericht, das für die Eröffnung des Hauptverfahrens zuständig wäre.

(4) Gegen den Beschluß ist sofortige Beschwerde zulässig. Sie hat aufschiebende Wirkung.

(5) Die Unterbringung in einem psychiatrischen Krankenhaus nach Absatz 1 darf die Dauer von insgesamt sechs Wochen nicht überschreiten." – § 81 StPO.

perito não tiver ainda examinado o arguido, o exame deverá ter lugar antes do julgamento." – §246a do StPO[127];

c) Quando existe suspeita de envenenamento: *("(1) Havendo suspeita de envenenamento, o exame do corpo ou de quaisquer substâncias suspeitas deve ser realizado por um perito químico ou por estabelecimento público próprio para este tipo de exames. (2) Pode ser ordenado que este tipo de exames decorra sob supervisão de um médico." –* §91 do StPO)[128];

d) No caso de crimes de falsificação de moeda ou de selos: *"(1) Verificando-se suspeita de falsificação de selos ou de moeda, em caso de necessidade deverão os selos ou as moedas ser sujeitos*

---

[127] *§§ 80a, 87 e 246a, todos do StPO:*

"Ist damit zu rechnen, daß die Unterbringung des Beschuldigten in einem psychiatrischen Krankenhaus, einer Entziehungsanstalt oder in der Sicherungsverwahrung angeordnet werden wird, so soll schon im Vorverfahren einem Sachverständigen Gelegenheit zur Vorbereitung des in der Hauptverhandlung zu erstattenden Gutachtens gegeben werden." – § 80a do StPO.

(1) Die Leichenschau wird von der Staatsanwaltschaft, auf Antrag der Staatsanwaltschaft auch vom Richter, unter Zuziehung eines Arztes vorgenommen. Ein Arzt wird nicht zugezogen, wenn dies zur Aufklärung des Sachverhalts offensichtlich entbehrlich ist.

(4) Die Leichenöffnung und die Ausgrabung einer beerdigten Leiche werden vom Richter angeordnet; die Staatsanwaltschaft ist zu der Anordnung befugt, wenn der Untersuchungserfolg durch Verzögerung gefährdet würde. Wird die Ausgrabung angeordnet, so ist zugleich die Benachrichtigung eines Angehörigen des Toten anzuordnen, wenn der Angehörige ohne besondere Schwierigkeiten ermittelt werden kann und der Untersuchungszweck durch die Benachrichtigung nicht gefährdet wird. – § 87 do StPO.

"Ist damit zu rechnen, daß die Unterbringung des Angeklagten in einem psychiatrischen Krankenhaus, einer Entziehungsanstalt oder in der Sicherungsverwahrung angeordnet oder vorbehalten werden wird, so ist in der Hauptverhandlung ein Sachverständiger über den Zustand des Angeklagten und die Behandlungsaussichten zu vernehmen. Hat der Sachverständige den Angeklagten nicht schon früher untersucht, so soll ihm dazu vor der Hauptverhandlung Gelegenheit gegeben werden." – § 246a do StPO.

[128] *"(1) Liegt der Verdacht einer Vergiftung vor, so ist die Untersuchung der in der Leiche oder sonst gefundenen verdächtigen Stoffe durch einen Chemiker oder durch eine für solche Untersuchungen bestehende Fachbehörde vorzunehmen.*

(2) Es kann angeordnet werden, daß diese Untersuchung unter Mitwirkung oder Leitung eines Arztes stattzufinden hat." – § 91 do StPO.

132 Medidas Cautelares e de Polícia do Processo Penal em Direito Comparado

a perícia a executar pela autoridade que tem a competência legal para a emissão dos autênticos. O relatório desta autoridade deve pronunciar-se sobre a autenticidade ou falsificação e, bem assim, sobre o modo como possa ter sido praticada a falsificação.

(2) Tratando-se de falsificação de moeda ou de selos de uma área monetária estrangeira, o relatório da autoridade alemã pode substituir o que seria produzido pela autoridade daquela área." – §92 do StPO[129]

Como se viu não existe, neste ordenamento jurídico, atribuição legal de competência própria à Polícia, para determinar a realização de perícia.

A regra continua a ser a da necessidade de obtenção de autorização judicial prévia:

"(1) Para a elaboração do relatório sobre as condições psíquicas do arguido, o tribunal pode, após audição do perito e do defensor, que aquele seja conduzido a hospital psiquiátrico público e aí observado.

(2) O tribunal apenas proferirá a ordem de harmonia com parágrafo (1) em caso de urgente suspeita. O tribunal não poderá proferir a ordem se ela não se relacionar com os factos em apreciação e respectivo sancionamento ou com as inerentes medidas de segurança ou de reabilitação.

(3) Durante o inquérito, a decisão compete ao tribunal que seria competente para o julgamento.

(4) Contra a decisão é admissível recurso, com efeito suspensivo.

(5) O internamento psiquiátrico, de harmonia com o número (1), não pode exceder o prazo de seis meses."[130]

---

[129] *"(1) Liegt der Verdacht einer Geld- oder Wertzeichenfälschung vor, so sind das Geld oder die Wertzeichen erforderlichenfalls der Behörde vorzulegen, von der echtes Geld oder echte Wertzeichen dieser Art in Umlauf gesetzt werden. Das Gutachten dieser Behörde ist über die Unechtheit oder Verfälschung sowie darüber einzuholen, in welcher Art die Fälschung mutmaßlich begangen worden ist.*

(2) Handelt es sich um Geld oder Wertzeichen eines fremden Währungsgebietes, so kann an Stelle des Gutachtens der Behörde des fremden Währungsgebietes das einer deutschen erfordert werden." – § 92 do StPO.

[130] *"(1) Zur Vorbereitung eines Gutachtens über den psychischen Zustand des Beschuldigten kann das Gericht nach Anhörung eines Sachverständigen und des Vertei-*

O Sistema Alemão

Já assim não será quando esteja em causa a realização de exame corporal em caso de urgência (designadamente nos casos em que há necessidade de evitar o desaparecimento de meios de prova). Nestes casos, o exame pode ser ordenado pelo Ministério Público ou pelos funcionários de polícia seus auxiliares, devendo ser realizada por médico, com a finalidade de constatar elementos relevantes para o processo:

"(1) Pode ser determinado o exame corporal do arguido, para a constatação de elementos relevantes para o procedimento. Com esta finalidade, são admissíveis, sem o consentimento do arguido, provas de análises sanguíneas e outras intervenções corporais, efectuadas por médico, segundo as regras da medicina e as finalidades da investigação, desde que se não verifique perigo de dano na saúde do arguido.

(2) O despacho é da competência do juiz. Havendo perigo na demora, para os êxitos da investigação, a medida pode ser ordenada pelo Ministério Público ou pelos seus funcionários auxiliares da investigação (§ 152 da Lei do Tribunal Constitucional).

(3) As análises sanguíneas, e de outras células corporais extraídas do acusado, podem ser utilizadas para as finalidades do processo penal subjacente à colheita, ou para outro processo pendente,devendo ser destruídas tão rapidamente quanto o possível, quando deixarem de ser necessárias às finalidades do processo." – § 81a do StPO[131].

---

digers anordnen, daß der Beschuldigte in ein öffentliches psychiatrisches Krankenhaus gebracht und dort beobachtet wird.

(2) Das Gericht trifft die Anordnung nach Absatz 1 nur, wenn der Beschuldigte der Tat dringend verdächtig ist. Das Gericht darf diese Anordnung nicht treffen, wenn sie zu der Bedeutung der Sache und der zu erwartenden Strafe oder Maßregel der Besserung und Sicherung außer Verhältnis steht.

(3) Im vorbereitenden Verfahren entscheidet das Gericht, das für die Eröffnung des Hauptverfahrens zuständig wäre.

(4) Gegen den Beschluß ist sofortige Beschwerde zulässig. Sie hat aufschiebende Wirkung.

(5) Die Unterbringung in einem psychiatrischen Krankenhaus nach Absatz 1 darf die Dauer von insgesamt sechs Wochen nicht überschreiten." – § 81 do StPO. Vd §152 da Organização dos Tribunais, acolhida pela Lei do Tribunal Constitucional de 01 de Outubro de 1879.

[131] *"(1) Eine körperliche Untersuchung des Beschuldigten darf zur Feststellung von Tatsachen angeordnet werden, die für das Verfahren von Bedeutung sind. Zu diesem Zweck sind Entnahmen von Blutproben und andere körperliche Eingriffe, die von einem*

134 *Medidas Cautelares e de Polícia do Processo Penal em Direito Comparado*

Esta competência excepcional, justificada por perigo na demora e correspondente urgência na execução da medida, não se estende, contudo, à realização de exames genético-moleculares, porque o não permite o disposto nos §§ 81e e 81f do StPO:

"(1) Com o material obtido ao abrigo das normas do § 81a (1), podem levar-se a efeito também exames genético-moleculares, sempre que sejam necessários para observação da origem do facto, independentemente de os materiais encontrados provirem do arguido ou da pessoa ofendida; nesta ocasião pode apurar-se também o tipo sexual. Os exames previstos na norma do número 1 são igualmente admissíveis para a observação dos materiais adquiridos através das medidas previstas no § 81c. Não podem ter lugar verificações sobre outros factos além dos indicados naquele número; neste caso, são igualmente indamissívies os exames directos.

(2) De harmonia com o número 1, as verificações podem ser executadas também sobre indícios materiais encontrados, apreendidos ou confiscados. São aplicáveis a terceira parte do número 1 e a primeira parte do número 3 do § 81a. – § 81e do StPO.

"(1) Os exames previstos no §81e apenas podem ser ordenados pelo juiz. O despacho é válido mesmo quando o arguido ainda não esteja determinado. O despacho deve ser escrito e designar os peritos encarregados do exame.

(2) Para o exame previsto no § 81e, devem ser designados peritos oficiais, obrigados segundo a lei, ou peritos que sejam funcionários não pertencentes à autoridade que dirija a investigação, ou que, embora pertencentes a esta autoridade, se integrem em unidade orgânica e objectivamente separadas da direcção da investigação. Os peritos

---

Arzt nach den Regeln der ärztlichen Kunst zu Untersuchungszwecken vorgenommen werden, ohne Einwilligung des Beschuldigten zulässig, wenn kein Nachteil für seine Gesundheit zu befürchten ist.

(2) Die Anordnung steht dem Richter, bei Gefährdung des Untersuchungserfolges durch Verzögerung auch der Staatsanwaltschaft und ihren Ermittlungspersonen (§ 152 des Gerichtsverfassungsgesetzes) zu.

(3) Dem Beschuldigten entnommene Blutproben oder sonstige Körperzellen dürfen nur für Zwecke des der Entnahme zugrundeliegenden oder eines anderen anhängigen Strafverfahrens verwendet werden; sie sind unverzüglich zu vernichten, sobald sie hierfür nicht mehr erforderlich sind." – § 81a do StPO.

devem garantir, através de medidas técnicas e organizacionais, que sejam excluídos exames genético-moleculares ou reconhecimenots ilícitos de terceiras pessoas. Aos peritos devem ser entregues os materiais objecto da investigação sem comunicação do nome, do domicílio e dadata de nascimento do visado. Se o perito é uma entidade privada, é aplicável o § 38 da Lei de Protecção de Dados, com supervisão e fiscalização da autoridade pública competente em matéria de protecção de dados, se não existe adequada garantia contra a ofensa a essas regras e o perito não processa os dados pessoais em ficheiros de dados." – § 81f do StPO.[132]

---

[132] *"(1) An dem durch Maßnahmen nach § 81a Abs. 1 erlangten Material dürfen auch molekulargenetische Untersuchungen durchgeführt werden, soweit sie zur Feststellung der Abstammung oder der Tatsache, ob aufgefundenes Spurenmaterial von dem Beschuldigten oder dem Verletzten stammt, erforderlich sind; hierbei darf auch das Geschlecht der Person bestimmt werden. Untersuchungen nach Satz 1 sind auch zulässig für entsprechende Feststellungen an dem durch Maßnahmen nach § 81c erlangten Material. Feststellungen über andere als die in Satz 1 bezeichneten Tatsachen dürfen nicht erfolgen; hierauf gerichtete Untersuchungen sind unzulässig.*

(2) Nach Absatz 1 zulässige Untersuchungen dürfen auch an aufgefundenem, sichergestelltem oder beschlagnahmtem Spurenmaterial durchgeführt werden. Absatz 1 Satz 3 und § 81a Abs. 3 erster Halbsatz gelten entsprechend." – § 81e do StPO.

"§ 81f

(1) Untersuchungen nach § 81e dürfen nur durch den Richter angeordnet werden. Dies gilt auch dann, wenn ein Beschuldigter noch nicht ermittelt werden konnte. In der schriftlichen Anordnung ist der mit der Untersuchung zu beauftragende Sachverständige zu bestimmen.

(2) Mit der Durchführung der Untersuchung nach § 81e sind Sachverständige zu beauftragen, die öffentlich bestellt oder nach dem Verpflichtungsgesetz verpflichtet oder Amtsträger sind, die der ermittlungsführenden Behörde nicht angehören oder einer Organisationseinheit dieser Behörde angehören, die von der ermittlungsführenden Dienststelle organisatorisch und sachlich getrennt ist. Diese haben durch technische und organisatorische Maßnahmen zu gewährleisten, daß unzulässige molekulargenetische Untersuchungen und unbefugte Kenntnisnahme Dritter ausgeschlossen sind. Dem Sachverständigen ist das Untersuchungsmaterial ohne Mitteilung des Namens, der Anschrift und des Geburtstages und -monats des Betroffenen zu übergeben. Ist der Sachverständige eine nichtöffentliche Stelle, gilt § 38 des Datenschutzgesetzes mit der Maßgabe, daß die Aufsichtsbehörde die Ausführung der Vorschriften über den Datenschutz auch überwacht, wenn ihr keine hinreichenden Anhaltspunkte für eine Verletzung dieser Vorschriften vorliegen und der Sachverständige die personenbezogenen Daten nicht in Dateien verarbeitet.

D7. Apreensões em caso de urgência ou perigo na demora

D7.1. Apreensões de objectos

A apreensão de objectos é, com frequência, levada a efeito na execução de buscas e revistas pessoais.

De um modo geral, no sistema processual penal alemão, como nos demais sistemas que procuramos comparar, existe a preocupação de salvaguarda dos direitos fundamentais os cidadãos, contra os perigos de eventuais intervenções excessivas e arbitrárias dos poderes públicos, designadamente dos judiciários e policiais.

Assim, se já para a revista pessoal se exige o preenchimendo de pressupostos legais e formais, melhor se compreende que para a procura de pessoas ou de objectos, no interior de instalações e, particularmente, de instalações domiciliárias, o legislador tenha circundado a intervenção pública por limitadores processuais sem cuja existência a detecção, busca e apreensão, não podem ser juridicamente válidas.

Desde logo, o art. 13.º do (Grundgesetz) GG, consagra a regra fundamental da inviolabilidade do domicílio:

"(1) O domicílio é inviolável.
(2) As buscas são permitidas apenas por mandado judicial; em caso de perigo na demora, também por outros órgãos previstos na lei e sob a forma legalmente estabelecida.(...)"[133]

---

[133] *"(1) Die Wohnung ist unverletzlich.*

(2) Durchsuchungen dürfen nur durch den Richter, bei Gefahr im Verzuge auch durch die in den Gesetzen vorgesehenen anderen Organe angeordnet und nur in der dort vorgeschriebenen Form durchgeführt werden.

(3) Begründen bestimmte Tatsachen den Verdacht, daß jemand eine durch Gesetz einzeln bestimmte besonders schwere Straftat begangen hat, so dürfen zur Verfolgung der Tat auf Grund richterlicher Anordnung technische Mittel zur akustischen Überwachung von Wohnungen, in denen der Beschuldigte sich vermutlich aufhält, eingesetzt werden, wenn die Erforschung des Sachverhalts auf andere Weise unverhältnismäßig erschwert oder aussichtslos wäre. Die Maßnahme ist zu befristen. Die Anordnung erfolgt durch einen mit drei Richtern besetzten Spruchkörper. Bei Gefahr im Verzuge kann sie auch durch einen einzelnen Richter getroffen werden.

(4) Zur Abwehr dringender Gefahren für die öffentliche Sicherheit, insbesondere einer gemeinen Gefahr oder einer Lebensgefahr, dürfen technische Mittel zur Überwa-

O Sistema Alemão   137

As buscas são, em regra, ordenadas pelo juiz de instrução. Em caso de urgência, podem ser igualmente ordenadas pelo Ministério Público ou pela Polícia:

"(1) As buscas são permitidas apenas pelo juiz; em caso de perigo na demora, são ordenadas pelo Ministério Público ou pelos seus auxiliares de investigação (§ 152 da Lei de Organização dos Tribunais). As buscas levadas a efeitos sob o § 103, número 1, parte 2, são ordenadas pelo juiz. Podem igualmente ser ordenadas pelo Ministério Público, em caso de perigo na demora.

(2) Se uma busca em domicílio, em estabelecimento comercial ou em espaço fechado, tiver que se executar sem a presença do juiz ou do procurador público, deverá ser chamado, se possível, um funcionário municipal ou dois membros da comunidade onde a busca terá lugar. As pessoas chamadas não poderão ser funcionários de polícia ou auxiliares de investigação do Ministério Público.

(3) Tornando-se necessária a execução de busca em edifício de serviços, em equipamento de acesso reservado ou noutras instalações pertencentes às forças armadas, é notificado o órgão militar para que

---

chung von Wohnungen nur auf Grund richterlicher Anordnung eingesetzt werden. Bei Gefahr im Verzuge kann die Maßnahme auch durch eine andere gesetzlich bestimmte Stelle angeordnet werden; eine richterliche Entscheidung ist unverzüglich nachzuholen.

(5) Sind technische Mittel ausschließlich zum Schutze der bei einem Einsatz in Wohnungen tätigen Personen vorgesehen, kann die Maßnahme durch eine gesetzlich bestimmte Stelle angeordnet werden. Eine anderweitige Verwertung der hierbei erlangten Erkenntnisse ist nur zum Zwecke der Strafverfolgung oder der Gefahrenabwehr und nur zulässig, wenn zuvor die Rechtmäßigkeit der Maßnahme richterlich festgestellt ist; bei Gefahr im Verzuge ist die richterliche Entscheidung unverzüglich nachzuholen.

(6) Die Bundesregierung unterrichtet den Bundestag jährlich über den nach Absatz 3 sowie über den im Zuständigkeitsbereich des Bundes nach Absatz 4 und, soweit richterlich überprüfungsbedürftig, nach Absatz 5 erfolgten Einsatz technischer Mittel. Ein vom Bundestag gewähltes Gremium übt auf der Grundlage dieses Berichts die parlamentarische Kontrolle aus. Die Länder gewährleisten eine gleichwertige parlamentarische Kontrolle.

(7) Eingriffe und Beschränkungen dürfen im übrigen nur zur Abwehr einer gemeinen Gefahr oder einer Lebensgefahr für einzelne Personen, auf Grund eines Gesetzes auch zur Verhütung dringender Gefahren für die öffentliche Sicherheit und Ordnung, insbesondere zur Behebung der Raumnot, zur Bekämpfung von Seuchengefahr oder zum Schutze gefährdeter Jugendlicher vorgenommen werden." – Art 13 do GG.

138   *Medidas Cautelares e de Polícia do Processo Penal em Direito Comparado*

a execute. O organismo solicitante pode colaborar na execução. O pedido de execução não terá lugar se os espaços objecto da busca forem habitados exclusivamente por pessoas que não sejam militares." – § 105 do StPO.[134]

Portanto, havendo fundado receio de que a demora na intervenção autorizadora do juiz possa conduzir a um qualquer perigo para bens jurídicos em que se incluirá o próprio interesse público na realização da justiça, a falta de mandado judicial pode ser suprida por autorização do procurador (federal ou estatal), ou dos seus auxiliares de investigação (polícia judiciária ou criminal).[135]

---

[134] *"(1) Durchsuchungen dürfen nur durch den Richter, bei Gefahr im Verzug auch durch die Staatsanwaltschaft und ihre Ermittlungspersonen (§ 152 des Gerichtsverfassungsgesetzes) angeordnet werden. Durchsuchungen nach § 103 Abs. 1 Satz 2 ordnet der Richter an; die Staatsanwaltschaft ist hierzu befugt, wenn Gefahr im Verzug ist.*
(2) Wenn eine Durchsuchung der Wohnung, der Geschäftsräume oder des befriedeten Besitztums ohne Beisein des Richters oder des Staatsanwalts stattfindet, so sind, wenn möglich, ein Gemeindebeamter oder zwei Mitglieder der Gemeinde, in deren Bezirk die Durchsuchung erfolgt, zuzuziehen. Die als Gemeindemitglieder zugezogenen Personen dürfen nicht Polizeibeamte oder Ermittlungspersonen der Staatsanwaltschaft sein.
(3) Wird eine Durchsuchung in einem Dienstgebäude oder einer nicht allgemein zugänglichen Einrichtung oder Anlage der Bundeswehr erforderlich, so wird die vorgesetzte Dienststelle der Bundeswehr um ihre Durchführung ersucht. Die ersuchende Stelle ist zur Mitwirkung berechtigt. Des Ersuchens bedarf es nicht, wenn die Durchsuchung von Räumen vorzunehmen ist, die ausschließlich von anderen Personen als Soldaten bewohnt werden." – § 105 do StPO
[135] Os poderes de intervenção policial, na execução de revistas, buscas e apreensões são, depois, regulados e desenvolvidos na "Lei da Polícia", onde as medidas cautelares também recebem conformação e finalidades de polícia administrativa: Indicam-se e traduzem-se, a título ilustrativo, os §§ 29, 30 e 31 da Polizeigesetz:
"§ 29 Durchsuchung von Personen
(1) Die Polizei kann eine Person durchsuchen, wenn
1. sie nach diesem Gesetz oder anderen Rechtsvorschriften festgehalten oder in Gewahrsam genommen werden darf,
2. Tatsachen die Annahme rechtfertigen, daß sie Sachen mit sich führt, die sichergestellt oder beschlagnahmt werden dürfen,
3. dies zur Feststellung ihrer Identität erforderlich ist und die Person sich erkennbar in einem die freie Willensbestimmung ausschließenden Zustand oder sonst in einer hilflosen Lage befindet,
4. sie sich an einem der in § 26 Abs. 1 Nr. 2 genannten Orte aufhält oder

O Sistema Alemão   139

5. *ie sich in einem Objekt im Sinne des § 26 Abs. 1 Nr. 3 oder in dessen unmittelbarer Nähe aufhält und Tatsachen die Annahme rechtfertigen, daß in oder an Objekten dieser Art Straftaten begangen werden sollen.*

(2) Die Polizei kann eine Person, deren Identität gemäß § 26 oder nach anderen Rechtsvorschriften festgestellt werden soll, nach Waffen, anderen gefährlichen Werkzeugen und Sprengstoffen durchsuchen, wenn dies nach den Umständen zum Schutz des Polizeibeamten oder eines Dritten gegen eine Gefahr für Leib oder Leben erforderlich erscheint.

(3) Personen dürfen nur von Personen gleichen Geschlechts oder Ärzten durchsucht werden; dies gilt nicht, wenn die sofortige Durchsuchung nach den Umständen zum Schutz gegen eine Gefahr für Leib oder Leben erforderlich erscheint."

§ 29 Mandado de Captura:

"A Polícia pode procurar uma pessoa quando:

por lei, ou outras ordens superiores ela pode ser detida;

se prove que ela possui coisas que podem ser confiscadas ou apreendidas;

é necessário para a comprovação precisa da sua identidade e ou quando esta se encontra num armazém abandonado;

é detida num dos sítios referidos no n.° 2 do ponto 1 do arigo 26.

Ou, se comprovem as suspeitas de ter praticado delitos, como referido no n.° 3 do ponto 1 do artigo 26.

A Polícia pode procurar alguém, cuja identidade está de acordo com o artigo 26, (ou através de outras medidas), quando esta tem em sua posse armas, outras ferramentas perigosas e explosivos que ponham em perigo a vida do agente ou de terceiros;

As pessoas só podem ser revistadas por pessoas do mesmo sexo ou por médicos; isto pode não acontecer quando a revista imediata é feita em circunstâncias em que há ameaça à vida."

"§ 30 Durchsuchung von Sachen

Die Polizei kann eine Sache durchsuchen, wenn

1. *sie von einer Person mitgeführt wird, die nach § 29 Abs. 1 oder 2 durchsucht werden darf,*

2. *Tatsachen die Annahme rechtfertigen, daß sich in ihr eine Person befindet, die*

   a) *in Gewahrsam genommen werden darf,*

   b) *widerrechtlich festgehalten wird oder*

   c) *infolge Hilflosigkeit an Leib oder Leben gefährdet ist,*

3. *Tatsachen die Annahme rechtfertigen, daß sich in ihr eine andere Sache befindet, die sichergestellt oder beschlagnahmt werden darf,*

4. *sie sich an einem der in § 26 Abs. 1 Nr. 2 genannten Orte befindet oder*

5. *sie sich in einem Objekt im Sinne des § 26 Abs. 1 Nr. 3 oder in dessen unmittelbarer Nähe befindet und Tatsachen die Annahme rechtfertigen, daß Straftaten in oder an Objekten dieser Art begangen werden sollen, oder*

6. *es sich um ein Land-, Wasser- oder Luftfahrzeug handelt, in dem sich eine Person befindet, deren Identität nach § 26 Abs. 1 Nr. 4 oder 5 festgestellt werden*

darf; die Durchsuchung kann sich auch auf die in dem Fahrzeug enthaltenen oder mit dem Fahrzeug verbundenen Sachen erstrecken,

7. sie von einer Person mitgeführt wird, deren Identität nach § 26 Abs. 1 Nr. 4 und 5 festgestellt werden darf."

"§ 30 Revista/Busca de objectos
A Polícia pode confiscar um objecto quando:
este está na posse de alguém que é procurado, de acordo com os pontos 1 e 2 do artigo 29;
se provem os factos que está na posse de alguém
   a quem pode ser confiscado
   que o possui ilegalmente
   que, por o deixar abandonado, possa pôr em perigo a vida de cada um
o suspeito possua um objecto que, provados os factos, tenha de ser certificado ou apreendido:
se encontra em determindaos sítios referidos no n.° 2 do ponto 1 do artigo 26:
se trata de um objecto, referido no n.° 3 do ponto 1 do artigo 26, e se provem os factos que o suspeito possa Ter cometido crime co objectos desse tipo;
se trata de um veículo terrestre, marítimo ou aéreo, no qual se encontre alguém, cuja identidade terá de ser verificada, como no disposto n.° 4 e 5 do ponto 1 do artigo 26. A busca pode estender-se àquilo que o veículo contem ou ás coisas que o veículo implique
este se encontre na posse de alguém cuja identidade tem de ser confirmada, como referido nos n.° 4 e 5 do ponto 1 do artigo 26."

"§ 31 Betreten und Durchsuchung von Wohnungen
(1) Die Polizei kann eine Wohnung gegen den Willen des Inhabers nur betreten, wenn dies zum Schutz eines einzelnen oder des Gemeinwesens gegen dringende Gefahren für die öffentliche Sicherheit oder Ordnung erforderlich ist. Während der Nachtzeit ist das Betreten nur zur Abwehr einer gemeinen Gefahr oder einer Lebensgefahr oder schweren Gesundheitsgefahr für einzelne Personen zulässig.
(2) Die Polizei kann eine Wohnung nur durchsuchen, wenn
1. Tatsachen die Annahme rechtfertigen, daß sich eine Person in der Wohnung befindet, die
   a) in Gewahrsam genommen werden darf,
   b) widerrechtlich festgehalten wird oder
   c) infolge Hilflosigkeit an Leib oder Leben gefährdet ist, oder
2. Tatsachen die Annahme rechtfertigen, daß sich eine Sache in der Wohnung befindet, die sichergestellt oder beschlagnahmt werden darf.
(3) Ist eine Person entführt worden und rechtfertigen Tatsachen die Annahme, daß sie in einem Gebäude oder einer Gebäudegruppe festgehalten wird, so kann die Polizei Wohnungen in diesem Gebäude oder dieser Gebäudegruppe durchsuchen, wenn die Durchsuchungen das einzige Mittel sind, um eine Lebensgefahr oder Gesundheitsgefahr

von der entführten Person oder von einem Dritten abzuwehren. Durchsuchungen während der Nachtzeit sind nur zulässig, wenn sie zur Abwehr der in Satz 1 genannten Gefahren unumgänglich notwendig sind.

(4) Die Nachtzeit umfaßt in dem Zeitraum vom 1. April bis 30. September die Stunden von 21 Uhr bis 4 Uhr und in dem Zeitraum vom 1. Oktober bis 31. März die Stunden von 21 Uhr bis 6 Uhr.

(5) Außer bei Gefahr im Verzug darf eine Durchsuchung nur durch das Amtsgericht angeordnet werden, in dessen Bezirk die Durchsuchung vorgenommen werden soll. Für das Verfahren gelten die Vorschriften des Gesetzes über die Angelegenheiten der freiwilligen Gerichtsbarkeit. Gegen die Entscheidung des Gerichts findet die sofortige Beschwerde statt; die Beschwerde hat keine aufschiebende Wirkung. Eine die Durchsuchung anordnende Entscheidung des Gerichts bedarf zu ihrer Wirksamkeit nicht der Bekanntmachung an den Betroffenen.

(6) Arbeits-, Betriebs- und Geschäftsräume dürfen zur Erfüllung einer polizeilichen Aufgabe während der Arbeits-, Betriebs- oder Geschäftszeit betreten werden.

(7) Der Wohnungsinhaber hat das Recht, bei der Durchsuchung anwesend zu sein. Ist er abwesend, so ist, wenn möglich, ein Vertreter oder Zeuge beizuziehen.

(8) Dem Wohnungsinhaber oder seinem Vertreter sind der Grund der Durchsuchung und die gegen sie zulässigen Rechtsbehelfe unverzüglich bekanntzugeben."

"Artigo 31 – Entrada e Busca domiciliária

A Polícia só pode entrar em casa de alguém, contra a sua vontade, quando isto implicar a proteção de alguém ou de uma colectividade, em contraposição aos perigos iminentes que possam trazer para a segurança e ordem pública. Durante a noite, só é permitida a invasão domiciliária em defesa de casos como:

– perigo público; perigo de vida ou perigo de saúde de alguém.

A Polícia só pode fazer buscas domiciliárias quando:

há suspeitas de que nessa casa se encontra alguém que:

> *tenha de ser detido;*

> *está em situação ilegal;*

> *o seu consequente abandono possa pôr em risco a vida;*

quando há suspeitas de que nessa casa se encontre algo que tenha de ser certificado ou apreendido.

quando há suspeitas de que uma pessoa raptada se encontra num edifício ou num grupo de edifícios, aí a polícia pode inetrvir, quando esta intervenção é o único meio de evitar o perigo de vida ou de saúde da pessoa raptada ou de terceiros. Só são permitidas buscas nocturnas quando a defesa dos perigos referidos na frase 1 seja inevitavelmente necessária.

O periodo nocturno define-se do seguinte modo:

– de 1 de Abril a 30 de Setembro, das 21horas às 4 horas;

– de 1 de Outubro a 31 de Março, das 21horas às 6 horas.

Não obstante a demora, uma rusga só pode ser feita com ordem judicial da comarca

142   *Medidas Cautelares e de Polícia do Processo Penal em Direito Comparado*

Assim como constitui regra que as buscas devem ser autorizadas por despacho judicial, também para a execução das apreensões a norma geral é a de que elas são, *a prirori*, ordenadas pelo juiz:[136]

---

onde ela propria irá ter lugar. Para tal procedimento, prevalecem as disposições legais. Pode haver reclamação perante a decisão do tribunal; essas reclamações não trarão consequências. Para sua plena eficiência, nunca uma decisão de busca dada pelo tribunal deve ser anteriormente dada a conhecer ao suspeito.

Salas de trabalho, empresas ou salas de negócios podem ser revistadas durante o horário de trabalho pela polícia, no cumprimento de um exercício policial.

Durante a rusga, o proprietário da casa tem o direito de estar presente. Se estiver ausente estará, sempre que possível, um seu representante ou uma testemunha.

Serão de imediato dadas a conhecer ao proprietário da cas ou ao seu representante as razões que levaram á rusga e também os possíveis recursos."

[136] *"(1) Beschlagnahmen dürfen nur durch den Richter, bei Gefahr im Verzug auch durch die Staatsanwaltschaft und ihre Ermittlungspersonen (§ 152 des Gerichtsverfassungsgesetzes) angeordnet werden. Die Beschlagnahme nach § 97 Abs. 5 Satz 2 in den Räumen einer Redaktion, eines Verlages, einer Druckerei oder einer Rundfunkanstalt darf nur durch den Richter angeordnet werden.*

(2) Der Beamte, der einen Gegenstand ohne richterliche Anordnung beschlagnahmt hat, soll binnen drei Tagen die richterliche Bestätigung beantragen, wenn bei der Beschlagnahme weder der davon Betroffene noch ein erwachsener Angehöriger anwesend war oder wenn der Betroffene und im Falle seiner Abwesenheit ein erwachsener Angehöriger des Betroffenen gegen die Beschlagnahme ausdrücklichen Widerspruch erhoben hat. Der Betroffene kann jederzeit die richterliche Entscheidung beantragen. Solange die öffentliche Klage noch nicht erhoben ist, entscheidet das Amtsgericht, in dessen Bezirk die Beschlagnahme stattgefunden hat. Hat bereits eine Beschlagnahme, Postbeschlagnahme oder Durchsuchung in einem anderen Bezirk stattgefunden, so entscheidet das Amtsgericht, in dessen Bezirk die Staatsanwaltschaft ihren Sitz hat, die das Ermittlungsverfahren führt. Der Betroffene kann den Antrag auch in diesem Fall bei dem Amtsgericht einreichen, in dessen Bezirk die Beschlagnahme stattgefunden hat. Ist dieses Amtsgericht nach Satz 4 unzuständig, so leitet der Richter den Antrag dem zuständigen Amtsgericht zu. Der Betroffene ist über seine Rechte zu belehren.

(3) Ist nach erhobener öffentlicher Klage die Beschlagnahme durch die Staatsanwaltschaft oder eine ihrer Ermittlungspersonen erfolgt, so ist binnen drei Tagen dem Richter von der Beschlagnahme Anzeige zu machen; die beschlagnahmten Gegenstände sind ihm zur Verfügung zu stellen.

(4) Wird eine Beschlagnahme in einem Dienstgebäude oder einer nicht allgemein zugänglichen Einrichtung oder Anlage der Bundeswehr erforderlich, so wird die vorgesetzte Dienststelle der Bundeswehr um ihre Durchführung ersucht. Die ersuchende Stelle ist zur Mitwirkung berechtigt. Des Ersuchens bedarf es nicht, wenn die Beschlagnahme in Räumen vorzunehmen ist, die ausschließlich von anderen Personen als Soldaten bewohnt werden." – § 98 do StPO.

O Sistema Alemão 143

*"(1) As apreensões apenas são admissíveis precedendo man-
dado judicial; em caso de perigo na demora, são ordenadas pelo
Ministério Público ou pelos seus auxiliares de investigação (§ 152
da Lei do Tribunal Constitucional). As apreensões levadas a efeito
ao abrigo do § 97, número 5, 2.ª parte, em editoras, redacções de
imprensa ou numa estação emissora, apenas podem ser ordenada
pelo juiz.*

*(2) O funcionário que tiver procedido à apreensão de um objecto,
sem prévio despacho judicial autorizador, deve solicitar a confirmação
judicial, no prazo de três dias se, durante a diligência de apreensão,
não estavam presentes nem o visado nem um seu familiar adulto,
ou quando estes tiverem formulado oposição explícita à apreensão.
O visado pode recorrer da apreensão, a todo o tempo. Até ao momento
da acusação pública, a decisão do recurso compete ao tribunal do
lugar da apreensão. Tendo-se já verificado a apreensão, noutro distrito, ou no caso de busca ou apreensão de correio, então a decisão do
recurso compete ao tribunal do distrito onde tenha sede o Ministério
Público que dirige o inquérito. Neste caso, o visado pode também apresentar o recurso ao juízo de instrução em cujo distrito tenha tido lugar
a apreensão. Se este juízo de instrução for incompetente, de harmoia
com o número 4, o juiz procede à remessa da petição para o juízo competente. O visado deve ser esclarecido dos seus direitos."* – § 98 (1)
e (2) do StPO.

A mesma norma do número (1) do §98 permite, pois, a intervenção
de excepção e de urgência, congruentemente com a mesma competência
para as buscas ou para as revistas em caso de impossibilidade de oportuna
intervenção judicial.

Em qualquer caso, como se verificou na norma do número (2), e como
pode encontrar-se na regra do número (3), do mesmo § 98, há lugar a intervenção judicial, tendo em vista a validação da apreensão: *"Se, depois de
iniciado o inquérito, a apreensão tem lugar por intervenção do Ministério Público ou dos seus auxiliares de investigação, então deverá comu-
nicar-se a apreensão ao juiz, no prazo de três dias; os objectos confiscados devem ser colocados à sua disposição."*

Tendo em vista a apreensão de objectos, materiais ou documentos
que possam servir de meio ou elemento de prova, e havendo fundadas razões para crer que o autor ou comparticipantes de um crime se

144 Medidas Cautelares e de Polícia do Processo Penal em Direito Comparado

encontram em determinado domicílio, pode ser ordenada busca e revista pessoal:[137]

"O suspeito da prática, ou da participação na prática de uma infracção criminal, ou do encobrimento ou ocultação do suspeito, ou da obstrução à realização da justiça, pode ser sujeito a busca domiciliária ou de outros espaços, assim como a revista pessoal e das coisas que lhe pertençam, tendo por finalidade a sua detenção, ou quando seja de presumir que a busca conduzirá à descoberta de provas." – § 102 do StPO.

A busca domiciliária está, em regra, sujeita a prévio mandado judicial, como as demais diligências de busca. Mas também no caso do domicílio, e apesar da importância constitucional dada ao direito à reserva da vida privada e familiar, a lei ordinária aconselha à existência de mecanismos de supressão ou minimização dos danos para outros bens jurídicos de relevante valor. Daí que, a falta de oportunidade na intervenção judicial, possa (deva) ser suprida pela intervenção do magistrado do Ministério Público ou pelos seus auxiliares de investigação criminal (funcionários no exercício de funções de polícia judiciária).

Porém, quanto a estes últimos, já a lei processual não permite, mesmo nos casos de perigo de demora, que procedam a buscas domiciliárias que tenham por objecto a captura de um suspeito de comissão de infracções relacionadas com a constituição de organizações terroristas, previstas nos § 129a e § 129b do Código Penal (Strafgesetzbuch – StGB): *"As buscas são permitidas apenas pelo juiz; em caso de perigo na demora, são ordenadas pelo Ministério Público ou pelos seus auxiliares de investigação (§ 152 da Lei de Organização dos Tribunais). As buscas levadas a efeito sob o § 103, número 1, parte 2, são ordenadas pelo juiz. Podem igualmente ser ordenadas pelo Ministério Público, em caso de perigo na demora."* – N.° (1) do § 105 do StPO. *"Em relação a outras pessoas, as buscas destinam-se exclusivamente à captura do suspeito ou para aquisição de vestígios da infracção ou para a apreensão de determinados objectos e unicamente quando existem indícios de que a pessoa*

---

[137] *"Bei dem, welcher als Täter oder Teilnehmer einer Straftat oder der Begünstigung, Strafvereitelung oder Hehlerei verdächtig ist, kann eine Durchsuchung der Wohnung und anderer Räume sowie seiner Person und der ihm gehörenden Sachen sowohl zum Zweck seiner Ergreifung als auch dann vorgenommen werden, wenn zu vermuten ist, daß die Durchsuchung zur Auffindung von Beweismitteln führen werde. – § 102 do StPO.*

ou as coisas a apreender se encontram nos locais a sujeitar à busca. Com a finalidade de captura do suspeito, quando haja urgente e forte suspeita da prática de uma infracção das previstas no § 129a, ou relacionada com o § 129b do Código Penal ou, que haja cometido uma infracção das previstas nesta disposição legal, é igualmente permitida a busca em domicílios e outros locais, se estes se encontram em edifícios nos quais, em razão dos factos, seja de presumir que aí reside o suspeito." – N.° (1) do § 103 do StPO.

"(1) Quem fundar uma organização, cujas finalidades estejam direccionadas a,

1. *Assassinato (§ 211) ou homicídio (§ 212) ou genocídio (§ 6 do Völkerstrafgesetzbuches) ou crimes contra a humanidade (§ 7 do Völkerstrafgesetzbuches) ou crimes de guerra, §§ 8, 9, 10, 11 ou § 12 do Völkerstrafgesetzbuches, ou*
2. *Infracções contra a liberdade pessoal, nos termos das disposições dos § 239a e § 239b,*

para cometer, ou de qualquer forma tomar parte como membro de tal tipo de organização, é punido com pena de 1 a 10 anos de prisão" (...). – Número (1) do § 129a do StGB.

Durante a noite (o período nocturno varia, conforme os meses do ano – (§104 (3) do StPO) as buscas domiciliárias são proibidas:[138]

"(1) Durante a noite, no domicílio, nos locais de negócios, e nos lugares de acesso reservado ou não livremente acessível ao público, apenas se podem executar buscas em caso de perseguição ou procura, em caso de perigo de demora, se se trata da recaptura de evadido.

---

[138] *"(1) Zur Nachtzeit dürfen die Wohnung, die Geschäftsräume und das befriedete Besitztum nur bei Verfolgung auf frischer Tat oder bei Gefahr im Verzug oder dann durchsucht werden, wenn es sich um die Wiederergreifung eines entwichenen Gefangenen handelt.*

(2) Diese Beschränkung gilt nicht für Räume, die zur Nachtzeit jedermann zugänglich oder die der Polizei als Herbergen oder Versammlungsorte bestrafter Personen, als Niederlagen von Sachen, die mittels Straftaten erlangt sind, oder als Schlupfwinkel des Glücksspiels, des unerlaubten Betäubungsmittel- und Waffenhandels oder der Prostitution bekannt sind.

(3) Die Nachtzeit umfaßt in dem Zeitraum vom ersten April bis dreißigsten September die Stunden von neun Uhr abends bis vier Uhr morgens und in dem Zeitraum vom ersten Oktober bis einunddreißigsten März die Stunden von neun Uhr abends bis sechs Uhr morgens." – § 104 do StPO.

146 Medidas Cautelares e de Polícia do Processo Penal em Direito Comparado

(2) Esta restrição não se aplica a áreas acessíveis a qualquer pessoa, durante a noite, ou quando à Polícia consta que se trata de lugares de refúgio, de reunião de criminosos, de guarda de objectos adquiridos com a actividade criminosa, de jogo clandestino, de comércio ilícito de estupefacientes ou de armas, ou de prostituição.

(3) Entre 01 de Abril e 30 de Setembro, o período nocturno é fixado entre as 21 e as 04 horas do dia seguinte. De 01 de Outubro a 31 de Março o período nocturno é fixado entre as 21 e as 06 horas do dia seguinte." – § 104 do StPO.

<u>Excepcionam-se, pois, os casos de urgência ou perigo na demora</u> na captura de evadido, ou quando executadas durante a noite em locais abertos ao público ou em lugares de *"má reputação"*.

Tratando-se de buscas e apreensões a realizar em redacções de imprensa, locais de impressão de artigos de imprensa, editoras e estações de rádio ou de televisão, a competência pertence exclusivamente ao Juiz de Instrução:[139]

"As apreensões são autorizadas pelo juiz; também podem ser autorizadas pelo Ministério Público ou pelos seus auxiliares de investigação (§ 152 da Lei do Tribunal Constitucional). As apreensões previstas no § 97, número (5), 2.ª parte, levadas a efeito em editoras, instalações de imprensa ou estações de rádio-difusão, apenas poderão ser autorizadas pelo juiz." – § 98 (1) do StPO.

Os objectos que tenham valor de prova devem ser apreendidos ou de qualquer outro modo <u>garantida a sua conservação</u>:[140]

"(1) Os objectos que possam que sejam susceptíveis de servir a prova são apreendidos ou acautelados de qualquer outro modo.

---

[139] *"(1) Beschlagnahmen dürfen nur durch den Richter, bei Gefahr im Verzug auch durch die Staatsanwaltschaft und ihre Ermittlungspersonen (§ 152 des Gerichtsverfassungsgesetzes) angeordnet werden. Die Beschlagnahme nach § 97 Abs. 5 Satz 2 in den Räumen einer Redaktion, eines Verlages, einer Druckerei oder einer Rundfunkanstalt darf nur durch den Richter angeordnet werden." – § 98 (1) do StPO.*

[140] *"(1) Gegenstände, die als Beweismittel für die Untersuchung von Bedeutung sein können, sind in Verwahrung zu nehmen oder in anderer Weise sicherzustellen.*

(2) Befinden sich die Gegenstände in dem Gewahrsam einer Person und werden sie nicht freiwillig herausgegeben, so bedarf es der Beschlagnahme.

(3) Die Absätze 1 und 2 gelten auch für Führerscheine, die der Einziehung unterliegen." – § 94 do StPO.

O Sistema Alemão   147

(2) Se os objectos se encontrarem à guarda de uma pessoa, e esta os não entregar voluntariamente, será decretada a apreensão.

(3) Os números (1) e (2) são igualmente aplicáveis às cartas de condução." – § 94 do StPO.

Assim, aquele que tenha consigo objectos susceptíveis de apreensão tem o dever de os apresentar e entregar. Em caso de recusa, pode ser-lhe determinada a entrega obrigatória, sem prejuízo da aplicação das regras do § 70, ou seja, o causador da recusa pode ser condenado nas despesas a que der lugar e pode ser-lhe fixada pena de prisão em alternativa.[141]

"(1) Quem tenha na sua posse um objecto nas condições antes indicadas, está obrigado a apresentá-lo e entregá-lo quando lhe for requerido.

(2) Em caso de recusa, pode ser-lhe ordenada a entrega ou determinada a aplicação das sanções previstas no § 70. Esta obrigação não se aplica a quem esteja em condições legais de poder recusar a prestação de testemunho." – § 95 do StPO.

Os objectos descobertos no decurso de uma revista corporal, tal como os que o sejam no decorrer de uma busca, podem ser apreendidos se forem susceptíveis de servir de prova. A decisão de apreensão pertence, nos termos já vistos, ao Juiz, ou ao Ministério Público e à Polícia em caso de perigo na demora.[142]

As revistas pessoais devem respeitar a dignidade e o pudor do visado e têm por finalidade a apreensão de qualquer objecto ou produto relacionado com o crime. A doutrina jurídico-processual alemã considera que a revista pessoal de quem não tem a condição de suspeito é igualmente admissível, apesar de não expressamente contemplado na lei.

D7.2. *Apreensão de correspondência*

A Constituição alemã prevê, no seu art. 10.°, a inviolabilidade da correspondência e das telecomunicações: *"(1) O sigilo das cartas, assim*

---

[141] *"(1) Wer einen Gegenstand der vorbezeichneten Art in seinem Gewahrsam hat, ist verpflichtet, ihn auf Erfordern vorzulegen und auszuliefern.*

(2) Im Falle der Weigerung können gegen ihn die in § 70 bestimmten Ordnungs- und Zwangsmittel festgesetzt werden. Das gilt nicht bei Personen, die zur Verweigerung des Zeugnisses berechtigt sind." – § 95 do StPO.

[142] *§ 98 (1) do StPO.*

148   *Medidas Cautelares e de Polícia do Processo Penal em Direito Comparado*

como do correio electrónico e das telecomunicações, é inviolável. (2) As limitações apenas podem ter lugar de acordo com a lei (...)" – Art. 10.° do GG[143].

Nesta conformidade normativa, a regra permite excepções em favor de interesses jurídico-políticos, tais como a preservação da ordem democrática, dos interesses da soberania federal e da segurança dos *"Länder"* e da Federação.

Essas excepções, para nos ficarmos no âmbito mais próprio da nossa análise, não permitem as apreensões de escritos e comunicações entre o arguido e as pessoas indicadas nos § 52 ou § 53 do StPO (defensor, fiador, cônjuge, orientador espiritual, médico, etc.):[144]

"(1) Não estão sujeitos a apreensão:

1. Comunicações escritas entre o arguido e o seu defensor; as pessoas a que se referem os § 52 ou § 53 (1), primeira parte, número 1 a 3b, podem recusar-se a prestar depoimento;

2. Registos que hajam sido feitos pelas pessoas referidas no § 53 (1), primeira parte, número 1 a 3b, acerca das informações que lhes tenham sido dadas pelo arguido e sobre outras circunstâncias que legitimam o direito de recusa em prestar depoimento;

---

[143] *"(1) Das Briefgeheimnis sowie das Post- und Fernmeldegeheimnis sind unverletzlich.*

(2) Beschränkungen dürfen nur auf Grund eines Gesetzes angeordnet werden. Dient die Beschränkung dem Schutze der freiheitlichen demokratischen Grundordnung oder des Bestandes oder der Sicherung des Bundes oder eines Landes, so kann das Gesetz bestimmen, daß sie dem Betroffenen nicht mitgeteilt wird und daß an die Stelle des Rechtsweges die Nachprüfung durch von der Volksvertretung bestellte Organe und Hilfsorgane tritt." – Art. 10 do GG.

[144] *"(1) Der Beschlagnahme unterliegen nicht*

1. schriftliche Mitteilungen zwischen dem Beschuldigten und den Personen, die nach § 52 oder § 53 Abs. 1 Satz 1 Nr. 1 bis 3b das Zeugnis verweigern dürfen;

2. Aufzeichnungen, welche die in § 53 Abs. 1 Satz 1 Nr. 1 bis 3b Genannten über die ihnen vom Beschuldigten anvertrauten Mitteilungen oder über andere Umstände gemacht haben, auf die sich das Zeugnisverweigerungsrecht erstreckt;

3. andere Gegenstände einschließlich der ärztlichen Untersuchungsbefunde, auf die sich das Zeugnisverweigerungsrecht der in § 53 Abs. 1 Satz 1 Nr. 1 bis 3b Genannten erstreckt." – § 97 (1) do StPO.

O Sistema Alemão

3. Outros objectos, incluindo os resultados de investigações médicas, que legitimem o direito de recusa em prestar depoimento, pelas pessoas referidas no § 53 (1), primeira parte, número 1 a 3b. (...)"

É admissível, porém, a apreensão de envios postais (correspondência e encomendas) relacionados com o arguido, que se encontrem na posse de pessoas ou de empresas comerciais, serviços postais ou de serviços de telecomunicações. Pode ser apreendida outra correspondência ou encomendas postais, desde que os factos permitam concluir que eles provêm do arguido ou lhe são destinados e que o seu conteúdo tem relevância probatória:[145]

"É admissível a apreensão de encomendas postais, correio, serviços de telecomunicação ou telegramas, no endereço do arguido ou na posse de pessoas ou de empresas, ou aí produzidas ou recebidas. Igualmente é permitida a apreensão de correio electrónico ou de telegramas, quando seja de inferir a partir dos factos presentes, que provêm do arguido ou a ele se destinam e que o seu conteúdo tem relevância para a investigação." – § 99 do StPO.

Estas apreensões são autorizadas pelo juiz, mas <u>havendo perigo na demora</u>, podem ser acauteladas pelo Ministério Público, que deve sujeitá-las a confirmação do primeiro, no prazo de três dias:[146]

---

[145] *"Zulässig ist die Beschlagnahme der an den Beschuldigten gerichteten Postsendungen und Telegramme, die sich im Gewahrsam von Personen oder Unternehmen befinden, die geschäftsmäßig Post- oder Telekommunikationsdienste erbringen oder daran mitwirken. Ebenso ist eine Beschlagnahme von Postsendungen und Telegrammen zulässig, bei denen aus vorliegenden Tatsachen zu schließen ist, daß sie von dem Beschuldigten herrühren oder für ihn bestimmt sind und daß ihr Inhalt für die Untersuchung Bedeutung hat."* – § 99 do StPO.

[146] *"(1) Zu der Beschlagnahme (§ 99) ist nur der Richter, bei Gefahr im Verzug auch die Staatsanwaltschaft befugt.*

(2) Die von der Staatsanwaltschaft verfügte Beschlagnahme tritt, auch wenn sie eine Auslieferung noch nicht zur Folge gehabt hat, außer Kraft, wenn sie nicht binnen drei Tagen von dem Richter bestätigt wird.

(3) Die Öffnung der ausgelieferten Gegenstände steht dem Richter zu. Er kann diese Befugnis der Staatsanwaltschaft übertragen, soweit dies erforderlich ist, um den Untersuchungserfolg nicht durch Verzögerung zu gefährden. Die Übertragung ist nicht anfechtbar; sie kann jederzeit widerrufen werden. Solange eine Anordnung nach Satz 2 nicht

150 *Medidas Cautelares e de Polícia do Processo Penal em Direito Comparado*

"(1) A apreensão apenas pode ser autorizada pelo juiz (§ 99). Pode igualmente ser autorizada pelo Ministério Público, em caso de urgência, por perigo na demora.

(2) A autorização da iniciativa do Ministério Público, ainda que não tenha conduzido a qualquer apreensão efectiva, é inválida se não for sujeita a confirmação judicial no prazo de três dias.

(3) A abertura dos objectos apreendidos compete ao juiz. Este pode delegar no Ministério Público tal competência, sempre que seja necessário para evitar o perigo na demora. Desta delegação não cabe recurso; ela pode ser revogada a todo o tempo. Independentemente do previsto em (2), o Ministério Público transmite ao juiz os objectos apreendidos devidamente cerrados.

(4) A validação da apreensão levada a efeito por iniciativa do Ministério Público cabe ao juiz competente de acordo com o § 98. Ao juiz que tenha ordenado ou validado a apreensão compete a abertura dos objectos apreendidos." – § 100 do StPO.

Aqui a Polícia não beneficia do recurso ao caso de urgência ou de perigo na demora. Ou seja, apenas poderá proceder à diligência de apreensão em cumprimento de despacho judiciário.

Como claramente decorre do segundo parágrafo da norma do número (4), tão pouco se lhes concede competência legal para proceder à abertura dos objectos apreendidos. O primeiro contacto com o conteúdo pertence, pois, ao juiz. Mas este pode transferir esse acto para o Ministério Público, contanto que seja necessário para acautelar a possível perda que a demora na abertura poderia acarretar.

D7.3. *Intercepção e gravação de telecomunicações e transmissão de dados informáticos*

A intercepção e registo dos conteúdos das comunicações a distância constituem um meio de obtenção de prova, igualmente admissível no

---

ergangen ist, legt die Staatsanwaltschaft die ihr ausgelieferten Gegenstände sofort, und zwar verschlossene Postsendungen ungeöffnet, dem Richter vor.

(4) Über eine von der Staatsanwaltschaft verfügte Beschlagnahme entscheidet der nach § 98 zuständige Richter. Über die Öffnung eines ausgelieferten Gegenstandes entscheidet der Richter, der die Beschlagnahme angeordnet oder bestätigt hat." – § 100 do StPO.

O Sistema Alemão 151

direito processual alemão. Também neste sistema processual se precisou limitar o recurso a esta medida a partir dos tipos jurídico-criminais considerados mais graves, como nos parece poder retirar-se do estabelecido no § 100*a* do StPO:[147]

---

[147] *"Die Überwachung und Aufzeichnung der Telekommunikation darf angeordnet werden, wenn bestimmte Tatsachen den Verdacht begründen, daß jemand als Täter oder Teilnehmer*
1.
a) Straftaten des Friedensverrats, des Hochverrats und der Gefährdung des demokratischen Rechtsstaates oder des Landesverrats und der Gefährdung der äußeren Sicherheit (§§ 80 bis 82, 84 bis 86, 87 bis 89, 94 bis 100a des Strafgesetzbuches, § 20 Abs. 1 Nr. 1 bis 4 des Vereinsgesetzes),
b) Straftaten gegen die Landesverteidigung (§§ 109d bis 109h des Strafgesetzbuches),
c) Straftaten gegen die öffentliche Ordnung (§§ 129 bis 130 des Strafgesetzbuches, § 95 Abs. 1 Nr. 8 des Aufenthaltsgesetzes),
d) ohne Soldat zu sein, Anstiftung oder Beihilfe zur Fahnenflucht oder Anstiftung zum Ungehorsam (§§ 16, 19 in Verbindung mit § 1 Abs. 3 des Wehrstrafgesetzes),
e) Straftaten gegen die Sicherheit der in der Bundesrepublik Deutschland stationierten Truppen der nichtdeutschen Vertragsstaaten des Nordatlantikvertrages oder der im Land Berlin anwesenden Truppen einer der Drei Mächte (§§ 89, 94 bis 97, 98 bis 100, 109d bis 109g des Strafgesetzbuches, §§ 16, 19 des Wehrstrafgesetzes in Verbindung mit Artikel 7 des Vierten Strafrechtsänderungsgesetzes),
2. eine Geld- oder Wertpapierfälschung (§§ 146, 151, 152 des Strafgesetzbuches), einen schweren sexuellen Missbrauch von Kindern nach § 176a Abs. 1 bis 3 oder 5 des Strafgesetzbuches oder einen sexuellen Missbrauch von Kindern mit Todesfolge nach § 176b des Strafgesetzbuches, eine Verbreitung pornografischer Schriften nach § 184b Abs. 3 des Strafgesetzbuches, einen Mord, einen Totschlag (§§ 211, 212 des Strafgesetzbuches) oder einen Völkermord (§ 6 des Völkerstrafgesetzbuches), eine Straftat gegen die persönliche Freiheit (§ 232 Abs. 3, 4 oder Abs. 5, § 233 Abs. 3, jeweils soweit es sich um Verbrechen handelt, §§ 234, 234a, 239a, 239b des Strafgesetzbuches), einen Bandendiebstahl (§ 244 Abs. 1 Nr. 2 des Strafgesetzbuches) oder einen schweren Bandendiebstahl (§ 244a des Strafgesetzbuches), einen Raub oder eine räuberische Erpressung (§§ 249 bis 251, 255 des Strafgesetzbuches), eine Erpressung (§ 253 des Strafgesetzbuches), eine gewerbsmäßige Hehlerei, eine Bandenhehlerei (§ 260 des Strafgesetzbuches) oder eine gewerbsmäßige Bandenhehlerei (§ 260a des Strafgesetzbuches), eine Geldwäsche, eine Verschleierung unrechtmäßig erlangter Vermögenswerte nach § 261 Abs. 1, 2 oder 4 des Strafgesetzbuches, eine gemeingefährliche Straftat in den Fällen der §§ 306 bis 306c oder 307

152 *Medidas Cautelares e de Polícia do Processo Penal em Direito Comparado*

"*A intercepção e gravação de telecomunicações, pode ser ordenada quando existam fundadas suspeitas de que alguém praticou ou participou em:*
1.
a) *Ofensas contra a paz, alta traição, ameaça contra o Estado de direito democrático ou contra a segurança externa (§§ 80 a 82, 84 a 86, 87 a 89, 94 a 100a do Códio Penal, § 20 número 1 a 4 da lei sobre as associações);*
b) *Ofensas contra a defesa nacional (§§ 109d a 109h do Códio Penal);*
c) *Ofensas contra a ordem pública (§§ 129 a 130 do Códio Penal, § 95 número 1, 8, da lei de estrangeiros);*
d) *Sem que se possua a condição de militar, incitamento ou auxílio à deserção, ou incitamento à desobediência (§§ 16 e 19 em conjugação com o § 1, número 3, do Código de Justiça Militar);*
e) *Ofensas contra as forças militares estrangeiras do Pacto do Atlântico Norte, estacionadas na República Federal Alemã, ou*

Abs. 1 bis 3, des § 308 Abs. 1 bis 3, des § 309 Abs. 1 bis 4, des § 310 Abs. 1, der §§ 313, 314 oder 315 Abs. 3, des § 315b Abs. 3 oder der §§ 316a oder 316c des Strafgesetzbuches,
3. *eine Straftat nach §§ 51, 52 Abs. 1 Nr. 1, 2 Buchstabe c und d, Abs. 5, 6 des Waffengesetzes, § 34 Abs. 1 bis 6 des Außenwirtschaftsgesetzes oder nach § 19 Abs. 1 bis 3, § 20 Abs. 1 oder 2, jeweils auch in Verbindung mit § 21, oder § 22a Abs. 1 bis 3 des Gesetzes über die Kontrolle von Kriegswaffen, eine Straftat nach einer in § 29 Abs. 3 Satz 2 Nr. 1 des Betäubungsmittelgesetzes in Bezug genommenen Vorschrift unter den dort genannten Voraussetzungen*
4. *oder eine Straftat nach §§ 29a, 30 Abs. 1 Nr. 1, 2, 4, § 30a oder § 30b des Betäubungsmittelgesetzes oder*
5. *eine Straftat nach § 96 Abs. 2 oder § 97 des Aufenthaltsgesetzes oder nach § 84 Abs. 3 oder § 84a des Asylverfahrensgesetzes begangen oder in Fällen, in denen der Versuch strafbar ist, zu begehen versucht oder durch eine Straftat vorbereitet hat, und wenn die Erforschung des Sachverhalts oder die Ermittlung des Aufenthaltsortes des Beschuldigten auf andere Weise aussichtslos oder wesentlich erschwert wäre. Die Anordnung darf sich nur gegen den Beschuldigten oder gegen Personen richten, von denen auf Grund bestimmter Tatsachen anzunehmen ist, daß sie für den Beschuldigten bestimmte oder von ihm herrührende Mitteilungen entgegennehmen oder weitergeben oder daß der Beschuldigte ihren Anschluß benutzt. – § 100a do StPO*

contra as forças militares das três potências estacionadas em Berlim (§§ 89, 94 a 97, 98 a 100, 109d a 109g do Códio Penal, §§ 16 e 19 Código de Justiça Militar, em conjugação com o artigo 7 da quarta reforma da lei criminal);

2. *Falsificação de moeda ou de títulos de crédito (§§ 146, 151, 152 do Códio Penal;*

   Grave abuso sexual de criança, previsto no § 176a, secção 1 a 3 ou 5 do Códio Penal;

   Abuso sexual de criança, de que resulte a morte (§ 176b do Código Penal);

   Difusão de escritos pornográficos sobre crianças (§ 184b, secção 3, do Código Penal);

   Assassinato, homicídio (§§ 211 e 212 do Código Penal), ou genocídio (§ 6 do Código Völkerstrafgesetzbuches);

   Ofensas contra a liberdade pessoal (§ 232 números 3 e 4, ou secção 5, § 233 número 3, em qualquer caso relacionadas com os crimes previstos nos §§ 234, 234a, 239a, 239b do Código Penal);

   Roubo organizado (§ 244 parte 1 n.° 2 do Código Penal) ou roubo organizado grave (§ 244a do Código Penal);

   Roubo ou extorsão grave (§§ 249 a 251 e 255 do Código Penal);

   Extorsão (§ 253 do Código Penal);

   Receptação profissional ou receptação organizada (§ 260 do Código Penal), ou receptação profissional organizada (§ 260a do Código Penal);

   Branqueamento de capitais ou de fundos ilegalmente adquiridos (§ 261 parte 1, 2 ou 4 do Código Penal);

   Infracção grave, nos casos dos §§ 306 a 306c ou 307 subsecções 1 a 3; § 308 números 1 a 3; § 309 números 1 a 4; § 310 número 1; §§ 313, 314 ou 315 subsecção 3; § 315b número3; §§ 316a; §316c do Código Penal;

3. *Uma infracção das previstas nos §§ 51, 52 subsecção 1, n.os 1 e 2, alíneas c e d, números 5 e 6 da lei sobre armas, § 34 número 1 a 6 da lei sobre comércio externo, ou das previstas no § 19 secção 1 a 3; § 20 número 1 ou 2, em qualquer caso em conexão com o § 21 ou § 22a número 1 a 3, da lei sobre controlo de armas de guerra.*

4. *Uma infracção das previstas no § 29, número 3, parte 2, n.° 1 da lei sobre estupefacientes, nas condições nela mencionadas, ou prevista nos §§ 29a, 30, subsecção 1, n.ᵒˢ 1, 2, 4, § 30a ou § 30b da lei sobre estupefacientes, or*
5. *Uma infracção das previstas no § 96, secção 2, ou § 97 da lei sobre estrangeiros, ou uma das infracções previstas no § 84, secção 3 ou § 84a, da lei de asílo,*
Cometidas, ou tentadas nos casos em que haja punibilidade da tentativa, se a exploração da situação ou a investigação da residência do arguido estão impedidas de outro modo. A ordem apenas pode ter lugar quanto ao arguido ou contra pessoa da qual existam factos que tornem fundada a suspeita de que recebem ou transmitem comunicações de e para o arguido, ou de que este utiliza as telecomunicações dessas pessoas."

Para que se admita a possibilidade de aplicação da medida, o regime processual aplicável não só exige que se verifiquem "...*certos factos que firmam a suspeita de perpetração ou participação em crimes graves...*" (nestes se incluindo, designadamente, os crimes contra a paz, traição à pátria, grave ameaça para o estado de direito democrático, homicídio, genocídio, violação, tráfico de estupefacientes, criminalidade organizada e terrorismo), mas também que ela seja assumida como "*ultima ratio*" investigatória, como "ferramenta" subsidiária face a um concreto e previsível insucesso de outros meios menos gravosos para os direitos fundamentais.

Ao juiz de instrução compete ordenar as escutas telefónicas e respectivas gravações. Esta a regra geral. Contudo, em caso de urgência, pode o Ministério Público proferir a ordem ou o despacho autorizador, sob reserva de validação judicial no prazo máximo de 3 dias.

No que respeita ao controlo e à transmissão de dados informáticos, a regra geral da competência é a mesma: a ordem ou autorização competirão ao juiz. Mas também o Ministério Público tem possibilidade de recurso à execução prévia, em caso de urgência. Exigindo-se, do mesmo modo, a validação judicial.

Em suma, o regime é idêntico para intercepção e gravação de telecomunicações e para transmissão de dados informáticos.

Repare-se, no entanto, que em nenhum dos casos à Polícia é conferida a possibilidade autónoma de intervenção de urgência. Haverá sempre

O Sistema Alemão 155

lugar à intervenção judiciária, antes de qualquer intercepção, captação ou registo dos dados de telecomunicação:[148]

"A captação e a transmissão de dados apenas são permitidos através do juiz. E igualmente possível através do Ministério Público em caso de perigo na demora. Se o Ministério Público emitir a ordem, esta está sujeita a imediata confirmação judicial. A ordem expira se não for confirmada no prazo de três dias pelo juiz e deve ser proferida sob a forma escrita. Esta deve designar o visado com a medida e deve limitar-se aos dados e às exigências de prova relativas ao caso concreto. Não é admissível ordenar a captação de dados cuja utilização contrarie normas especiais da legislação federal ou dos estados federados. São aplicáveis, por analogia, os §§ 96, 97, 98 subsecção 1, parte 2.

(2) Os mandados e medidas coactivas apenas podem (§ 95, parte 2) ser determinados pelo juiz. Em caso de perigo na demora, podem também ser proferidas pelo Ministério Público. A faculdade de determinar a detenção permanece reservada ao juiz.

---

[148] *"§ 98b*

(1) Der Abgleich und die Übermittlung der Daten dürfen nur durch den Richter, bei Gefahr im Verzug auch durch die Staatsanwaltschaft angeordnet werden. Hat die Staatsanwaltschaft die Anordnung getroffen, so beantragt sie unverzüglich die richterliche Bestätigung. Die Anordnung tritt außer Kraft, wenn sie nicht binnen drei Tagen von dem Richter bestätigt wird. Die Anordnung ergeht schriftlich. Sie muß den zur Übermittlung Verpflichteten bezeichnen und ist auf die Daten und Prüfungsmerkmale zu beschränken, die für den Einzelfall benötigt werden. Die Übermittlung von Daten, deren Verwendung besondere bundesgesetzliche oder entsprechende landesgesetzliche Verwendungsregelungen entgegenstehen, darf nicht angeordnet werden. Die §§ 96, 97, 98 Abs. 1 Satz 2 gelten entsprechend.

(2) Ordnungs- und Zwangsmittel (§ 95 Abs. 2) dürfen nur durch den Richter, bei Gefahr im Verzug auch durch die Staatsanwaltschaft angeordnet werden; die Festsetzung von Haft bleibt dem Richter vorbehalten.

(3) Sind die Daten auf Datenträgern übermittelt worden, so sind diese nach Beendigung des Abgleichs unverzüglich zurückzugeben. Personenbezogene Daten, die auf andere Datenträger übertragen wurden, sind unverzüglich zu löschen, sobald sie für das Strafverfahren nicht mehr benötigt werden. Die durch den Abgleich erlangten personenbezogenen Daten dürfen in anderen Strafverfahren zu Beweiszwecken nur verwendet werden, soweit sich bei Gelegenheit der Auswertung Erkenntnisse ergeben, die zur Aufklärung einer in § 98a Abs. 1 bezeichneten Straftat benötigt werden.

(4) § 163d Abs. 5 gilt entsprechend. Nach Beendigung einer Maßnahme gemäß § 98a ist die Stelle zu unterrichten, die für die Kontrolle der Einhaltung der Vorschriften über den Datenschutz bei öffentlichen Stellen zuständig ist." – § 100b do StPO.

(3) Se os dados tiverem sido guardados em suportes digitais, estes deverão ser imediatamente devolvidos após a execução das operações. Os dados pessoais que tenham sido tranferidos para outras bases de dados devem ser imediatamente apagados, logo que se tornem desnecessários ao procedimento criminal. Os dados pessoais obtidos apenas podem usados como prova em outros processos criminais na medida em que deles resultem informações necessárias para o esclarecimento de uma infracção criminal das previstas no § 98a (1).

(4) É correspondentemente aplicável o previsto no § 163d (5). Após a adopção de uma medida em conformidade com o § 98a, deve ser informada a entidade competente para o controlo e fiscalização das regras sobre a protecção da privacidade dos dados nas autoridades públicas."
– § 98a do StPO.

Assim como existirá, tratando-se de supervisão e gravação de conteúdos de telecomunicações:[149]

"(1) A supervisão e registo das telecomunicações (§100a) apenas pode ter lugar através do juiz. Em caso de perigo na demora, a ordem

---

[149] *"(1) Die Überwachung und Aufzeichnung der Telekommunikation (§ 100a) darf nur durch den Richter angeordnet werden. Bei Gefahr im Verzug kann die Anordnung auch von der Staatsanwaltschaft getroffen werden. Die Anordnung der Staatsanwaltschaft tritt außer Kraft, wenn sie nicht binnen drei Tagen von dem Richter bestätigt wird.*

(2) Die Anordnung ergeht schriftlich. Sie muß Namen und Anschrift des Betroffenen, gegen den sie sich richtet, und die Rufnummer oder eine andere Kennung seines Telekommunikationsanschlusses enthalten. In ihr sind Art, Umfang und Dauer der Maßnahmen zu bestimmen. Die Anordnung ist auf höchstens drei Monate zu befristen. Eine Verlängerung um jeweils nicht mehr als drei weitere Monate ist zulässig, soweit die in § 100a bezeichneten Voraussetzungen fortbestehen.

(3) Auf Grund der Anordnung hat jeder, der geschäftsmäßig Telekommunikationsdienste erbringt oder daran mitwirkt, dem Richter, der Staatsanwaltschaft und ihren im Polizeidienst tätigen Ermittlungspersonen (§ 152 des Gerichtsverfassungsgesetzes) die Überwachung und Aufzeichnung der Telekommunikation zu ermöglichen. Ob und in welchem Umfang hierfür Vorkehrungen zu treffen sind, ergibt sich aus § 110 des Telekommunikationsgesetzes und der auf seiner Grundlage erlassenen Rechtsverordnung zur technischen und organisatorischen Umsetzung von Überwachungsmaßnahmen. § 95 Abs. 2 gilt entsprechend.

(4) Liegen die Voraussetzungen des § 100a nicht mehr vor, so sind die sich aus der Anordnung ergebenden Maßnahmen unverzüglich zu beenden. Die Beendigung ist dem Richter und dem nach Absatz 3 Verpflichteten mitzuteilen.

(5) Die durch die Maßnahmen erlangten personenbezogenen Informationen dürfen in anderen Strafverfahren zu Beweiszwecken nur verwendet werden, soweit sich bei Gele-

O Sistema Alemão 157

pode igulamente ser proferida pelo Ministério Público. A ordem proferida pelo Ministério Público expira se não for confirmada, noprazo de três dias, pelo juiz.

(2) A ordem é proferida por escrito. Dela deve constar o nome e a morada do visado a quem se destina e mencionar a sua conexão telecomunicacional, o seu número de telefone, ou outro tipo de ligação. Deve ser determinado o modo, fim e duração das medidas ordenadas. A ordem não deve ter duração superior a três meses. Todavia, pode ser prorrogada por novo período de três meses, quando se mantiverem os pressupostos previstos no § 100a.

(3) Qualquer operador de telecomunicações tem o dever de colaboração com o Ministério Público, com o juiz ou com os serviços de polícia, de acordo com o § 152 da Lei de Organização dos Tribunais, possibilitando a supervisão e registo das telecomunicações. Devem ser observados os fins cautelares emergentes do § 110 da lei sobre telecomunicações e a regulamentação nela baseada, referente às medidas de supervisão técnicas e organizacionais. É correspondentemente aplicável o § 95 (2).

(4) Não estando reunidos os presupostos do § 100a, a diligência deve ser interrompida de imediato. Da interrupção deve ser dado imediato conhecimento ao juiz e ao operador de telecomunicações.

(5) As infomrações pessoais obtidas apenas podem usadas como prova em outros processos criminais na medida em que deles resultem informações necessárias para o esclarecimento de uma infracção criminal das previstas no § 100a.

(6) Logo que os registos obtidos através das medidas se mostrem desnecessários ao procedimento, devem ser imediatamente destruídos sob supervisão do Ministério Público. Da destruição deve ser elaborado o respectivo relatório." – § 100b do StPO.

---

genheit der Auswertung Erkenntnisse ergeben, die zur Aufklärung einer der in § 100a bezeichneten Straftaten benötigt werden.

(6) Sind die durch die Maßnahmen erlangten Unterlagen zur Strafverfolgung nicht mehr erforderlich, so sind sie unverzüglich unter Aufsicht der Staatsanwaltschaft zu vernichten. Über die Vernichtung ist eine Niederschrift anzufertigen." – § 100b do StPO.

158   *Medidas Cautelares e de Polícia do Processo Penal em Direito Comparado*

D8. *Identificação de suspeitos*

O Ministério Público e a Polícia podem adoptar as medidas necessárias à verificação da identidade do suspeito da prática duma infracção, inclusive procedendo à sua detenção por um período que não pode exceder 12 horas. Podem ter lugar outras medidas de identificação, destinadas as que se destinam a verificar dos antecedentes do suspeito e a servir os objectivos do inquérito criminal. Terão lugar, designadamente, fotografias, impressões digitais, medições antropométricas, registos da côr dos cabelos e da côr dos olhos, segundo o que resulta das disposições conjugadas dos §§ 81b, 163b e 163c:[150]

"Em caso de necessidade para fins do procedimento criminal ou para diligências de reconhecimento, é permitida a colheita de fotogra-

---

[150] *"Soweit es für die Zwecke der Durchführung des Strafverfahrens oder für die Zwecke des Erkennungsdienstes notwendig ist, dürfen Lichtbilder und Fingerabdrücke des Beschuldigten auch gegen seinen Willen aufgenommen und Messungen und ähnliche Maßnahmen an ihm vorgenommen werden." – § 81b do StPO.*

"(1) Ist jemand einer Straftat verdächtig, so können die Staatsanwaltschaft und die Beamten des Polizeidienstes die zur Feststellung seiner Identität erforderlichen Maßnahmen treffen; § 163a Abs. 4 Satz 1 gilt entsprechend. Der Verdächtige darf festgehalten werden, wenn die Identität sonst nicht oder nur unter erheblichen Schwierigkeiten festgestellt werden kann. Unter den Voraussetzungen von Satz 2 sind auch die Durchsuchung der Person des Verdächtigen und der von ihm mitgeführten Sachen sowie die Durchführung erkennungsdienstlicher Maßnahmen zulässig.

(2) Wenn und soweit dies zur Aufklärung einer Straftat geboten ist, kann auch die Identität einer Person festgestellt werden, die einer Straftat nicht verdächtig ist; § 69 Abs. 1 Satz 2 gilt entsprechend. Maßnahmen der in Absatz 1 Satz 2 bezeichneten Art dürfen nicht getroffen werden, wenn sie zur Bedeutung der Sache außer Verhältnis stehen; Maßnahmen der in Absatz 1 Satz 3 bezeichneten Art dürfen nicht gegen den Willen der betroffenen Person getroffen werden." – § 163b do StPO.

"(1) Eine von einer Maßnahme nach § 163b betroffene Person darf in keinem Fall länger als zur Feststellung ihrer Identität unerläßlich festgehalten werden. Die festgehaltene Person ist unverzüglich dem Richter bei dem Amtsgericht, in dessen Bezirk sie ergriffen worden ist, zum Zwecke der Entscheidung über Zulässigkeit und Fortdauer der Freiheitsentziehung vorzuführen, es sei denn, daß die Herbeiführung der richterlichen Entscheidung voraussichtlich längere Zeit in Anspruch nehmen würde, als zur Feststellung der Identität notwendig wäre.

(2) Die festgehaltene Person hat ein Recht darauf, daß ein Angehöriger oder eine Person ihres Vertrauens unverzüglich benachrichtigt wird. Ihr ist Gelegenheit zu geben,

O Sistema Alemão 159

fias e impressões digitais do arguido, mesmo contra a vontade deste, procedendo-se a medições antropométricas e a providências similares às atrás referidas." – § 81b do StPO.

"(1) Se alguém se torna suspeito da prática de uma infracção criminal, o Ministério Público e os funcionários de polícia podem tomar as necessárias medidas para a sua identificação. E correspondentemente aplicável o § 163a (4), primeira parte. O suspeito pode ser detido se a identidade não pode ser determinada de outro modo, ou se existirem especiais dificuldades em o conseguir. Observando-se os pressupostos do parágrafo 2, é admissível a revista pessoal do suspeito e das coisas que leva consigo, assim como outras diligências de reconhecimento.

(2) A identidade da pessoa pode ser igualmente comprovada, ainda que não seja suspeita, na medida em que seja necessária para o esclarecimento de uma infracção criminal. É correspondentemente aplicável o § 69, (1), segunda parte. Medidas da natureza das que são referidas no parágrafo 1, segunda parte, não podem ser aplicadas se não têm relação com o caso concreto. Medidas da natureza das que são referidas no parágrafo 1, terceira parte, não podem ser tomadas contra vontade do visado." – § 163b do StPO.

"(1) Uma pessoa submetida a uma medida Segundo o § 163b, não pode manter-se detida senão pelo tempo estritamente necessário à identificação. A pessoa detida deve ser apresentada imediatamente a tribunal da circuncrição judicial onde ocorreu a privação da liberdade, para que o juiz decida sobre as suas licitude e eventual manutenção, a menos que a decisão judicial previsivelmente seja mais demorada do que a confirmação da identidade.

(2) A pessoa detida tem o direito de informar imediatamente familiar ou pessoa da sua confiança. A oportunidade de dar conhecimento a familiar e pessoa da sua confiança deve ser dada, a menos que a pessoa

---

einen Angehörigen oder eine Person ihres Vertrauens zu benachrichtigen, es sei denn, daß sie einer Straftat verdächtig ist und der Zweck der Untersuchung durch die Benachrichtigung gefährdet würde.

(3) Eine Freiheitsentziehung zum Zwecke der Feststellung der Identität darf die Dauer von insgesamt zwölf Stunden nicht überschreiten.

(4) Ist die Identität festgestellt, so sind in den Fällen des § 163b Abs. 2 die im Zusammenhang mit der Feststellung angefallenen Unterlagen zu vernichten." – § 163c *do StPO.*

160 *Medidas Cautelares e de Polícia do Processo Penal em Direito Comparado*

a contactar seja suspeita de uma infracção criminal e que os fins da investigação criminal sejam postos em causa.

(3) A privação da liberdade para fins de identificação não pode exceder o prazo máximo de 12 horas.

(4) A identificação é cerrada e, nos casos do § 163b, parágrafo 2, devem ser destruídos os registos obtidos no âmbito do procedimento de identificação " – § 163c do StPO.

Saindo embora do estrito âmbito do Código do Processo Penal, a que nos temos cingido, entendemos ser de fazer-se uma referência, ainda que breve, às disposições do sistema legal alemão que permitem a adopção, pela Polícia, de medidas que se estendem para além daqueloutras. São procedimentos recebidos na "Lei sobre a Polícia" (Polizeigesetz) e que se traduzem em mais amplos poderes de intervenção policial. A Polícia pode, de harmonia com o § 26 daquela lei, proceder a identificações como medida cautelar de natureza administrativa, ainda que para efeitos de prevenção criminal:[151]

"(1) A Polícia pode verificar a identidade de uma pessoa,

1. Em caso de perigo concreto para a segurança pública ou para a ordem pública, ou para afastamento desse perigo;

---

[151] *"(1) Die Polizei kann die Identität einer Person feststellen,*

1. um im einzelnen Falle eine Gefahr für die öffentliche Sicherheit oder Ordnung abzuwehren oder eine Störung der öffentlichen Sicherheit oder Ordnung zu beseitigen,

2. wenn sie sich an einem Ort aufhält, an dem erfahrungsgemäß Straftäter sich verbergen, Personen Straftaten verabreden, vorbereiten oder verüben, sich ohne erforderliche Aufenthaltserlaubnis treffen oder der Prostitution nachgehen,

3. wenn sie sich in einer Verkehrs- oder Versorgungsanlage oder -einrichtung, einem öffentlichen Verkehrsmittel, Amtsgebäude oder einem anderen besonders gefährdeten Objekt oder in unmittelbarer Nähe hiervon aufhält und Tatsachen die Annahme rechtfertigen, daß in oder an Objekten dieser Art Straftaten begangen werden sollen,

4. wenn sie an einer Kontrollstelle angetroffen wird, die von der Polizei zum Zwecke der Fahndung nach Straftätern eingerichtet worden ist,

5. wenn sie sich innerhalb eines Kontrollbereichs aufhält, der von der Polizei eingerichtet worden ist zum Zwecke der Fahndung nach Personen, die als Täter oder Teilnehmer eine der in § 100a der Strafprozeßordnung genannten Straftaten begangen oder in Fällen, in denen der Versuch strafbar ist, zu begehen versucht oder durch eine Straftat vorbereitet haben. Der Kontrollbereich kann,

O Sistema Alemão

2. *Em determinadas áreas, nas quais habitualmente os delinquentes se encontram, preparam ou praticam delitos contra as pessoas, ou sem qualquer autorização se encontram e se dedicam à prostituição;*

3. *Em lugares de circulação pública, intalações ou equipamentos de abastecimento público, meios de transporte público, edifícios públicos, ou nas susas proximidades, quando tem em sua posse objectos perigosos e exista fundada suspeita de que possa vir a usá-los para o cometimento de infracções criminais.*

4. *Em posto de controlo, organizado pela polícia para captura de delinquentes;*

5. *Em área de controlo preparada pela polícia para a captura de pessoas, que são criminosos ou foram cúmplices, tentaram cometer ou prepararam os crimes referidos no artigo 100a do Código de Processo Penal e pelos quais são procurados. Excepto em caso de perigo na demora, o posto de controlo só pode estabelecer-se com o consentimento do Ministério do Interior ou por uma direcção de Polícia dos Länder com o consentimento do Ministério do Interior.*

6. *Em casos de combate à criminalidade nas fronteiras, provocada pela abertura das mesmas e pelo livre trânsito internacional, tal como também em estradas principais (auto-estradas, estradas europeias e outras estradas importantes para a prática da criminalidade na travessia fronteiriça).*

---

außer bei Gefahr im Verzug, nur vom Innenministerium oder von einer Landespolizeidirektion mit Zustimmung des Innenministeriums eingerichtet werden, oder

6. *zum Zwecke der Bekämpfung der grenzüberschreitenden Kriminalität in öffentlichen Einrichtungen des internationalen Verkehrs sowie auf Durchgangsstraßen (Bundesautobahnen, Europastraßen und andere Straßen von erheblicher Bedeutung für die grenzüberschreitende Kriminalität).*

(2) Die Polizei kann zur Feststellung der Identität die erforderlichen Maßnahmen treffen. Sie kann den Betroffenen insbesondere anhalten und verlangen, daß er mitgeführte Ausweispapiere vorzeigt und zur Prüfung aushändigt. Der Betroffene kann festgehalten und zur Dienststelle gebracht werden, wenn die Identität auf andere Weise nicht oder nur unter erheblichen Schwierigkeiten festgestellt werden kann.

(3) the police can demand that a permit is shown and is handed over to the examination if the concerned is committed on reason of a legal provision to carry along this permit." – § 26 *"Personenfeststellung"* do StPO.

162 *Medidas Cautelares e de Polícia do Processo Penal em Direito Comparado*

(2) A Polícia pode, para verificação de identidade, tomar a medidas necessárias. Pode, em concreto, deter o suspeito e exigir que este faculte os documentos de identidade que tenha na sua posse e os entregue para prova. O suspeito pode ser conduzido à esquadra quando recusa identificar-se, quando a identidade não pode ser comprovada ou quando a comprovação desta é insuficiente.

(3) A Polícia pode exigir que lhe seja facultado um documento de autorização e este seja entregue como prova, isto quando o suspeito é obrigado por lei, a trazê-lo consigo. – § 26 da Polizeigesetz.

D9. Submissão a termo de identidade e residência

Como se referiu, o Ministério Público e a polícia criminal são competentes para adoptar as medidas que forem consideradas necessárias para a verificação da identidade dos suspeitos, podendo mantê-los em privação da liberdade (ou "liberdade vigiada", para os que preferem esta expressão), por um período não superior a 12 horas, se a medida se revelar necessária ao procedimento de identificação.

Não existe, no sistema jurídico-processual geral alemão, a submissão formal a um termo de identidade e residência. O efeito próximo e semelhante é conseguido através dos procedimentos de identificação e da imposição da obrigação de apresentação às autoridades judiciárias ou policiais, mediante convocatória dirigida ao domicílio que o arguido tenha indicado. Não possuindo domicílio certo, ao arguido poderá ser exigido que indique pessoa residente na área do tribunal competente, para efeitos de recepção de notificações. Esta obrigação é determinada pelo Juiz, mas pode sê-lo também pelo MP ou pela Polícia, em caso de perigo na demora:[152]

(1) Ao arguido seriamente suspeito de uma infracção criminal, quando não tem domicílio ou residência fixa nos termos da presente lei, nem têm lugar os pressupostos da detenção, pode ser imposto,

---

[152] *"(1) Hat der Beschuldigte, der einer Straftat dringend verdächtig ist, im Geltungsbereich dieses Gesetzes keinen festen Wohnsitz oder Aufenthalt, liegen aber die Voraussetzungen eines Haftbefehls nicht vor, so kann, um die Durchführung des Strafverfahrens sicherzustellen, angeordnet werden, daß der Beschuldigte*
1. eine angemessene Sicherheit für die zu erwartende Geldstrafe und die Kosten des Verfahrens leistet und

O Sistema Alemão 163

1. **Uma garantia apropriada equivalente à pena pecuniária aplicável adicionada de custas do procedimento e**
2. **O dever de indicar pessoa, residente na circunscrição judicial competente, a quem confira o poder de receber as notificações que lhe forem dirigidas.**
É correspondentemente aplicável o § 116a (1).

(2) Esta ordem é proferida pelo juiz, apenas podendo ser autorizada pelo Ministério Público e pelos seus auxiliares de polícia de investigação criminal em caso de perido na demora (§ 152 da Lei de Organização dosTribunais).

(3) Se o arguido não cumpre a ordem, podem ser-lhe confiscados os meios de transporte e outros objectos que leve consigo e que lhe pertençam. São correspondentemente aplicáveis os §§ 94 e 98." – § 132 do StPO

D10. *Caução e Arresto preventivo*

Ao considerar a gravidade do crime praticado, a concreta necessidade de preservação da regular continuidade do processo e a inexistência de perigo de fuga, o juiz de instrução pode estabelecer que o arguido preste, entre outras, e em alternativa à prisão preventiva, uma apropriada garantia patrimonial (caução),[153] por si próprio ou por terceira pessoa:

"(1) O juiz suspende a execução de um mandado justificado apenas por perigo de fuga, se medidas menos drásticas justificam adequa-

---

2. *eine im Bezirk des zuständigen Gerichts wohnende Person zum Empfang von Zustellungen bevollmächtigt.*
§ 116a Abs. 1 gilt entsprechend.
(2) Die Anordnung dürfen nur der Richter, bei Gefahr im Verzuge auch die Staatsanwaltschaft und ihre Ermittlungspersonen (§ 152 des Gerichtsverfassungsgesetzes) treffen.
(3) Befolgt der Beschuldigte die Anordnung nicht, so können Beförderungsmittel und andere Sachen, die der Beschuldigte mit sich führt und die ihm gehören, beschlagnahmt werden. Die §§ 94 und 98 gelten entsprechend." – § 132 do StPO
[153] *"(1) Der Richter setzt den Vollzug eines Haftbefehls, der lediglich wegen Fluchtgefahr gerechtfertigt ist, aus, wenn weniger einschneidende Maßnahmen die Erwartung*

164   *Medidas Cautelares e de Polícia do Processo Penal em Direito Comparado*

damente a expectativa de que, através delas, se atingem os objectivos da detenção, nomeadamente:

1. A ordem de apresentação periódica ao juiz, à autoridade de acusação pública ou a departamento por eles determinado;

2. A ordem para não deixar o domicílio, o lugar de residência ou uma determinada zona, sem a permissão do juiz ou da autoridade de acusação pública;

3. A ordem para não deixar o domicílio senão sob supervisão de certa pessoa;

4. A prestação de adequada garantia, por si ou através de outra pessoa.

(2) O juiz suspende também a execução de um mandado emanado com fundamento no risco de perturbação do inquérito, se medidas menos drásticas justificam adequadamente a expectativa de que diminuirão

---

hinreichend begründen, daß der Zweck der Untersuchungshaft auch durch sie erreicht werden kann. In Betracht kommen namentlich

1. die Anweisung, sich zu bestimmten Zeiten bei dem Richter, der Strafverfolgungsbehörde oder einer von ihnen bestimmten Dienststelle zu melden,

2. die Anweisung, den Wohn- oder Aufenthaltsort oder einen bestimmten Bereich nicht ohne Erlaubnis des Richters oder der Strafverfolgungsbehörde zu verlassen,

3. die Anweisung, die Wohnung nur unter Aufsicht einer bestimmten Person zu verlassen,

4. die Leistung einer angemessenen Sicherheit durch den Beschuldigten oder einen anderen.

(2) Der Richter kann auch den Vollzug eines Haftbefehls, der wegen Verdunkelungsgefahr gerechtfertigt ist, aussetzen, wenn weniger einschneidende Maßnahmen die Erwartung hinreichend begründen, daß sie die Verdunkelungsgefahr erheblich vermindern werden. In Betracht kommt namentlich die Anweisung, mit Mitbeschuldigten, Zeugen oder Sachverständigen keine Verbindung aufzunehmen.

(3) Der Richter kann den Vollzug eines Haftbefehls, der nach § 112a erlassen worden ist, aussetzen, wenn die Erwartung hinreichend begründet ist, daß der Beschuldigte bestimmte Anweisungen befolgen und daß dadurch der Zweck der Haft erreicht wird.

(4) Der Richter ordnet in den Fällen der Absätze 1 bis 3 den Vollzug des Haftbefehls an, wenn

1. der Beschuldigte den ihm auferlegten Pflichten oder Beschränkungen gröblich zuwiderhandelt,

2. der Beschuldigte Anstalten zur Flucht trifft, auf ordnungsgemäße Ladung ohne genügende Entschuldigung ausbleibt oder sich auf andere Weise zeigt, daß das in ihn gesetzte Vertrauen nicht gerechtfertigt war, oder

3. neu hervorgetretene Umstände die Verhaftung erforderlich machen." – § 116 do StPO.

considravelmente esse risco. Serão consideradas, nomeadamente, as me-
didas de proibição de contacto com co-arguidos, testemunhas e peritos.

(3) O juiz suspende ainda a execução de um mandado, emanado
segundo o § 112a, se existe a expectativa adequada e fundamentada de
que o arguido observará o cumprimento de determinadas medidas e que,
dessa forma, se atingirá a finalidade da detenção.

(4) O juiz ordena a execução do mandado nos casos dos parágra-
fos 1a 3, se

1. *O arguido infringiu grosseiramente os deveres ou limites que*
   lhe foram impostos;
2. *O arguido faz preparativos para a fuga, desaparece voluntária e*
   injustificadamente, ou resulta infundada a confiança nele depo-
   sitada;
3. *Circunstâncias supervenientes revelem ser necessária a deten-*
   ção." – § 116 do StPO.

Também na falta de indicação de domicílio, e independentemente da natureza do crime em causa, ao arguido também pode ser exigida a prestação de caução por decisão judicial, mas aqui igualmente pelo Ministério Público ou pela Polícia <u>em caso de perigo na demora</u> da intervenção do juiz, como já referido a propósito dos procedimentos de identificação (vd. § 132 (1) do StPO).

Permite-se, outrossim, o recurso ao arresto preventivo por forma a evitar o desaparecimento ou a dissipação de determinados bens, nomeadamente por venda. O arresto de imóveis só pode ser decidido por ordem judicial. Ao Ministério Público caberá também a competência para determinar o arresto, mas apenas de coisa móvel. Porém, em <u>caso de perigo na demora</u>, poderá igualmente decretar o arresto de imóveis.

Nas mesmas circunstâncias de <u>intervenção urgente</u>, a Polícia pode proceder por sua iniciativa ao arresto de móveis.

Em qualquer caso, quando a ordem de arresto não resulte de mandado judicial, está sujeita a validação judicial, no prazo máximo de uma semana:[154]

"(1) Os objectos podem ser garantidos por confisco de harmonia
com o § 111c, se existem fundadas razões para supor que poderá ocor-

---

[154] *Cfr.* §§ *111b, 111c, 111d, 111e, 111o e 111p, todos do StPO, de que apresenta-*
mos as normasmais importantes:

166 Medidas Cautelares e de Polícia do Processo Penal em Direito Comparado

*rer o seu desaparecimento ou a sua destruição. O § 94 (3), mantêm-
-se intocável.*

*"(1) Gegenstände können durch Beschlagnahme nach § 111c sichergestellt werden,
wenn Gründe für die Annahme vorhanden sind, daß die Voraussetzungen für ihren Verfall
oder ihre Einziehung vorliegen. § 94 Abs. 3 bleibt unberührt.*

*(2) Sind Gründe für die Annahme vorhanden, daß die Voraussetzungen des Verfalls
von Wertersatz oder der Einziehung von Wertersatz vorliegen, kann zu deren Sicherung
nach § 111d der dingliche Arrest angeordnet werden." – § 111b do StPO.*

*"(1) Die Beschlagnahme einer beweglichen Sache wird in den Fällen des § 111b
dadurch bewirkt, daß die Sache in Gewahrsam genommen oder die Beschlagnahme durch
Siegel oder in anderer Weise kenntlich gemacht wird." – § 111c do StPO.*

*(1) Wegen des Verfalls oder der Einziehung von Wertersatz, wegen einer Geldstrafe
oder der voraussichtlich entstehenden Kosten des Strafverfahrens kann der dingliche
Arrest angeordnet werden. Wegen einer Geldstrafe und der voraussichtlich entstehenden
Kosten darf der Arrest erst angeordnet werden, wenn gegen den Beschuldigten ein auf
Strafe lautendes Urteil ergangen ist. Zur Sicherung der Vollstreckungskosten sowie
geringfügiger Beträge ergeht kein Arrest. – § 111d do StPO.*

*"(1) Zu der Anordnung der Beschlagnahme (§ 111c) und des Arrestes (§ 111d) ist
nur der Richter, bei Gefahr im Verzuge auch die Staatsanwaltschaft befugt. Zur Anordnung
der Beschlagnahme einer beweglichen Sache (§ 111c Abs. 1) sind bei Gefahr im Verzuge
auch die Ermittlungspersonen der Staatsanwaltschaft (§ 152 des Gerichtsverfassungsgesetzes) befugt.*

*(2) Hat die Staatsanwaltschaft die Beschlagnahme oder den Arrest angeordnet, so
beantragt sie innerhalb einer Woche die richterliche Bestätigung der Anordnung. Dies gilt
nicht, wenn die Beschlagnahme einer beweglichen Sache angeordnet ist. Der Betroffene
kann in allen Fällen jederzeit die richterliche Entscheidung beantragen." – § 111e do StPO.*

*"(1) Sind Gründe für die Annahme vorhanden, daß die Voraussetzungen für die
Verhängung einer Vermögensstrafe vorliegen, so kann wegen dieser der dingliche Arrest
angeordnet werden.*

*(2) Die §§ 917, 928, 930 bis 932, 934 Abs. 1 der Zivilprozeßordnung gelten sinnge-
mäß. In der Arrestanordnung ist ein Geldbetrag festzustellen, durch dessen Hinterlegung
die Vollziehung des Arrestes gehemmt und der Schuldner zu dem Antrag auf Aufhebung des
vollzogenen Arrestes berechtigt wird. Die Höhe des Betrages bestimmt sich nach den Umständen des Einzelfalles, namentlich nach der voraussichtlichen Höhe der Vermögensstrafe.
Diese kann geschätzt werden. Das Gesuch auf Erlaß des Arrestes soll die für die Feststellung des Geldbetrages erforderlichen Tatsachen enthalten.*

*(3) Zu der Anordnung des Arrestes wegen einer Vermögensstrafe ist nur der Rich-
ter, bei Gefahr im Verzuge auch die Staatsanwaltschaft befugt. Hat die Staatsanwaltschaft
die Anordnung getroffen, so beantragt sie innerhalb einer Woche die richterliche Bestätigung der Anordnung. Der Beschuldigte kann jederzeit die richterliche Entscheidung beantragen." – § 111o do StPO.*

*"(1) Unter den Voraussetzungen des § 111o Abs. 1 kann das Vermögen des Bes-
chuldigten mit Beschlag belegt werden, wenn die Vollstreckung der zu erwartenden*

O Sistema Alemão 167

(2) Existindo razões que levem a crer que se verificam condições favoráveis ao desaparecimento do valor substitutório dos objectos ou das compensações devidas por perda de valor substitutório, pode ser determinado o arresto de harmonia com o § 111d. (…)" – § 111b, (1) e (2), do StPO.

"(1) Devido à confiscação ou desaparecimento do valor substitutório, decorrentes de uma pena pecuniária ou às custas do processo a que previsivelmente houve lugar, pode ser determinado o arresto preventivo. Considerando a aplicação de uma multa e às prováveis custas do processo, pode ser determinado o arresto preventivo, desde que o arguido já tenha sido julgado. Não é admissível o arresto para garantia das custas ou de quantias de pequeno valor. (…) – § 111d do StPO.

"(1) Apenas o juiz pode ordenar a confiscação (§ 111c) e o arresto preventivo (§ 111d), mas essa faculdade é também deferida ao Ministério Público em caso de perigo na demora. Tratando-se do confisco de um bem móvel (§ 111c parágrafo 1) também os funcionários de investigação criminal podem autorizá-lo (§ 152 da Lei de Organização dos Tribunais), em caso de perigo na demora

(2) O Ministério Público, quando tenha procedido ao confisco ou ao arresto preventivo, deve submetê-los a confirmação no prazo de uma semana. Este dever não é aplicável à confiscação confisco ou arresto preventivo de bens móveis. O visado com a medida pode recorrer judicialmente, a todo o tempo (…) – § 111e do StPO.

"(1) Se existem indícios de que será aplicada uma pena patrimonial, pode ser ordenado o arresto preventivo (…).

(3) O arresto devido a uma pena patrimonial apenas está facultado ao juiz. O Ministério Público pode igualmente decretar a medida, em caso de perigo na demora, a qual deve ser sujeita a validação no prazo de uma semana. O visado com a medida pode recorrer judicialmente, a todo o tempo. (…)" – § 111o do StPO.

"(1) Considerando os pressupostos do § 111o (1), podem ser expropriados os bens do arguido, se a execução da pena patrimonial esperada,

---

Vermögensstrafe im Hinblick auf Art oder Umfang des Vermögens oder aus sonstigen Gründen durch eine Arrestanordnung nach § 111o nicht gesichert erscheint.

(2) Die Beschlagnahme ist auf einzelne Vermögensbestandteile zu beschränken, wenn dies nach den Umständen, namentlich nach der zu erwartenden Höhe der Vermögensstrafe, ausreicht, um deren Vollstreckung sicherzustellen." – § 111p do StPO.

em vista do tipo e dimensão dos bens, ou por outros motivos, não se considera garantida com uma ordem de arresto preventivo.

(2) A confiscação deve limitar-se a partes específicas do activo, se isso for suficiente face às circunstâncias, em forma nominal segundo a quantia da pena patrimonial esperada, para assegurar a execução. (...)"
– §111p do StPO.

D11. *Obrigação de apresentação periódica*

Entre as medidas de controlo judiciário de natureza cautelar, o Código prevê a obrigação de o arguido se apresentar à autoridade responsável pela condução do processo ou a qualquer departamento que lhe for determinado, quando objectivamente se verifique o receio de fuga. Já atrás o dissemos, a propósito da análise do § 116 do StPO, em que esta medida surge, a par de outras, como uma possibilidade para a não submissão a prisão preventiva. De facto, recorde-se que ali se diz:

"(1) O juiz suspende a execução de um mandado justificado apenas por perigo de fuga, se medidas menos drásticas justificam adequadamente a expectativa de que, através delas, se atingem os objectivos da detenção, nomeadamente:
1. *"A ordem de apresentação periódica ao juiz, à autoridade de acusação pública ou a departamento por eles determinado."*
(...)

Com esta medida procurar-se-á (neste como nos demais sistemas) que exista um maior controlo da manutenção do arguido ao dispor dos serviços de justiça e, simultaneamente, atenuar o risco da sua reincidência na actividade delinquente.

D12. *Suspensão do exercício de funções, de profissão ou de direitos*

"(1) Se existem fundados motivos para supor que virá a ser aplicada uma inabilitação, (§ 70 do Código Penal), o juiz pode decidir a proibição provisória do exercício de profissão, de um ramo da profissão, de ofício ou de um ramo de ofício.

O Sistema Alemão 169

(2) A inabilitação provisória deve ser anulada se os seus funda-
mentos desapareceram ou se o tribunal não a ordena em sede de julga-
mento." – § 132a do StPO.[155]

De facto, o § 70 do Código Penal Alemão (Strafgesetzbuch) admite
a proibição de exercício de profissão como pena acessória, aplicável aqueles que cometam uma infracção criminal usando a sua profissão ou actividade económica com grave violação dos correspondentes deveres:[156]

(1) A quem cometa um acto ilícito com abuso da sua profissão ou
ofício, ou com grave violação das obrigações profissionais ou comerciais
for condenado, ou mesmo não o tendo sido, quando a sua inimputabili-
dade seja reconhecida ou não excluída, o tribunal poderá proibir-lhe o

---

[155] *"(1) Sind dringende Gründe für die Annahme vorhanden, daß ein Berufsverbot*
angeordnet werden wird (§ 70 des Strafgesetzbuches), so kann der Richter dem Beschul-
digten durch Beschluß die Ausübung des Berufs, Berufszweiges, Gewerbes oder Gewer-
bezweiges vorläufig verbieten. § 70 Abs. 3 des Strafgesetzbuches gilt entsprechend.
(2) Das vorläufige Berufsverbot ist aufzuheben, wenn sein Grund weggefallen ist
oder wenn das Gericht im Urteil das Berufsverbot nicht anordnet. – § 132a do StPO.

[156] *"(1) Wird jemand wegen einer rechtswidrigen Tat, die er unter Mißbrauch sei-*
nes Berufs oder Gewerbes oder unter grober Verletzung der mit ihnen verbundenen Pflich-
ten begangen hat, verurteilt oder nur deshalb nicht verurteilt, weil seine Schuldunfähigkeit
erwiesen oder nicht auszuschließen ist, so kann ihm das Gericht die Ausübung des Berufs,
Berufszweiges, Gewerbes oder Gewerbezweiges für die Dauer von einem Jahr bis zu
fünf Jahren verbieten, wenn die Gesamtwürdigung des Täters und der Tat die Gefahr
erkennen läßt, daß er bei weiterer Ausübung des Berufs, Berufszweiges, Gewerbes oder
Gewerbezweiges erhebliche rechtswidrige Taten der bezeichneten Art begehen wird. Das
Berufsverbot kann für immer angeordnet werden, wenn zu erwarten ist, daß die gesetzli-
che Höchstfrist zur Abwehr der von dem Täter drohenden Gefahr nicht ausreicht.
(2) War dem Täter die Ausübung des Berufs, Berufszweiges, Gewerbes oder Gewer-
bezweiges vorläufig verboten (§ 132a der Strafprozeßordnung), so verkürzt sich das Min-
destmaß der Verbotsfrist um die Zeit, in der das vorläufige Berufsverbot wirksam war.
Es darf jedoch drei Monate nicht unterschreiten.
(3) Solange das Verbot wirksam ist, darf der Täter den Beruf, den Berufszweig, das
Gewerbe oder den Gewerbezweig auch nicht für einen anderen ausüben oder durch eine
von seinen Weisungen abhängige Person für sich ausüben lassen.
(4) Das Berufsverbot wird mit der Rechtskraft des Urteils wirksam. In die Verbots-
frist wird die Zeit eines wegen der Tat angeordneten vorläufigen Berufsverbots eingerech-
net, soweit sie nach Verkündung des Urteils verstrichen ist, in dem die der Maßregel
zugrunde liegenden tatsächlichen Feststellungen letztmals geprüft werden konnten. Die
Zeit, in welcher der Täter auf behördliche Anordnung in einer Anstalt verwahrt worden ist,
wird nicht eingerechnet. – § 70 Anordnung des Berufsverbots" – § 70 do StGB.

170 *Medidas Cautelares e de Polícia do Processo Penal em Direito Comparado*

exercício de profissão, ramo profissional, ofício ou ocupação em sector industrial durantepelo período de 1 a 5 anos, se a apreciação conjunta do autor e do facto permitem concluir pelo perigo de que cometa graves factos ilegais do tipo do cometido, através do posterior exercício da profissão, do ramo profissional, ofício ou coupação em sector industrial. A interdição poderá ser permanente quando seja de esperar que o prazo legal máximo seja insuficiente para neutralizar o perigo ameaçador." (...) – § 70 do StGB.

Por conseguinte, razões de urgência ou de perigo na demora podem aconselhar a que a pena acessória, em sede de processo penal, funcione como medida cautelar ou de polícia, provocando o afastamento provisório do arguido, de elementos ou situações profissionais propiciadoras da reiteração de idênticos e identicamente graves infracções criminais.

A sujeição do arguido a medidas cautelares ou de polícia, quaisquer que elas sejam (embora umas mais do que outras) tem por consequência necessária a restrição ao exercício de outros direitos, ainda que inominados no próprio código do processual penal.

D13. *Proibição de permanência, de ausência e de contactos*

O legislador não previu, de modo autónomo, a medida de proibição de permanência em precisos meios e espaços. Os mesmos fins são conseguidos de modo positivo, por força da obrigação de permanência em determinada área geográfica, impedindo-se o arguido de se ausentar ou de frequentar outros locais.

Assim, quando o considere ajustado, o juiz de instrução pode fixar domicílio ao arguido, pode decretar que não deixe o lugar de residência, ou mesmo determinar-lhe que não deixe determinada zona, tudo com proibição de ausência sem prévia autorização:

"(1) O juiz suspende a execução de um mandado justificado apenas por perigo de fuga, se medidas menos drásticas justificam adequadamente a expectativa de que, através delas, se atingem os objectivos da detenção, nomeadamente: (...)

2. A ordem para não deixar o domicílio, o lugar de residência ou uma determinada zona, sem a permissão do juiz ou da autoridade de acusação pública. (...) – § 116 (1) 2. do StPO.

O Sistema Alemão 171

Pode constatar-se que a norma do § 116 (1), pela sua ampla abertura a outras medidas, que não apenas aquelas que enunciou, confere ao juiz a possibilidade de encontrar as medidas mais adequadas aos fins de protecção das pessoas e de segurança do próprio procedimento criminal. Deste modo, pode determinar que o arguido fique proibido de estabelecer contactos com cúmplices, testemunhas, peritos ou vítimas, tendo em vista obviar o possível conluio obstrutivo do procedimento penal ou evitar comportamentos que possam pôr em risco a integridade física, a vida e a liberdade de determinação dos demais intervenientes processuais.

D14. *Obrigação de permanência na habitação*

Esta obrigação constitui-se como medida atenuada de privação da liberdade de circulação, porquanto o arguido não fica impedido de se deslocar mas, ao fazê-lo, subordina-se ao dever de obtenção prévia de autorização judicial ou ao poder de vigilância e supervisão de terceira pessoa (familiar ou não), em conformidade com o que lhe tenha sido determinado pelo juiz:

"(1) O juiz suspende a execução de um mandado justificado apenas por perigo de fuga, se medidas menos drásticas justificam adequadamente a expectativa de que, através delas, se atingem os objectivos da detenção, nomeadamente: (…)

> *2. A ordem para não deixar o domicílio, o lugar de residência ou uma determinada zona, sem a permissão do juiz ou da autoridade de acusação pública.*
>
> *3. A ordem para não deixar o domicílio senão sob supervisão de certa pessoa; (…) – § 116 (1) 2., e 3. do StPO.*

D15. *Prisão preventiva*

A prisão preventiva é decidida pelo juiz de instrução e executada por mandado de captura:[157]

---

[157] *"(1) Die Untersuchungshaft wird durch schriftlichen Haftbefehl des Richters angeordnet.*

(2) In dem Haftbefehl sind anzuführen

1. der Beschuldigte,

172 *Medidas Cautelares e de Polícia do Processo Penal em Direito Comparado*

"(1) A prisão preventiva é determinada por mandado escrito do juiz.
(2) O mandado deve indicar:
1. O arguido;
2. O acto de que ele é fundadamente suspeito, tempo e lugar do cometimento do acto, as características legais da infracção e as disposições legais aplicáveis;
3. Os fundamentos da prisão preventiva, assim como,
4. Os factos de que resultam a fundada suspeita e os motivos da prisão preventiva, desde que, com tal indicação não seja posta em perigo a segurança do Estado.
(3) Se houver lugar à aplicação do § 112 (1), 2.° parte, ou quando o arguido invoque esta disposição legal, devem ser indicadas as razões da não aplicação da prisão preventiva." – § 144 do StPO.

No sistema alemão, a medida é aplicável se houver indícios sérios de que o arguido cometeu um crime grave, ou de que nele participou, e, (cumulativamente ou não) exista risco de fuga, perigo de perturbação do processo, perigo para a aquisição da verdade dos factos, ou perigo de continuação da actividade criminosa:[158]

"(1) A prisão preventiva é aplicável ao arguido de quem exista fundada suspeita da prática de infracção criminal que a admita. Não pode

---

2. *die Tat, deren er dringend verdächtig ist, Zeit und Ort ihrer Begehung, die gesetzlichen Merkmale der Straftat und die anzuwendenden Strafvorschriften,*
3. *der Haftgrund sowie*
4. *die Tatsachen, aus denen sich der dringende Tatverdacht und der Haftgrund ergibt, soweit nicht dadurch die Staatssicherheit gefährdet wird.*
(3) Wenn die Anwendung des § 112 Abs. 1 Satz 2 naheliegt oder der Beschuldigte sich auf diese Vorschrift beruft, sind die Gründe dafür anzugeben, daß sie nicht angewandt wurde." – § 114 do StPO.

[158] *"(1) Die Untersuchungshaft darf gegen den Beschuldigten angeordnet werden, wenn er der Tat dringend verdächtig ist und ein Haftgrund besteht. Sie darf nicht angeordnet werden, wenn sie zu der Bedeutung der Sache und der zu erwartenden Strafe oder Maßregel der Besserung und Sicherung außer Verhältnis steht.*
(2) Ein Haftgrund besteht, wenn auf Grund bestimmter Tatsachen
1. *festgestellt wird, daß der Beschuldigte flüchtig ist oder sich verborgen hält,*
2. *bei Würdigung der Umstände des Einzelfalles die Gefahr besteht, daß der Beschuldigte sich dem Strafverfahren entziehen werde (Fluchtgefahr), oder*
3. *das Verhalten des Beschuldigten den dringenden Verdacht begründet, er werde*
   a) Beweismittel vernichten, verändern, beiseite schaffen, unterdrücken oder fälschen oder

ser ordenada no caso em que o facto praticado pelo arguido não esteja relacionado com os factos em investigação ou com as penas ou medidas de segurança abstractamente aplicáveis.

(2) Existe fundamento para a aplicação da prisão preventiva se, em razão dos factos,

1. *Se o arguido é fugitivo ou se oculta;*
2. *Se, no caso em concreto, existe perigo de o arguido se furtar ao procedimento criminal (perigo de fuga) ou;*
3. *Se o comportamento do arguido conduz à forte suspeita de que poderá:*
   a) *Destruir, modificar, manipular, suprimir ou falsificar as provas;*
   b) *Actuar de má-fé sobre co-arguidos, testemunhas ou peritos, ou;*
   c) *Determinar outrém à prática de tais comportamentos*

e quando exista a ameaça da verificação de perigo para a aquisição da verdade.

(3) A prisão preventiva pode igualmente ser aplicada, ainda que se não verifiquem as condições de (2), ao arguido de quem haja fundada suspeita de que cometeu uma qualquer das infracções criminais previstas no § 6, secções 1, n.° 1 do Völkerstrafgesetzbuches, ou § 129a (1) e (2), conjugado com o § 129b (1), ou segundo os §§ 211, 212, 226, 306b ou 306c do Código Penal, ou qualquer outro de que o arguido seja fundadamente suspeito e que ponha em perigo o corpo ou a vida de uma pessoa, de harmonia com o § 308 (1) a (3) do Código Penal. – § 112 do StPO.

A aplicabilidade da medida é extendida, pelo § 112a do StPO, aos casos de comissão de determinados tipos de infração criminal, considera-

---

b) auf Mitbeschuldigte, Zeugen oder Sachverständige in unlauterer Weise einwirken oder

c) andere zu solchem Verhalten veranlassen,

und wenn deshalb die Gefahr droht, daß die Ermittlung der Wahrheit erschwert werde (Verdunkelungsgefahr).

(3) Gegen den Beschuldigten, der einer Straftat nach § 6 Abs. 1 Nr. 1 des Völkerstrafgesetzbuches oder § 129a Abs. 1 oder Abs. 2, auch in Verbindung mit § 129b Abs. 1, oder nach den §§ 211, 212, 226, 306b oder 306c des Strafgesetzbuches oder, soweit durch die Tat Leib oder Leben eines anderen gefährdet worden ist, nach § 308 Abs. 1 bis 3 des Strafgesetzbuches dringend verdächtig ist, darf die Untersuchungshaft auch angeordnet werden, wenn ein Haftgrund nach Absatz 2 nicht besteht. – § 112 do StPO.

174 *Medidas Cautelares e de Polícia do Processo Penal em Direito Comparado*

dos pelo legislador alemão de acentuada gravidade, que aconselham a imposição da medida pré-condenatória mais severa, mas ainda quando haja fundada suspeita contra o presumível autor ou risco de continuação da sua actividade criminosa:[159]

"(1) Existe também fundamento para a aplicação da prisão preventiva, se o arguido é fortemente suspeito de:

1. *Uma infração ao previsto nos §§ 174, 174a, 176 a 179 do Código Penal, ou*

2. *Reiterada ou continuadamente, cometeu uma grave ofensa à ordem juridical nos termos do § 125a, §§ 224 a 227, §§ 243, 244, 249 a 255, 260, § 263, §§ 306 a 306c ou § 316a, do Código Penal, ou § 29 (1) n.ºs 1, 4, 10 ou (3), § 29a (1), § 30 (1), § 30a (1) da Lei sobre Estupefacientes,*

se determinados factos tornam fundado o receio de perigo de que, antes do julgamento, o arguido possa cometer mais delitos graves do mesmo tipo, ou que continuará a sua actividade criminosa, que aconselham a aplicação da prisão preventiva, como forma de obviar ao perigo ameaçador e, nos casos do n.° 2, seja de esperar a aplicação de uma pena privativa da liberdade superior a 1 ano.

(2) Não é aplicável o previsto em (1), se estão verificados os pressupostos de emissão de um mandado de detenção ao abrigo do § 112, e se não se verificam as condições para a suspensão da execução do mandado, de harmonia com o § 116 (1) e (2)." – § 112a do StPO.

---

[159] *"(1) Ein Haftgrund besteht auch, wenn der Beschuldigte dringend verdächtig ist,*

1. *eine Straftat nach den §§ 174, 174a, 176 bis 179 des Strafgesetzbuches oder*

2. *wiederholt oder fortgesetzt eine die Rechtsordnung schwerwiegend beeinträchtigende Straftat nach § 125a, nach den §§ 224 bis 227, nach den §§ 243, 244, 249 bis 255, 260, nach § 263, nach den §§ 306 bis 306c oder § 316a des Strafgesetzbuches oder nach § 29 Abs. 1 Nr. 1, 4, 10 oder Abs. 3, § 29a Abs. 1, § 30 Abs. 1, § 30a Abs. 1 des Betäubungsmittelgesetzes*

begangen zu haben, und bestimmte Tatsachen die Gefahr begründen, daß er vor rechtskräftiger Aburteilung weitere erhebliche Straftaten gleicher Art begehen oder die Straftat fortsetzen werde, die Haft zur Abwendung der drohenden Gefahr erforderlich und in den Fällen der Nummer 2 eine Freiheitsstrafe von mehr als einem Jahr zu erwarten ist.

(2) Absatz 1 findet keine Anwendung, wenn die Voraussetzungen für den Erlaß eines Haftbefehls nach § 112 vorliegen und die Voraussetzungen für die Aussetzung des Vollzugs des Haftbefehls nach § 116 Abs. 1, 2 nicht gegeben sind. – § 112a do StPO.

O Sistema Alemão   175

Verificar-se-á a revogação da medida (oficiosamente, por requerimento do Ministério Público ou por requerimento ou recurso da defesa), sempre que as finalidades por ela prosseguidas possam ser atingidas com medidas menos lesivas dos direitos fundamentais da pessoa[160] ou quando deixem de se verificar os pressupostos que haviam determinado a sua aplicação, sem que se verifiquem outros que aconselhem a sua manutenção.

Da posição do legislador decorre, como princípio, que a medida cautelar de prisão preventiva deve ser decretada quando se verifiquem os legais requisitos; só o não será se medidas mais suaves conduzirem a idênticos fins do processo.

D16. *Captura e Detenção*

D16.1. *Captura*

A distinção entre captura e detenção não assume, no direito processual penal alemão, assinalável relevância jurídica. Entende-se, também neste caso, que a captura constitui um mero acto material e momentâneo da privação temporária da liberdade, para submissão coerciva do visado a qualquer acto processual.

D16.2. *Detenção*

"(1) Qualquer pessoa, mesmo que não exista mandado judicial, pode proceder à detenção de indivíduo que tenha praticado um crime em flagrante, ou que tenha sido perseguido logo após o seu cometimento, quando seja desconhecido ou a sua identidade não possa ser imediatamente determinada. A verificação da identidade pelo Ministério Público ou pelos serviços de polícia, é feita nos termos do § 163b (1).

(2) Em caso de perigo na demora, o Ministério Público e os funcionários de polícia podem determinar a detenção, se estiverem preenchidos os pré-requisitos necessários à emissão de um mandado de detenção ou de uma ordem de internamento.

(3) Tratando-se de crime cujo procedimento criminal depende de queixa, igualmente admitida a detenção, mesmo quando a queixa ainda

---

[160] *§ 116 do StPO.*

176 Medidas Cautelares e de Polícia do Processo Penal em Direito Comparado

não tenha sido apresentada. Este regime é correspondentemente aplicável aos casos em que o procedimento criminal está dependente de autorização ou requerimento punitivo." – § 127 do StPO.[161]

Verifica-se, portanto, que <u>em caso de urgência determinada pelo perigo de fuga</u> (em flagrante delito ou fora dele), <u>pode haver lugar à detenção do suspeito</u>.

A detenção ocorrida em flagrante delito,[162] ou a manutenção em *"liberdade vigiada"*[163] para efeitos de identificação, <u>não pode manter-se por um período superior a 12 horas</u>:

"(1) A pessoa submetida à medida prevista no §163b não pode ser mantida em detenção além do tempo necessário para a identificação.

---

[161] *"(1) Wird jemand auf frischer Tat betroffen oder verfolgt, so ist, wenn er der Flucht verdächtig ist oder seine Identität nicht sofort festgestellt werden kann, jedermann befugt, ihn auch ohne richterliche Anordnung vorläufig festzunehmen. Die Feststellung der Identität einer Person durch die Staatsanwaltschaft oder die Beamten des Polizeidienstes bestimmt sich nach § 163b Abs. 1.*

(2) Die Staatsanwaltschaft und die Beamten des Polizeidienstes sind bei Gefahr im Verzug auch dann zur vorläufigen Festnahme befugt, wenn die Voraussetzungen eines Haftbefehls oder eines Unterbringungsbefehls vorliegen.

(3) Ist eine Straftat nur auf Antrag verfolgbar, so ist die vorläufige Festnahme auch dann zulässig, wenn ein Antrag noch nicht gestellt ist. Dies gilt entsprechend, wenn eine Straftat nur mit Ermächtigung oder auf Strafverlangen verfolgbar ist." – § 127 do StPO.

[162] *§ 127 do StPO.*

[163] *§ 163c*

(1) Eine von einer Maßnahme nach § 163b betroffene Person darf in keinem Fall länger als zur Feststellung ihrer Identität unerläßlich festgehalten werden. Die festgehaltene Person ist unverzüglich dem Richter bei dem Amtsgericht, in dessen Bezirk sie ergriffen worden ist, zum Zwecke der Entscheidung über Zulässigkeit und Fortdauer der Freiheitsentziehung vorzuführen, es sei denn, daß die Herbeiführung der richterlichen Entscheidung voraussichtlich längere Zeit in Anspruch nehmen würde, als zur Feststellung der Identität notwendig wäre.

(2) Die festgehaltene Person hat ein Recht darauf, daß ein Angehöriger oder eine Person ihres Vertrauens unverzüglich benachrichtigt wird. Ihr ist Gelegenheit zu geben, einen Angehörigen oder eine Person ihres Vertrauens zu benachrichtigen, es sei denn, daß sie einer Straftat verdächtig ist und der Zweck der Untersuchung durch die Benachrichtigung gefährdet würde.

(3) Eine Freiheitsentziehung zum Zwecke der Feststellung der Identität darf die Dauer von insgesamt zwölf Stunden nicht überschreiten.

(4) Ist die Identität festgestellt, so sind in den Fällen des § 163b Abs. 2 die im Zusammenhang mit der Feststellung angefallenen Unterlagen zu vernichten. – § 163c do StPO.

O Sistema Alemão 177

A pesso detida deve ser imediatamente apresentada ao juiz competente da circunscrição judicial onde ocorreu a detenção, a fim de serem apreciados os motivos da detenção, tendo em vista a validação da medida ou a sual libertação, a menos que a intervenção judicial seja previsivelmente mais demorada do que o procedimento de identificação.

(2) A pessoa detida tem o direito de informar, da sua sujeição a essa medida, um familiar ou pessoa da sua confiança. Esta oportunidade de informar familiar ou pessoa da sua confiança deve ser dada, a menos que isso possa fazer perigar a finalidade da investigação.

(3) A privação da liberdade para fins de comprovação da identidade não pode prolongar-se para além de 12 horas.

(4) Logo que a identidade tenha sido comprovada, nos casos do § 163b (2), os documentos obtidos com a comprovação devem ser destruídos." – § 163c do StPO.

A apresentação de detido a interrogatório pelo juiz de instrução, deve ser feita imediatamente ou, o mais tardar, no dia seguinte ao da detenção.

O detido, <u>durante o período em que aguarda a apresentação ao juiz,</u> <u>pode ser interrogado pela Polícia</u>, submetido a <u>medidas de identificação</u>, de <u>revista</u> ou mesmo de <u>exame corporal</u> a executar nos termos da lei processual. Apresentado o detido ao juiz de instrução, este ou ordena a sua libertação ou emite mandado de detenção tendo em vista a submissão a prisão preventiva:[164]

"(1) O detido que não tenha sido libertado deve ser imediatamente apresentado ao juiz da circunscrição judicial onde tenha ocorrido a detenção sido detido, o mais tardar no dia imediato. O juiz interroga o detido, nos termos do § 115 (3).

---

[164] *(1) Der Festgenommene ist, sofern er nicht wieder in Freiheit gesetzt wird, unverzüglich, spätestens am Tage nach der Festnahme, dem Richter bei dem Amtsgericht, in dessen Bezirk er festgenommen worden ist, vorzuführen. Der Richter vernimmt den Vorgeführten gemäß § 115 Abs. 3.*

(2) Hält der Richter die Festnahme nicht für gerechtfertigt oder ihre Gründe für beseitigt, so ordnet er die Freilassung an. Andernfalls erläßt er auf Antrag der Staatsanwaltschaft oder, wenn ein Staatsanwalt nicht erreichbar ist, von Amts wegen einen Haftbefehl oder einen Unterbringungsbefehl. § 115 Abs. 4 gilt entsprechend. – §128 do StPO.

(2) Se o juiz considerar a detenção injustificada, ou os seus motivos insanáveis, ordena a libertação. Caso contrário, decreta, a requerimento do Ministério Público ou oficiosamente se não for possível a intervenção daquele, a detenção ou o internamento do arguido. É correspondentemente aplicável o § 115 (4)." – § 128 do StPO.

A detenção de suspeito pode ainda ocorrer nos casos em que falte injustificadamente a actos da fase preparatória (por mandado do Ministério Público ou mandado do juiz) ou à audiência de julgamento (por mandado judicial) acautelando-se, por essa via, a sua presença no acto pelo tempo estritamente necessário:[165]

"(1) Não há lugar ao julgamento sem a presença do arguido.
(2) Se a falta de comparência do arguido é considerada injustificada, deve ser ordenada a comparência, ou ser emanado mandado de detenção." – § 230 do StPO.

"O tribunal pode sempre ordenar a comparência do arguido, ou obtê-la através de mandado de detenção." – § 236 do StPO.

A detenção para submissão a prisão preventiva apenas pode ser determinada por mandado judicial, devendo o arguido ser apresentado ao juiz de instrução no prazo máximo de 24 horas, para efeitos de interrogatório e eventual aplicação da medida. Todavia, como já atrás tivemos oportunidade de referir, nos termos do disposto no § 127 (2) do StPO, o Ministério Público e a Polícia podem proceder à detenção do suspeito, em caso de perigo na demora.

Nos casos de infracções graves, os magistrados judiciais podem proceder ao pedido público de detenção, se outras formas de investigação forem susceptíveis de se revelarem menos eficazes. Esta competência é igualmente do Ministério Público e da Polícia em casos de urgência ou de perigo na demora. Impõe-se, nestes casos, que o acusado seja identificado tão exactamente quanto possível, de forma a evitar

---

[165] *"(1) Gegen einen ausgebliebenen Angeklagten findet eine Hauptverhandlung nicht statt.*
(2) Ist das Ausbleiben des Angeklagten nicht genügend entschuldigt, so ist die Vorführung anzuordnen oder ein Haftbefehl zu erlassen." – § 230 do StPO.
"Das Gericht ist stets befugt, das persönliche Erscheinen des Angeklagten anzuordnen und durch einen Vorführungsbefehl oder Haftbefehl zu erzwingen." – § 236 do StPO.

O Sistema Alemão 179

erros e a conferir sentido útil ao processo escolhido para a localização do suspeito:[166]

"(1) O juiz ou o Ministério Público podem, através de mandando ou ordem de internamento, em caso de perigo na demora, proceder ao pedido público de captura dirigido a todos os funcionários auxiliares de investigação criminal (§ 152 da Lei de Organização dos Tribunais).

(2) O Ministério Publico e aos seus auxiliares de investigação criminal (§ 152 da Lei de Organização dos Tribunais), em caso de perigo para o sucesso das buscas, decorrente do desaparecimento dos pressupostos do mandado ou da ordem de internamento, podem adoptar as medidas previstas em (1), se isso for necessário para a detenção temporária. (...) – § 131 (1) e (2) do StPO.

---

[166] *"(1) Auf Grund eines Haftbefehls oder eines Unterbringungsbefehls können der Richter oder die Staatsanwaltschaft und, wenn Gefahr im Verzug ist, ihre Ermittlungspersonen (§ 152 des Gerichtsverfassungsgesetzes) die Ausschreibung zur Festnahme veranlassen.*

(2) Liegen die Voraussetzungen eines Haftbefehls oder Unterbringungsbefehls vor, dessen Erlass nicht ohne Gefährdung des Fahndungserfolges abgewartet werden kann, so können die Staatsanwaltschaft und ihre Ermittlungspersonen (§ 152 des Gerichtsverfassungsgesetzes) Maßnahmen nach Absatz 1 veranlassen, wenn dies zur vorläufigen Festnahme erforderlich ist. Die Entscheidung über den Erlass des Haft- oder Unterbringungsbefehls ist unverzüglich, spätestens binnen einer Woche herbeizuführen.

(3) Bei einer Straftat von erheblicher Bedeutung können in den Fällen der Absätze 1 und 2 der Richter und die Staatsanwaltschaft auch Öffentlichkeitsfahndungen veranlassen, wenn andere Formen der Aufenthaltsermittlung erheblich weniger Erfolg versprechend oder wesentlich erschwert wären. Unter den gleichen Voraussetzungen steht diese Befugnis bei Gefahr im Verzug und wenn der Richter oder die Staatsanwaltschaft nicht rechtzeitig erreichbar ist auch den Ermittlungspersonen der Staatsanwaltschaft (§ 152 des Gerichtsverfassungsgesetzes) zu. In den Fällen des Satzes 2 ist die Entscheidung der Staatsanwaltschaft unverzüglich herbeizuführen. Die Anordnung tritt außer Kraft, wenn diese Bestätigung nicht binnen 24 Stunden erfolgt.

(4) Der Beschuldigte ist möglichst genau zu bezeichnen und soweit erforderlich zu beschreiben; eine Abbildung darf beigefügt werden. Die Tat, derer er verdächtig ist, Ort und Zeit ihrer Begehung sowie Umstände, die für die Ergreifung von Bedeutung sein können, können angegeben werden.

(5) Die §§ 115 und 115a gelten entsprechend." – § 131 do StPO.

180   *Medidas Cautelares e de Polícia do Processo Penal em Direito Comparado*

D17. *Outras Medidas Cautelares*

D17.1. *De captação de imagem e de voz*

O processo penal alemão contempla explicitamente a aplicabilidade de medidas de captação e registo de imagem e de voz, quando estejam em causa suspeitas da prática de qualquer dos crimes graves previstos no § 100a do StPO. Podem utilizar-se processos técnicos de gravação de conversas privadas entre suspeitos dos delitos e o registo de imagem por fotografia ou filme, das pessoas e dos lugares conexionados com os crimes. A medida é judicialmente ordenada mas, em caso de perigo na demora na obtenção do mandado, pode executar-se por iniciativa do MP ou da Polícia:[167]

"(1) Sem o conhecimento do visado, é permitida a captação e gravação de conversas privadas em domicílio, se

---

[167] *"(1) Ohne Wissen der Betroffenen darf das in einer Wohnung nichtöffentlich gesprochene Wort mit technischen Mitteln abgehört und aufgezeichnet werden, wenn*

1. *bestimmte Tatsachen den Verdacht begründen, dass jemand eine in Absatz 2 bezeichnete besonders schwere Straftat begangen oder in Fällen, in denen der Versuch strafbar ist, zu begehen versucht hat,*

2. *die Tat auch im Einzelfall besonders schwer wiegt,*

3. *auf Grund tatsächlicher Anhaltspunkte anzunehmen ist, dass durch die Überwachung Äußerungen des Beschuldigten erfasst werden, die für die Erforschung des Sachverhalts oder die Ermittlung des Aufenthaltsortes eines Mitbeschuldigten von Bedeutung sind, und*

4. *die Erforschung des Sachverhalts oder die Ermittlung des Aufenthaltsortes eines Mitbeschuldigten auf andere Weise unverhältnismäßig erschwert oder aussichtslos wäre.*

(2) Besonders schwere Straftaten im Sinne des Absatzes 1 Nr. 1 sind:

1. *aus dem Strafgesetzbuch:*

   a) *Straftaten des Friedensverrats, des Hochverrats und der Gefährdung des demokratischen Rechtsstaates oder des Landesverrats und der Gefährdung der äußeren Sicherheit nach den §§ 80, 81, 82, nach den §§ 94, 95 Abs. 3 und § 96 Abs. 1, jeweils auch in Verbindung mit § 97b, sowie nach den §§ 97a, 98 Abs. 1 Satz 2, § 99 Abs. 2 und den §§ 100, 100a Abs. 4,*

   b) *Bildung krimineller Vereinigungen nach § 129 Abs. 1 in Verbindung mit Abs. 4 Halbsatz 2 und Bildung terroristischer Vereinigungen nach § 129a Abs. 1, 2, 4, 5 Satz 1 Alternative 1, jeweils auch in Verbindung mit § 129b Abs. 1,*

   c) *Geldfälschung und Wertpapierfälschung in den Fällen der §§ 146, 151, jeweils auch in Verbindung mit § 152, gewerbs- oder bandenmäßige Fälschung von*

1. Determinados factos justificam a suspeita de que alguém indiciada da prática de um crime dos previstos em (2), ou da

> Zahlungskarten, Schecks und Wechseln nach § 152a Abs. 3 und Fälschung von Zahlungskarten mit Garantiefunktion und Vordrucken für Euroschecks nach § 152b Abs. 1 bis 4,
> d) Straftaten gegen die sexuelle Selbstbestimmung in den Fällen des § 176a Abs. 2 Nr. 2 oder Abs. 3, § 177 Abs. 2 Nr. 2 oder § 179 Abs. 5 Nr. 2,
> e) Verbreitung, Erwerb und Besitz kinderpornografischer Schriften in den Fällen des § 184b Abs. 3,
> f) Mord und Totschlag nach den §§ 211, 212,
> g) Straftaten gegen die persönliche Freiheit in den Fällen der §§ 234, 234a Abs. 1, 2, §§ 239a, 239b und Menschenhandel zum Zweck der sexuellen Ausbeutung und zum Zweck der Ausbeutung der Arbeitskraft nach § 232 Abs. 3, Abs. 4 oder Abs. 5, § 233 Abs. 3, jeweils soweit es sich um Verbrechen handelt,
> h) Bandendiebstahl nach § 244 Abs. 1 Nr. 2 und schwerer Bandendiebstahl nach § 244a,
> i) schwerer Raub und Raub mit Todesfolge nach § 250 Abs. 1 oder Abs. 2, § 251,
> j) räuberische Erpressung nach § 255 und besonders schwerer Fall einer Erpressung nach § 253 unter den in § 253 Abs. 4 Satz 2 genannten Voraussetzungen,
> k) gewerbsmäßige Hehlerei, Bandenhehlerei und gewerbsmäßige Bandenhehlerei nach den §§ 260, 260a,
> l) besonders schwerer Fall der Geldwäsche, Verschleierung unrechtmäßig erlangter Vermögenswerte nach § 261 unter den in § 261 Abs. 4 Satz 2 genannten Voraussetzungen,
> m) besonders schwerer Fall der Bestechlichkeit und Bestechung nach § 335 Abs. 1 unter den in § 335 Abs. 2 Nr. 1 bis 3 genannten Voraussetzungen,
> 2. aus dem Asylverfahrensgesetz:
>   a) Verleitung zur missbräuchlichen Asylantragstellung nach § 84 Abs. 3,
>   b) gewerbs- und bandenmäßige Verleitung zur missbräuchlichen Asylantragstellung nach § 84a Abs. 1,
> 3. aus dem Aufenthaltsgesetz:
>   a) Einschleusen von Ausländern nach § 96 Abs. 2,
>   b) Einschleusen mit Todesfolge oder gewerbs- und bandenmäßiges Einschleusen nach § 97,
> 4. aus dem Betäubungsmittelgesetz:
>   a) besonders schwerer Fall einer Straftat nach § 29 Abs. 1 Satz 1 Nr. 1, 5, 6, 10, 11 oder 13, Abs. 3 unter der in § 29 Abs. 3 Satz 2 Nr. 1 genannten Voraussetzung,
>   b) eine Straftat nach den §§ 29a, 30 Abs. 1 Nr. 1, 2, 4, § 30a,
> 5. aus dem Gesetz über die Kontrolle von Kriegswaffen:
>   a) eine Straftat nach § 19 Abs. 2 oder § 20 Abs. 1, jeweils auch in Verbindung mit § 21,

tentativa da prática nos casos em que haja punibilidade da tentativa,

---

   b) besonders schwerer Fall einer Straftat nach § 22a Abs. 1 in Verbindung mit Abs. 2,
6. *aus dem Völkerstrafgesetzbuch:*
   a) Völkermord nach § 6,
   b) Verbrechen gegen die Menschlichkeit nach § 7,
   c) Kriegsverbrechen nach den §§ 8 bis 12,
7. *aus dem Waffengesetz:*
   a) besonders schwerer Fall einer Straftat nach § 51 Abs. 1 in Verbindung mit Abs. 2,

(3) Die Maßnahme darf sich nur gegen den Beschuldigten richten und nur in Wohnungen des Beschuldigten durchgeführt werden. In Wohnungen anderer Personen ist die Maßnahme nur zulässig, wenn auf Grund bestimmter Tatsachen anzunehmen ist, dass

1. *der in der Anordnung nach § 100d Abs. 2 bezeichnete Beschuldigte sich dort aufhält und*
2. *die Maßnahme in Wohnungen des Beschuldigten allein nicht zur Erforschung des Sachverhalts oder zur Ermittlung des Aufenthaltsortes eines Mitbeschuldigten führen wird. Die Maßnahme darf auch durchgeführt werden, wenn andere Personen unvermeidbar betroffen werden.*

(4) Die Maßnahme darf nur angeordnet werden, soweit auf Grund tatsächlicher Anhaltspunkte, insbesondere zu der Art der zu überwachenden Räumlichkeiten und dem Verhältnis der zu überwachenden Personen zueinander, anzunehmen ist, dass durch die Überwachung Äußerungen, die dem Kernbereich privater Lebensgestaltung zuzurechnen sind, nicht erfasst werden. Gespräche in Betriebs- oder Geschäftsräumen sind in der Regel nicht dem Kernbereich privater Lebensgestaltung zuzurechnen. Das Gleiche gilt für Gespräche über begangene Straftaten und Äußerungen, mittels derer Straftaten begangen werden.

(5) Das Abhören und Aufzeichnen ist unverzüglich zu unterbrechen, soweit sich während der Überwachung Anhaltspunkte dafür ergeben, dass Äußerungen, die dem Kernbereich privater Lebensgestaltung zuzurechnen sind, erfasst werden. Aufzeichnungen über solche Äußerungen sind unverzüglich zu löschen. Erkenntnisse über solche Äußerungen dürfen nicht verwertet werden. Die Tatsache der Erfassung der Daten und ihrer Löschung ist zu dokumentieren. Ist eine Maßnahme nach Satz 1 unterbrochen worden, so darf sie unter den in Absatz 4 genannten Voraussetzungen fortgeführt werden. Im Zweifel ist über die Unterbrechung oder Fortführung der Maßnahme unverzüglich eine Entscheidung des Gerichts herbeizuführen; § 100d Abs. 4 gilt entsprechend.

(6) In den Fällen des § 53 ist eine Maßnahme nach Absatz 1 unzulässig; ergibt sich während oder nach Durchführung der Maßnahme, dass ein Fall des § 53 vorliegt, gilt Absatz 5 Satz 2 bis 4 entsprechend. In den Fällen der §§ 52 und 53a dürfen aus einer Maßnahme nach Absatz 1 gewonnene Erkenntnisse nur verwertet werden, wenn dies unter Berücksichtigung der Bedeutung des zugrunde liegenden Vertrauensverhältnisses nicht

O Sistema Alemão

2. *O acto também seja considerado especialmente grave, quando concretamente considerado,*

3. *Existam fundadas razões para crer, face às cartacterísiticas do arguido, que será importante para a investigação o conhecimento da residência do suspeito e que desse modo possa ser obtido, e*

4. *A exploração da situação ou da investigação da residência do suspeito de outro modo seria desproporcionalmente dificultado ou de provável inêxito.*

(2) Crimes particularmente graves, para efeitos do previsto em (1), n.° 1, são:

1. *Do Código Penal (...)*

2. *Da lei do asilo(...)*

3. *Da lei de entrada e permanência de estrangeiros (...)*

4. *Da lei sobre estupefacientes (...)*

5. *Da lei sobre controlo de armas de Guerra (...)*

6. *Do Código de Direito Penal Internacional –Völkerstrafgesetzbuch – (...)*

7. *Da lei sobre armas (...)* – § 100c do StPO.

---

außer Verhältnis zum Interesse an der Erforschung des Sachverhalts oder der Ermittlung des Aufenthaltsortes eines Beschuldigten steht. Sind die zur Verweigerung des Zeugnisses Berechtigten einer Beteiligung oder einer Begünstigung, Strafvereitelung oder Hehlerei verdächtig, so sind die Sätze 1 und 2 nicht anzuwenden.

(7) Soweit ein Verwertungsverbot nach Absatz 5 in Betracht kommt, hat die Staatsanwaltschaft unverzüglich eine Entscheidung des anordnenden Gerichts über die Verwertbarkeit der erlangten Erkenntnisse herbeizuführen. Soweit das Gericht eine Verwertbarkeit verneint, ist dies für das weitere Verfahren bindend. – § 100c do StPO.

VII – O SISTEMA INGLÊS

A – Apresentação geral

O sistema jurídico inglês constitui o paradigma fundamental da família de direitos anglo-saxónicos, caracterizados pela formação de base consuetudinária e em que o direito escrito é mais uma consequência das soluções dadas aos casos concretos do que o ponto de partida para a regulação de situações hipotéticas no futuro. As origens do moderno direito inglês remontam à conquista normanda (1066) e subsequente concentração dos poderes no rei e na cúria régia, detentora de competências legislativas, executivas e jurisdicionais.

Mais tarde, a jurisdição ganhou alguma autonomia, conduzindo à institucionalização de tribunais reais, que aplicavam *"common law"* (o direito comum de Inglaterra), construído a partir de regras consuetudinárias, regras do direito romano e regras do direito canónico, sempre adaptadas por critérios de razoabilidade, de bom senso e de equidade[168]. Criou-se, desse modo, um direito de origem jurisprudencial, em que as decisões precedentes ganham força vinculativa para a decisão de casos idênticos futuros e são base "de *iure condendo*".

Por conseguinte, não é de estranhar que, ainda hoje, o movimento de codificação não seja propriamente do domínio do direito anglo-saxónico.

Não existe, portanto, um Código do Processo Penal no direito inglês. As regras multiplicam-se por diversos diplomas legais (alguns com seis séculos de existência) e por uma jurisprudência imensa. ´

A base constitucional do processo criminal resulta essencialmente da convicção de constitucionalidade dominante e historicamente enraizada na

---

[168] *Almeida, Carlos Ferreira, in "Introdução ao Direito Comparado", Ed. Almedina, Coimbra, 1994, pp. 75 e 76.*

"*Great Charter*", "*Magna Carta*" ou *Magna Carta Libertatum*, outorgada em 1215 por João sem Terra (Lackland),[169] sem prejuízo de se admitir o escrupuloso cuidado posto no respeito pelos direitos e garantias pessoais que vem tendo acolhimento na crescente afirmação da lei escrita, de que se salienta, entre muitos, o "*Human Rigths Act*" de 1998, confirmativo da adesão à Convenção Europeia dos Direitos do Homem. Na verdade, daquele documento histórico resultavam já alguns princípios, regras e garantias com influência no processo penal contemporâneo, nomeadamente a proibição de arbitrária detenção, a proibição do abuso do poder de autoridade, a proibição do desapossamento arbitrário de bens, a liberdade de circulação e a garantia do gozo das liberdades e direitos.

B – Fases Processuais

O Inquérito

O inquérito constitui a fase inicial e preparatória do processo penal. A Polícia tem nele dominante intervenção enquanto entidade que cumula as funções de recolha de todos os elementos de prova para o processo, com a responsabilidade de dedução da acusação.

Após a acusação não existe qualquer outro acto de investigação e as eventuais irregularidades terão por sanção o indeferimento do Ministério Público (mas também, a eventual não aceitação pelo "*juiz de paz*" (*judge of the peace*), ou a absolvição do arguido em sede de julgamento).

Uma vez que o Ministério Público não tem intervenção durante o inquérito, a sua decisão repousa sobre os elementos que lhe são fornecidos pela Polícia e ser-lhe-á, por isso, difícil sustentar a não adesão à acusação. Contudo, pode haver lugar à dedução da acusação pelo Ministério Público (o que raramente se verifica), se o "*Director of Public Prosecutions*" entender intervir face à complexidade ou importância do caso (sec. 3 (2) *b* do "*Prosecution Offences Act*" de 1985 (POA 1985).

---

[169] *Também da Petition of Rigths de 1628, do "Habeas Corpus Act" de 1679, do "Bill of Rights" de 1689 e do "Act of Settlement" de1700.*

A Instrução

No sistema inglês não existe instrução, no sentido comummente conferido nos sistemas romano-germânicos, uma vez que não há, em regra, a possibilidade de um aprofundamento da investigação criminal. Há, tão só, a apreciação do mérito da acusação, pelo *"juiz de paz"*, após o que decide dar-lhe continuidade, enviando-a ao *"crown court"* para julgamento, ou opta por indeferi-la, o que terá por consequência a impossibilidade de haver nova acusação sobre os mesmos factos, ou sobre as mesmas provas.

Esta intervenção do *"judge of the peace"* acontece na fase intermédia do procedimento penal (*transfer for trial*) e não se aplica senão a infracções graves e mistas. Tem lugar perante o tribunal de 1.ª instância (*magistrates'court*) que em regra funciona com juiz singular, mas podendo haver, igualmente, funcionamento em colectivo.[170]

O Julgamento

A fase de julgamento pode decorrer perante o *"magistrates'court"* (tribunal de 1.ª instância), quando estão em causa infracções sumárias ou infracções mistas em que o arguido tenha escolhido o julgamento sob esta forma. Pode desenrolar-se perante o *"crown court"*, tribunal que, em 1.ª instância, aprecia e julga as infracções mistas[171] e as infracções graves. Este tribunal tem ainda competências de julgamento em sede de recurso, quando este é interposto pela defesa.

C – Actores Públicos no Inquérito e na Instrução

O Ministério Público

"O "Crown Prosecution Service" é o departamento governamental responsável pelas acusações criminais dos casos investigados pela polí-

---

[170] *Sec. 4 (3) do Magistrates' Court Act de 1980.*
[171] *Quando o arguido não tenha optado pela forma sumária, segundo a possibilidade legal que lhe é conferida para a escolha.*

cia em Inglaterra e País de Gales. Criados pelo "Prosecution of Offences Act 1985", nós somos um corpo independente que trabalha em estreita coooperação com a polícia.

A chefia do "Crown Prosecution Service" pertence ao "<u>Director of Public Prosecutions</u> (the Director) Ken Macdonald QC". O Director depende do "Attorney General", o qual é responsável pelo "Serviço" perante o Parlamento. À data do estabelecimento desta estrutura, o CPS empregava cerca de 7.700 pessoas, incluindo cerca de 2.500 juristas. Todos os dias este pessoal lida com mais de 1.3 milhões de casos no "Magistrates' Court" e cerca de 115.000 no "Crown Court".

Com sede em Londres, York e Birmingham, nós trabalhamos numa estrutura organizativa de 42 áreas geográficas, coincidentes com os limites territoriais das 43 forças policiais da Inglaterra e País de Gales, com o CPS da área de Londres a abranger os limites operacionais da "City of London" e das "Metropolitan Police Forces". Cada área é chefiada por um "Chief Crown Prosecutor" (CCP) o qual é presponsável pelas acusações criminais dentro dessa área. Em Londres, o CCP é apoiado pelo "<u>Sector Directors</u>". Apesar de os CCPs serem directamente responsáveis pelas suas áreas, a maior parte das responsabilidades pela eficiente e efectiva gestão dessa área recai sobre os "Area Business Managers".

O "Crown Prosecution Service" é a principal autoridade em procedimento criminal público, na Inglaterra e País de Gales. Nós somos responsáveis pelo aconselhamento da polícia nos casos de possível acusação, ʳevendo os casos submetidos pela polícia e onde há decisão de acusação, determinando a acusação em todos os casos de menor importância, preparando os casos para tribunal e estando representados em todos os processos a apreciar em tribunal. O papel do "Serviço" é sustentar a acusação firme, justa e efectivamente, quando haja suficiente prova que permita concluir pela realística probabilidade de uma condenação e quando nisso esteja presente o interesse público."[172]

---

[172] *"Role of the CPS: The Crown Prosecution Service is the Government Department responsible for prosecuting criminal cases investigated by the police in England and Wales. Created by the Prosecution of Offences Act 1985, we are an independent body that works closely with the police.*

The head of The Crown Prosecution Service is the <u>Director of Public Prosecutions</u> (the Director) Ken Macdonald QC. The Director is superintended by the Attorney Gene-

O Sistema Inglês   189

O Ministério Público é, pois, encimado pelo director das acusações públicas (*Director of Public Prosecutions*), nomeado e supervisionado pelo "*Attorney General*".[173]

O Ministério Público (*Crown Prosecution Service*) foi criado em 1985 pelo *Prosecutions Offences Act* de 1985, tendo em vista a melhoria da coerência nas acusações públicas. Pelo mesmo acto legislativo, foram ainda criadas diversas regiões (actualmente 42), cada uma delas dirigida por um procurador-chefe da Coroa (*Chief Crown Prosecutor*). Cada procurador--chefe tem, sob a sua direcção, os procuradores-principais da Coroa (*Senior Crown Prosecutors*) e os procuradores da Coroa (*Crown Prosecutors*).

Ao Ministério Público cabe dar continuidade ou indeferimento às acusações inicialmente formuladas pela Polícia. Se esta não desencadear a acusação pública, em princípio o Ministério Público não intervém, senão a título de aconselhamento (*advisory*).

---

ral, who is responsible to Parliament for the Service. At the time that this scheme was compiled The CPS employed around 7,700 staff, including around 2,500 lawyers. Every year they deal with more than 1.3 million cases in the magistrates' court and about 115,000 in the Crown Court.

With headquarters based in London, York and Birmingham, we operate under a structure of 42 geographical Areas in England and Wales. These Areas correspond with the boundaries of 43 police forces in England and Wales with The CPS London Area covering the operational boundaries of both City of London and Metropolitan Police Forces. Each Area is headed by a Chief Crown Prosecutor (CCP) who is responsible for prosecutions within the Area. In London the CCP is supported by Sector Directors. Although CCPs are directly accountable for their Areas, most of the responsibilities for the efficient and effective administration of the Area fall to the Area Business Managers.

The Crown Prosecution Service is the principal prosecuting authority in England and Wales. We are responsible for advising the police on cases for possible prosecution, reviewing cases submitted by the police, where the decision is to prosecute, determine the charge in all but minor cases, preparing cases for court and the presentation of cases at court. The role of the Service is to prosecute cases firmly, fairly and effectively when there is sufficient evidence to provide a realistic prospect of conviction and when it is in the public interest to do so." – http://www.cps.gov.uk/about/role.html

[173] *Sec. 1 e 2 do "Prosecution Offences Act" de 1985 (POA 1985).*

"The Crown Prosecution Service is the Government Department responsible for prosecuting criminal cases investigated by the police in England and Wales. As the principal prosecuting authority in England and Wales, we are responsible for: Advising the police on cases for possible prosecution; Reviewing cases submitted by the police; Where the decision is to prosecute, determine the charge in all but minor cases; Preparing cases for court; Presentation of cases at court." – http//www.cps.gov.uk

190 *Medidas Cautelares e de Polícia do Processo Penal em Direito Comparado*

Os procuradores têm o poder/dever de intervir na audiência perante os magistrados do *"magistrates courts"* (tribunais de 1.ª instância) mas, até 1986, eles não detinham competência para submeter o feito a juízo.[174]

De então em diante, o Ministério Público assumiu maiores responsabilidades na acusação, na medida em que passou a rever as provas, a analisar a acusação formulada pela Polícia e a decidir da submissão do processo à apreciação do tribunal.[175]

O Juiz de Instrução

A figura do juiz de instrução não existe no sistema processual inglês. Algumas das competências que no sistema romano-germânico são cometidas ao juiz de instrução, são desenvolvidas pelos *"juizes de paz"*, v.g. as relacionadas com as medidas cautelares de obtenção e preservação da prova – (vd. *"Power of Justice of the Peace to authorise entry and search of premises"*, Capítulo 60, Secção 8, do PACE – Police and Criminal Evidence Act 1984)

Os *"judges of the peace"* são magistrados dos tribunais de 1.ª instância com competências gerais para a decisão de pequenos delitos, para a cobrança de dívidas e para questões de família que não exijam especiais conhecimentos técnicos. Não se tratando de juízes profissionais, beneficiam, porém, de assessores de consultadoria técnico-jurídica.

Nesta fase processual o *"juiz de paz"* tem uma missão genérica de vigilância e de cooperação no inquérito policial, na medida em que intervém, pontualmente, para autorizar a Polícia à prática de actos para as quais esta não tenha competência legal, nomeadamente para emitir mandados de busca e apreensão (como já dissemos), mandados de detenção, ou autorizações de prolongamento das detenções temporárias decididas pela Polícia.

---

[174] *Mireille Delmas-Marty, «Procédures Pénales d'Europe», Ed. Thémis – Presses Universitaires de France, pág. 132.*

[175] *Correta Phillips, Rutgers University; Gemma Cox, University of Manchester; Ken Pease, University of Huddersfield.*

Os Órgãos de Polícia Criminal

Além de outras com competências limitadas a sectores específicos[176], existem quarenta e três forças policiais em Inglaterra e País de Gales, cada uma com responsabilidades sobre determinada área territorial, mas todas com competências em matéria de investigação criminal.

O dirigente de cada uma das polícias (*the Chief Constable*) não depende de mais ninguém no que respeita a matéria operacional, sendo embora responsável perante um comité de eficiência.

Como se disse a propósito da fase da acusação, em Inglaterra a Polícia exerce uma dupla função no inquérito criminal: a investigação das infracções e a dedução da acusação.

O sistema é regido por um princípio de oportunidade na perseguição dos delitos e nenhuma autoridade tem o poder de impor à Polícia que proceda à formulação de uma acusação, se bem que este poder surja mitigado pela maior capacidade de intervenção do "Crown Prosecution Service", após a publicação e entrada em vigor do *Prosecutions Offences Act* de 1985.

D – Medidas cautelares e de polícia

D1. *Notícia da Infracção*

Quando a Polícia verifica uma infracção sumária está obrigada à elaboração de auto de notícia, após o que libera o visado e solicita ao tribunal que emita mandado de comparência (*summons*) para julgamento. Pode optar por notificá-lo, por escrito, da sua intenção de vir a deduzir a acusação (*notice of intended prosecution*) pelos factos de que é suspeito.

Fora de flagrante delito, a Polícia inicia o inquérito e deduz a acusação com base nas denúncias inicialmente apresentadas por vítimas dos crimes ou por outras entidades públicas ou particulares.

---

[176] *"The British Transport Police", "The Ministry of Defence Police" and "The Port of London Authority Police".*

Contudo, pode o suspeito ser detido: *"**Quando o agente de polícia tenha fundadas suspeitas do cometimento ou da tentativa de cometimento de uma infracção criminal, que em regra não admita a detenção, pode deter a pessoa em causa se a obtenção de um mandando de comparência em julgamento é impraticável ou inapropriado, desde que esteja preenchida qualquer das condições gerais de detenção.**"* – Capítulo 60, Secção 25 (1) do "Police and Criminal Evidence Act" de 1984 (PACE) com as alterações que lhe foram introduzidas pelo "Criminal Justice Act" de 2003 (CJA).[177].

D2. *Actos cautelares imediatos e urgentes para assegurar os meios de prova*

À Polícia compete, como acima se referiu, toda a investigação criminal. Como não pode deixar de ser, os respectivos fins devem ser procurados desde a notícia da infracção, quer esta tenha sido presenciada pela Polícia, quer tenha sido resultante de uma participação da vítima ou de terceiro.

Dos textos legislativos processuais ingleses não resulta de modo expresso o deferimento do poder policial para proceder à adopção de medidas cautelares de preservação dos meios de prova. Mas, de novo de diz *"ad maiorum ad minus"*: se à Polícia são legalmente reconhecidas as vastas competências (quase exclusivas) de investigação criminal, facilmente se alcança e terá que se aceitar que a ela compete a escolha dos meios, dos processos e dos momentos em que devem ser preservados os indícios e vestígios materiais "inscritos" nos locais dos crimes ou noutros com eles relacionados, sempre, claro está, de harmonia com as regras orientadoras do trabalho investigatório no procedimento penal que, no caso da polícia inglesa, são até de grande prodigalidade. Basta ter-se em conta que a Polícia dispõe de "Códigos" escritos regulamentadores da sua actividade, conhecidos como *"**Codes of Practice**"*, em número de sete,

---

[177] *"Where a constable has reasonable grounds for suspecting that any offence which is not an arrestable offence has been committed or attempted, or is being committed or attempted, he may arrest the relevant person if it appears to him that service of a summons is impracticable or inappropriate because any of the general arrest conditions is satisfied."* – Capítulo 60, Secção 25 (1) do "Police and Criminal Evidence Act" de 1984 PCEA.

O Sistema Inglês 193

todos aprovados no âmbito do "Police and Criminal Evidence Act", designadamente:

- *"Code A – Code of Practise by police officers of statutory powers of stop na search"*
- *"Code B – Code of Practise for searchs of premises by police officers and the seizure of property found by police officers on persons or premises"*
- *"Code C – Code of Practise for the detention, treatment and questioning of persons by police officers"*
- *"Code D – Code of Practise for the identificiation of persons by police officers"*
- *"Code E – Code of Practise on tape recording interviews wuith suspects"*
- *"Code F – Code of Practise on visual recording with sound of interviews of suspects"*
- *Code G – Statutory powers of arrest* (entrou em vigor em 01 de Janeiro de 2006).

D3. *Preservação e exame dos vestígios*

Como visto a propósito dos anteriores sistemas, trata-se de operações de preservação registral (a constar de autos e relatórios de investigação) e material. Isto é, num primeiro momento, <u>ao funcionário de polícia cabe preservar a *"criminis scena"*</u>. Deve <u>evitar que se apaguem os vestígios materiais,</u> registar a sua existência, natureza e localização e, quando legal e tecnicamente competente, proceder à sua recolha e conservação.

Pode, de imediato, ir mais adiante, quando as circunstâncias o permitirem ou impuserem, por exemplo obrigando à permanência de determinadas pessoas ou a manutenção do estado das coisas nos locais a preservar, acautelando a posterior recolha de amostras destinadas a análise científica ou, mesmo, compelindo as pessoas a deslocarem-se a departamento policial para colheita de amostras destinadas a comparação com os vestígios colhidos:

"Impressões digitais e amostras
63-A
(1) As impressões digitais e os vestígios, ou as informações retiradas dos vestígios colhidos, ao abrigo de qualquer das competências

194 Medidas Cautelares e de Polícia do Processo Penal em Direito Comparado

conferidas pela presente lei, de qualquer pessoa que tenha sido detida sob suspeita de envolvimento em crime sujeito a registo, pode ser verificado e comparado com outras impressões digitais ou vestígios ou com outra informação derivada de outras amostras constantes de registos produzidos sob supervisão da polícia, ou produzidos em conexão com uma infracção criminal ou como resultado de uma infracção criminal.

(2) *Quando um vestígio de cabelo ou de pêlo púbico seja colhido, a amostra deve ser igualmente colhida por corte ou extracção de cabelo com as suas raízes, na medida do necessário para se colher uma amostra considerada suficiente.*

(3) *Quando o poder de colher amostras é exercido em relação a uma pessoa, a amostra pode ser tomada na prisão ou noutra instituição a que se refere o "Prison Act 1952".*

(4) *Qualquer agente de polícia pode, dentro do prazo legal, exigir de uma pessoa, mesmo quando não sujeita a detenção, ou custódia policial sob autoridade judicial, que ela se desloque a um departamento policial para ali lhe ser colhida amostra, quando:*

(a) A pessoa tenha sido acusada de uma infracção sujeita a registo criminal ou notificada de que virá a ser sujeita (constituída em arguida) a participação criminal do mesmo tipo, e da qual também não tenha sido colhida amostra no decurso da investigação da infracção pela polícia ou, mesmo quando tenha sido colhida a amostra mas esta se tenha revelado insatisfatória ou insuficiente para efeitos de análise; ou

(b) a pessoa tenha sido condenada por uma infracção sujeita a registo criminal e também lhe não tenha sido retirada amostra desde a condenação ou, tendo-lhe sido tomada a amostra (antes ou depois da sua condenação), ela também se tenha revelado inconclusiva para os mesmos fins de análise ou, apesar de conclusiva, se tenha revelado insuficiente.

(5) O período permitido para eixigir de uma pessoa que se desloque a um estabeleicmento policial com a finalidade especificada na sub-secção anterior (4), é:

(a) No caso de uma pessoa subsumível ao parágrafo (a), um mês a partir da data da acusação ou um mês a partir da data em que o funcionário competente teve conhecimento de que a amostra

não é adequada para os mesmos fins de análise ou que se reve-
lou insuficiente no caso em concreto.

(b) No caso de uma pessoa subsumível ao parágrafo (b), um mês
a partir da data da condenação ou um mês a partir da data
em que o funcionário competente teve conhecimento de que a
amostra não é adequada para os mesmos fins de análise ou que
se revelou insuficiente no caso em concreto.

(6) Uma medida ao abrigo da subsecção (4):

(a) Deve dar á pessoa no mínimo 7 dias dentro dos quais deve com-
parecer; e

(b) Deve esclarecê-la do seu dever de comparência em determinada
hora e dia ou dentro de determinado período.

(7) Qualquer agente de polícia pode deter, independentemente de
mandado, uma pessoa que tenha faltado ao seu dever de comparência
nos termos da subsecção (4).

(8) Para efeitos desta secção "o funcionário competente" é:

(a) No caso de uma pessoa que tenha faltado em violação da sub-
secção (4) (a), o funcionário responsável pela investigação
do crime pelo qual a pessoa faltosa tenha sido condenada ou
acerca do qual a pessoa tenha sido notificada de que iria ser
sujeita a participação criminal (constituída em arguida)

(b) No caso de uma pessoa que tenha faltado em violação à sub-
secção (4) (b), o funcionário no momento responsável pelo fun-
cionamento do estabelecimento policial encarregado da condu-
ção da investigação criminal a que essa pessoa se encontra
sujeita.[178]

---

[178] *"Fingerprints and samples: supplementary provisions*
63A. –

(1) Fingerprints or samples or the information derived from samples taken under
any power conferred by this part of this Act from a person who has been arrested on sus-
picion of being involved in a recordable offence may be checked against other fingerprints
or samples or the information derived from other samples contained in records contained
in records held by or on behalf of the police or held in connection with or as a result of an
investigation of an offence.

(2) Where a sample of hair other than pubic hair is to be taken the sample may
be taken either by cutting or by plucking hairs with their roots so long as no more are

196 *Medidas Cautelares e de Polícia do Processo Penal em Direito Comparado*

plucked than the person taking the sample reasonably considers to be necessary for a sufficient sample.

(3) Where any power to take a sample is exerciseable in relation to a person the sample may be taken in a prison or other institution to which the Prison Act 1952 applies.

(4) Any constable may within the alloweed period, require a person who is neither in police detention nor held in custody by the police on the authority of a court to attend a police station in order to have a sample taken where –

(a) the person has been charged with a recordable offence or informed that he will be reported for such an offence and either he has not had a sample taken from him in the course of the investigation of the offence by the police or he has had a sample so taken from him but either it was not suitable for the same means of analyisis or, though so suitable, the sample proved insufficient; or

(b) the person has been convicted of a recordable offence and either he has not had a sample taken from him since the conviction or he has had a sample taken fom him (before or after his conviction) but either it was not suitable for the same means of analysis or, though so suitable, the sample proved insufficient.

(5) The period allowed for requiring a person to attend a police station for the purpose specified in subsection (4) above is –

(a) in the case of a person falling within paragraph (a), one month beginning with the date of the charge or one month beginning with the date on which the appropriate officer is informed of the fact that the sample is not suitable for the same means of analysis or has proved insufficient as the case may be;

(b) in the case of a person falling within paragraph (b), one month beginning with the date of the conviction or one month beginning with the date on which the appropriate officer is informed of the fact that the sample is not suitable for the same means of analysis or has proved insufficient, as the case may be.

(6) A requirement under subsection (4) above –

(a) shall give the person at least 7 days within which he must so attend; and

(b) may direct him to attend at a specified time of day or between specified times of day,

(7) Any constable may arrest without a warrant a person who has failed to comply with a requirement under subsection (4) above.

(8) In this section "the appropriate officer" is –

(a) in the case of a person falling within subsection (4)(a), the officer investigating the offence with which that person has been charged or as to which he was informed that he would be reported;

(b) in the case of a person falling within subsection (4)(b), the officer in charge of the police station from which the investigation of the offence of which he was convicted was conducted." – Cap. 60 secção 63-A do "Police and Criminal Evidence Act" de 1984 PCEA.

D4. *Proibição de actos que possam prejudicar a descoberta da verdade*

Vale aqui quanto ficou dito a propósito dos pontos **D2** e **D3** imediatamente anteriores, designadamente no que toca aos poderes funcionais da Polícia em sede de investigação e acusação.

Desse modo, também é de concluir que os funcionários policiais encarregados dos primeiros contactos com o local do crime procedam de modo a <u>impedir actos voluntários (ou mesmo negligentes) que frustrem a subsequente investigação</u>.

Aliás, em situações excepcionais, a Polícia pode mesmo proceder à captura e colocar a pessoa sob detenção, bastando que haja suspeita de que possa praticar actos ou ter comportamentos susceptíveis de prejudicar a aquisição da prova e, consequentemente, a descoberta da verdade:

"37. – (1) Quando
(a) uma pessoa é capturada devido a uma infração criminal
   (i) sem mandado judicial;ou
   (ii) com mandado judicial mas sem possibilidade de aceitação de caução,
(b) uma pessoa comparece em estabelecimento policial para prestação de caução,
o funcionário de polícia responsável pelas detenções, no estabelecimento policial onde a pessoa foi detida após a captura, deve verificar se existe suficiente prova para proceder à acusação pela infracção que originou a captura e pode colocar o capturado sob detenção, no posto policial, pelo tempo que for necessário a esse procedimento.

(2) Se o funcionário de polícia responsável pelas detenções entender que não existem suficientes meios de prova, a pessoa capturada deve ser libertada, com ou sem caução, a menos que aquele funcionário tenha fundamentos sérios para considerar que a sua detenção sem acusação é necessária para garantir ou preservar a prova relacionada com a infracção criminal determinante da captura, ou para obtenção de prova através do interrogatório." – Capítulo 60, Secção 37. – (1), do PACE de 1984.[179]

---

[179] *"37. – (1) Where*
(a) a person is arrested for an offence –

D5. *Obtenção de informações*

A Polícia pode exigir de qualquer pessoa o fornecimento de provas ou informações sobre meios de prova, se isso for razoável segundo as circunstâncias.

Mas a pessoa não está vinculada ao dever de deslocação ao posto policial para responder perguntas, a menos que se encontre numa situação de legal privação da liberdade.[180]

Identicamente, <u>a Polícia pode interrogar qualquer pessoa susceptível de fornecer informações sobre um crime</u>, mas o interrogado não está obrigado a responder senão ao seu nome e morada e acerca de infracções relacionadas com crimes, acidentes rodoviários ou estupefacientes.

D6. *Realização de perícia*

A legislação processual inglesa também se não refere claramente à competência para determinar a adopção de medidas cautelares e de polícia

---

(i) without a warrant; or

(ii) under a warrant not endorsed for bail,

(b) a person returns to a police station to answer bail

*the custody officer at each police station where he is detained after his arrest shall determine whether he has before him sufficient evidence to charge that person with the offence for which he was arrested and **may detain him at the police station for such period as is necessary to enable him to do so.***

*(2) If the custody officer determines that he does not have such evidence before him, the person arrested shall be released either on bail or without bail, **unless the custody officer has reasonable grounds for believing that his detention without being charged is necessary to secure or preserve evidence relating to an offence** for which he is under arrest or to obtain such evidence by questioning him.* – Capítulo 60, Secção 37 (vd. também Secções 41 e 42) do PACE.

[180] *24: –*

"(6) Where a constable has reasonable grounds for suspecting that an arrestable offence has been committed, he may arrest without a warrant anyone whom he has reasonable grounds for suspecting of being guilty of the offence.

25: –

(1) Where a constable has reasonable grounds for suspecting that any offence which is not an arrestable offence has been committed or attempted, or is being committed or attempted, he may arrest the relevant person if it appears to him that service of a summons is impracticable or inappropriate because any of the general arrest conditions is satisfied." – Capítulo 60, Secções 24 e 25 do PCEA.

O Sistema Inglês 199

relativamente às coisas periciáveis, até que haja lugar à intervenção das autoridades competentes.

Nada de surpreendente, se tivermos em conta que uma das finalidades da preservação dos objectos que devem ser sujeitos a exames técnicos ou científicos é esperar a intervenção da autoridade competente para determinar a perícia.

Ora, como já afirmado, de um modo geral a Polícia deve <u>acautelar a recolha e conservação de todos os indícios ou vestígios</u> materiais da infracção. Por outro lado, são muito poucas as situações em que tem o dever legal de recurso ao suprimento judicial para uma qualquer medida investigatória.

Assim, no uso desses poderes, a Polícia pode determinar, em urgência ou em circunstâncias de normalidade:

a) A recolha e o exame de objectos, vestígios e substâncias corporais íntimas (impressões dentais, amostras de sangue, pêlos púbicos, etc.) e

b) A recolha e o exame de objectos, vestígios e de elementos corporais não-íntimos (unhas, cabelos, saliva, impressões lofoscópicas, etc.)

Refira-se, a título meramente demonstrativo, que as secções 55 e 63-A do PACE, alteradas pelo *"Criminal Justice and Public Order Act 1994", Capítulo c.33*, permitem o exame corporal quando existam razões sérias para se suspeitar de que neles possa esconder drogas ou objectos que possam atentar contra a integridade física própria ou alheia.

Na primeira hipótese, embora a Polícia o possa determinar, apenas o médico pode proceder ao exame.

Na segunda hipótese, deve ser o médico a proceder ao exame, <u>sem prejuízo das medidas cautelares de preservação que a Polícia deva adoptar</u>, até que haja o consentimento do visado ou intervenção judicial adequada:[181]

"Impressões digitais e amostras: disposições complementares
63A. –
(1) As impressões digitais ou amostras ou a informação derivadas das amostras, colhidas ao abrigo de qualquer dos poderes conferidos

---

[181] *"Fingerprints and samples: supplementary provisions*
63A. –
(1) Fingerprints or samples or the information derived from samples taken under any power conferred by this part of this Act from a person who has been arrested on

200   *Medidas Cautelares e de Polícia do Processo Penal em Direito Comparado*

pela presente lei, de uma pessoa que tenha sido capturada ou suspeita de uma infracção sujeita a registo criminal, podem ser comparadas com

---

suspicion of being involved in a recordable offence may be checked against other finger-prints or samples or the information derived from other samples contained in records con-tained in records held by or on behalf of the police or held in connection with or as a result of an investigation of an offence.

(2) Where a sample of hair other than pubic hair is to be taken the sample may be taken either by cutting or by plucking hairs with their roots so long as no more are pluc-ked than the person taking the sample reasonably considers to be necessary for a sufficient sample.

(3) Where any power to take a sample is exerciseable in relation to a person the sample may be taken in a prison or other institution to which the Prison Act 1952 applies.

(4) Any constable may within the alloweed period, require a person who is neither in police detention nor held in custody by the police on the authority of a court to attend a police station in order to have a sample taken where –

(a) the person has been charged with a recordable offence or informed that he will be reported for such an offence and either he has not had a sample taken from him in the course of the investigation of the offence by the police or he has had a sample so taken from him but either it was not suitable for the same means of analyisis or, though so suitable, the sample proved insufficient; or

(b) the person has been convicted of a recordable offence and either he has not had a sample taken from him since the conviction or he has had a sample taken fom him (before or after his conviction) but either it was not suitable for the same means of analysis or, though so suitable, the sample proved insuffi-cient.

(5) The period allowed for requiring a person to attend a police station for the pur-pose specified in subsection (4) above is –

(a) in the case of a person falling within paragraph (a), one month beginning with the date of the charge or one month beginning with the date on which the appro-priate officer is informed of the fact that the sample is not suitable for the same means of analysis or has proved insufficient as the case may be;

(b) in the case of a person falling within paragraph (b), one month beginning with the date of the conviction or one month beginning with the date on which the appropriate officer is informed of the fact that the sample is not suita-ble for the same means of analysis or has proved insufficient, as the case may be.

(6) A requirement under subsection (4) above –

(a) shall give the person at least 7 days within which he must so attend; and

(b) may direct him to attend at a specified time of day or between specified times of day,

outras inpressões digitais, amostras ou informações derivadas de outras amostras contidas em registos policiais ou obtidas por conexão resultante da investigação de outra infracção criminal.

(2) Quando uma amostra de cabelos ou pêlos púbicos tenha que ser colhida, deve sê-lo por corte ou extracção dentro do estritamente necessário e suficiente às necessidades da investigação.

(3) Quando as competências para colheita de amostras são exercidas em relação a uma pessoa, pode ter lugar em estabelecimento prisional ou em outra instituição a que se refere o Prision Act 1952.

(4) Qualquer funcionário de polícia pode, dentro do prazo legal, exigir a qualquer pessoa não submetida a detenção ou custódia policial sob autorização judicial, que compareça no estabelecimento policial tendo em vista a colheita de amostras:

(a) De pessoa acusada, ou notificada de que irá ser acusada de uma infracção criminal sujeita a registo, da qual não tenha ainda sido colhida amostra no decurso da investigação policial da infracção, ou que a amostra já colhida se tenha revelado inadequada ou insuficiente aos mesmos fins de análise;

(b) De pessoa condenada por infracção criminal sujeita a registo de quem não tenha dela sido colhida amostra depois da condenação, ou de quem tenha sido colhida (antes ou depois da condenação) mas também se tenha revelado inadequada ou insuficiente aos mesmos fins de análise. (...)" – Capítulo 60, Secção 63A, do PACE.

---

(7) Any constable may arrest without a warrant a person who has failed to comply with a requirement under subsection (4) above.

(8) In this section "the appropriate officer" is –

(a) in the case of a person falling within subsection (4)(a), the officer investigating the offence with which that person has been charged or as to which he was informed that he would be reported;

(b) in the case of a person falling within subsection (4)(b), the officer in charge of the police station from which the investigation of the offence of which he was convicted was conducted." – Capítulo 60, Secção 63A, do PACE

"Medical examination

Samples of blood, saliva, and hair and dental impressions can be taken only if:

a person gives their written consent, or

it is ordered by the court, in which case reasonable force can be used." – www.yourrights.org.uk/

202 Medidas Cautelares e de Polícia do Processo Penal em Direito Comparado

"Parte IV – Poderes de Polícia – Poderes de polícia para colheita de amostras corporais

54. – (1) A secção 62 do [1984 c. 60.] Police and Criminal Evidence Act 1984 (regulamentação da colheita de amostras corporais íntimas) é alterado como se segue:

(2) Depois da subsecção (1) é inserida a seguinte subsecção:

"(1A) Pode ser colhida uma amostra corporal de uma pessoa que se não encontre numa situação de detenção policial, mas da qual, no decurso da investigação de uma infracção criminal, duas ou mais amostras não íntimas destinadas a análise tenham sido colhidas mas se tenham revelado insuficientes –

Se um funcionário de polícia de graduação igual ou superior a superintendente o autorizar; e

Se o apropriado consentimento for obtido

(3) …

(b) no parágrafo (a), a expressão "grave crime de prisão" " deve ser substituída pela expressão"infracção sujeita a registo".

(…)

(5) Na subsecção (9) –

(a) as palavras "ou saliva" devem ser substituídas pela expressão "ou impressão dentária" e

(b) no final deve ser inserida a expressão "e a impressão dentária deve ser colhida unicamente por dentista autorizado." – Criminal Justice and Public Order 2003.

D7. *Apreensões em caso de urgência ou perigo na demora*

D7.1. *Apreensões de objectos*

O *"Police and Criminal Evidence Act de 1984"* trata a questão das revistas, das buscas e das apreensões nas secções 1 a 3, 8, 15, 17 a 19, 20 e 22, disciplinando quer o processo das apreensões levadas a efeito no normal decurso do inquérito, quer as apreensões que devam ser executadas em caso de urgência ou de perigo na demora.

As revistas e buscas assumem-se como meio de obtenção de prova colocados ao alcance da Polícia e que têm, portanto, a finalidade de encontrar objectos ou instrumentos susceptíveis de servir à aquisição da verdade dos factos em investigação.

O capítulo 60 do PACE abre, desde logo, com a regulamentação dos poderes policiais para deter e sujeitar a revista ou busca veículos e pessoas, nos seguintes termos:[182]

"Parte 1 – Poderes para "Stop", Revistas e Buscas
1. Poder do funcionário de polícia para operações "stop", revista de pessoas, veículos, etc. –

---

[182] *"1. Power of constable to stop and search persons, vehicles etc. –*
(1) A constable may exercise any power conferred by this section –
(a) in any place to which at the time when he proposes to exercise the power the public or any section of the public has access, on payment or otherwise, as of right or by virtue of express or implied permission; or
(b) in any other place to which people have ready access at the time when he proposes to exercise the power but which is not a dwelling.
(2) Subject to subsections (3) to (5) below, a constable –
(a) may search –
(i) any person or vehicle;
(ii) anything which is in or on a vehicle,
for stolen or prohibited articles or any article to which subsection (8A) below applies; and
(b) may detain a person or vehicle for the purpose of such a search.
(3) This section does not give a constable power to search a person or vehicle or anything in or on a vehicle unless he has reasonable grounds for suspecting that he will find stolen or prohibited articles or any article to which subsection (8A) below applies.
(4) If a person is in a garden or yard occupied with and used for the purposes of a dwelling or on other land so occupied and used, a constable may not search him in the exercise of the power conferred by this section unless the constable has reasonable grounds for believing –
(a) that he does not reside in the dwelling; and
(b) that he is not in the place in question with the express or implied permissio person who resides in the dwelling.
(5) If a vehicle is in a garden or yard occupied with and used for the purposes of a dwelling or on other land so occupied and used, a constable may not search the vehicle or anything in or on it in the exercise of the power conferred by this section unless he has reasonable grounds for believing –
(a) that the person in charge of the vehicle does not reside in the dwelling; and
(b) that the vehicle is not in the place in question with the express or implied permission of a person who resides in the dwelling.
(6) If in the course of such a search a constable discovers an article which he has reasonable grounds for suspecting to be a stolen or prohibited article or an article to which subsection (8A) below applies, he may seize it.
(7) An article is prohibited for the purposes of this Part of this Act if it is –
(a) an offensive weapon; or

204 *Medidas Cautelares e de Polícia do Processo Penal em Direito Comparado*

(l) O funcionário de polícia pode exercer qualquer dos poderes conferidos por esta secção:
(a) Tendo em vista o exercício das suas competências públicas, em qualquer lugar onde o público, ou certo público, tenha acesso

---

(b) an article –
    (i) made or adapted for use in the course of or in connection with an offence to which this sub-paragraph applies, or
    (ii) intended by th eperson having it with him for such use by him or by some other person.
(8) The offences to which subsection (7)(b)(i) above applies are-
(a) burglary;
(b) theft;
(c) offences under section 12 of the Theft Act 1968 (taking motor vehicle or other conveyance without authority); and
(d) offences under section 15 of that Act (obtaining property by deception).
(8A) This subsection applies to any article in relation to which a person has committed, or is committing or is going to commit an offence under section 139 of the Criminal Justice Act 1988.
(9) In this Part of this Act "offensive weapon" means any article –
(a) made or adapted for use for causing injury to persons; or
(b) intended by the person having it with him for such use by him or by some other person." – Capítulo 60, Parte 1 – Poderes para "Stop", Revistas e Buscas, do PACE.
"8 Power of Justice of the Peace to authorise entry and search of premises
8. –
(1) If on an application made by a constable a justice of the peace is satisfied that there are reasonable grounds for believing –
(a) that a serious arrestable offence has been committed; and
(b) that there is material on premises specified in the application which is likely to be of substantial value (whether by itself or together with other material) to the investigation of the offence; and
(c) that the material is likely to be relevant evidence; and
(d) that it does not consist of or include items subject to legal privilege, excluded material or special procedure material; and
(e) that any of the conditions specified in subsection (3) below applies,
he may issue a warrant authorising a constable to enter and search the premises.
(2) A constable may seize and retain anything for which a search has been authorised under subsection (1) above.
(3) The conditions mentioned in subsection (1)(e) above are –
(a) that it is not practicable to communicate with any person entitled to grant entry to the premises;
(b) that it is practicable to communicate with a person entitled to grant entry to the

*através de pagamento ou admitida a sua entrada de qualquer
outro modo, designadamente em virtude de permissão expressa
ou tácita; ou*

*(b) em outro qualquer lugar a que as pessoas tenham imediato
acesso no momento da intervenção policial, excepto em lugar
que sirva de habitação*

*(2) Em obediência às subsecções (3) a (5) abaixo, um funcionário
de polícia*

(a) pode submeter a revista ou busca

(i) qualquer pessoa ou veículo;

(ii) qualquer coisa existente num veículo,

*Para procura de coisas furtadas/roubadas ou objectos proibidos, ou
qualquer artigo a que abaixo se refere a subsecção(8A); e*

*(b) pode deter uma pessoa ou veículo para efeitos dessa revista/
/busca.*

*(3) Esta secção não confere, aos funcionários de polícia, compe-
tência legal para proceder a revista/busca a pessoas ou veículos, ou
qualquer coisa transportada nos veículos, quando não existam razoáveis
fundamentos para suspeitar de que neles podem ser encontrados objectos furtados/roubados ou proibidos ou qualquer artigo a que abaixo se
refere a subsecção (8A).*

*(4) Se uma pessoa se encontra num jardim, numa praça ou em
qualquer outro espaço ocupados como habitação, o funcionário de polícia não a pode sujeitar a revista ou busca no exercício dos poderes conferidos por esta secção, a menos que exista fundada suspeita para crer –*

(a) que a pessoa não reside nessa habitação; e

*(b) que a pessoa se encontra na habitação sem o consentimento
expresso ou presumido da pessoa que aí resida.*

---

*premises but it is not practicable to communicate with any person entitled to grant access
to the evidence;*

(c) that entry to the premises will not be granted unless a warrant is produced;

*(d) that the purpose of a search may be frustrated or seriously prejudiced unless a
constable arriving at the premises can secure immediate entry to them.*

*(4) In this Act "relevant evidence", in relation to an offence, means anything that
would be admissible in evidence at a trial for the offence.*

*(5) The power to issue a warrant conferred by this section is in addition to any such
power otherwise conferred.* – Capítulo 60, secção 8 do PACE.

206 Medidas Cautelares e de Polícia do Processo Penal em Direito Comparado

(5) Se o veículo se encontra num jardim ou numa praça ou em qualquer outro espaço ocupados como habitação, o funcionário de polícia não pode sujeitar a busca esse veículo ou qualquer artigo nele existente, no exercício dos poderes conferidos por esta secção, a menos exista fundada suspeita para crer –

(a) a pessoa na posse do veículo não reside na habitação; e

(b) o veículo está nesse lugar sem o consentimento expresso ou presumido da pessoa que aí resida.

(6) Se no decurso de uma revista ou de uma busca o funcionário de polícia descobre um objecto de que há razoáveis suspeitas de proveniência de furto ou de roubo, que é proibido, ou que é qualquer dos objectos a que abaixo se refere a subsecção (8A), deve proceder à sua apreensão. (...)" – Capítulo 60, parte 1, secção 1, do PACE.

De acordo com a Sec. 19 do PACE, *"(2) O funcionário de polícia apreende qualquer objecto que se encontre em domicílios, se tiver fundadas razões para crer:*

a) que foi obtido em consequência da comissão do ilícito;

b) que a apreensão é necessária para prevenir que o objecto desapareça ou seja perdido, danificado, alterado ou destruído.

(3) O funcionário de polícia apreende qualquer objecto que se encontre no local, se tiver fundadas razões para crer:

a) que constitui prova em relação a um crime que se encontra a investigar, ou a qualquer outro;

b) que a apreensão é necessária para prevenir que o objecto desapareça, se perca, ou seja destruído."[183]

---

[183] *"19: – General power of seizure*

(1) he powers conferred by subsections (2), (3) ... below are exercisable by a constable who is lawfully on any premises.

(2) The constable may seize anything which is on the premises if he has reasonable grounds for believing –

(a) that it has been obtained in consequence of the commission of an offence; and

(b) that it is necessary to seize it in order to prevent it being concealed, lost, damaged, altered or destroyed.

(3) The constable may seize anything which is on the premises if he has reasonable grounds for believing

(a) That it is evidence in relation to an offence which he is investigating or any other offence; and,

O Sistema Inglês

Quer isto significar que se tratou conjuntamente a normal apreensão da generalidade de objectos com alguma ligação ao crime e a apreensão cautelar urgente que, a não se verificar, provavelmente inviabilizaria a prova.

Como se nota, no sistema jurídico inglês não existe a distinção conceptual entre a busca e a revista, enquanto meios de obtenção da prova. O mesmo termo *(searches)* é usado indistintamente para a procura dos elementos de prova nos lugares e nas pessoas. As *"searches"* são conduzidas pela Polícia e têm por finalidade, entre outras,[184] a de efectuar apreensões de quaisquer objectos.

Em regra, as buscas e apreensões em locais não acessíveis ao público (sobretudo no domicílio) são autorizadas pelo juiz de paz, que emitirá o competente mandado a requerimento da Polícia, se houver suspeita de uma *"arrestable offence"*[185] e de que existirão objectos ou materiais com valor para a prova, que não se encontrem abrangidos por um *"legal privilege"*[186].

(b) That it is necessary to seize it in order to prevent the evidence being concealed, lost or destroyed.

(4) The constable may require any information which is contained in a computer and is accessible from the premises to be produced in a form in which it can be taken away and in which it is visible and legible if he has reasonable grounds for believing

(a) that –

    (i) it is evidence in relation to an offence which he is investigating or any other offence; or

    (ii) it has been obtained in consequence of the commission of an offence; and

(b) that it is necessary to do so in order to prevent it being concealed, lost, tampered with or destroyed.

(5) The powers conferred by this section are in addition to any power otherwise conferred.

(6) No power of seizure conferred on a constable under any enactment (including an enactment contained in an Act passed after this Act) is to be taken to authorise the seizure of an item which the constable exercising the power has reasonable grounds for believing to be subject to legal privilege." – Capítulo 60, Secção 19, do PACE.

[184] *Prevenção da violência doméstica; investigação de crimes de tráfico de estupefacientes; captura de suspeito de actividade criminosa; recaptura de evadido, violência grave; violência doméstica, etc.*

[185] *Crimes a que corresponde pena de prisão de máximo igual ou superior a 5 anos, de acordo com o "1984 Act" e outros de uma extensa lista, entre os quais os crimes sexuais e os crimes contra os fundamentos da vida em sociedade e os contra o património.*

[186] *Materiais ou documentos que se encontram abrangidos pelo segredo profissional, como os de advogado relativamente ao seu cliente.*

208 Medidas Cautelares e de Polícia do Processo Penal em Direito Comparado

Resulta claro que nem sempre as buscas poderão pertencer à iniciativa da Polícia: Ao *"judge of the peace"* compete emitir mandados de busca e apreensão (*search warrant*), se lhe parecer verosímil que os elementos de prova se encontrarão nos locais indicados pela Polícia[187], designadamente quando se trate de domicílios e instalações:

"(1) Se em função de um requerimento da polícia, o juiz de paz considera que existem substanciais razões para crer

(a) que foi cometido um crime pelo qual a pessoa possa ser sujeita a captura; e (b) nos locais indicados existem materiais com substancial valor para a investigação do crime; e

(c) que esses materiais parecem ser relevantes para a prova (...) ele pode emitir mandado autorizando um funcionário de polícia a entrar e buscar esse locais."

Mas a secção 1, do *"Police and Criminal Evidence Act"* prevê a possibilidade de a Polícia proceder, sem precedência de mandado, a revistas pessoais e a buscas em veículos, quando sejam susceptíveis de possuírem, ou neles ocultarem, objectos furtados ou roubados e quaisquer outros que sejam proibidos.

Também a busca em quaisquer lugares públicos e revista pessoal poderão ter lugar imediatamente após a captura do suspeito, sem precedência de mandado, sempre que haja razões para supor que neles se ocultam objectos com qualquer ligação à infracção, quando haja a susceptibilidade de desaparecerem ou de facilitarem a subtracção do suspeito aos posteriores actos processuais.[188]

---

[187] *Capítulo 60, Secção 8, do PACE.*

[188] *"Entry and Search after Arrest*

18. – (1) Subject to the following provisions of this section, a constable may enter and search any premises occupied or controlled by a person who is under arrest for an arrestable offence, if he has reasonable grounds for suspecting that there is on the premises evidence, other than items subject to legal privilege, that relates –

(a) to that offence; or

(b) to some other arrestable offence which is connected with or similar to that offence.

(2) A constable may seize and retain anything for which he may search under subsection (1) above.

(3) The power to search conferred by subsection (1) above is only a power to

O Sistema Inglês 209

A lei atribui à Polícia, ainda, o poder de apreensão de informação contida em computadores, sempre que haja a convicção de que constitui prova relativamente a um crime e que <u>a apreensão é necessária para acautelar o seu desaparecimento, perda, bloqueamento ou destruição.</u>[189]

Os objectos e substâncias apreendidas são inventariadas em auto e emitido recibo a quem as tinha na sua posse:[190]

" Dever de registo relativo a buscas e revistas:

(1) Quando um funcionário de polícia levou a efeito uma busca ou revista, no exercício de qualquer competência mencionada na secção 2 (1) ou uma revista ou busca:

(a) subsumível à secção 6 abaixo estabelecida; ou

(b) ao abrigo da secção 27(2) da "Aviation Security Act 1982",

Ele deve produzir um relatório escrito, a menos que isso seja impraticável (...) – Capítulo 60, secção 3, do PACE.

"(1) O funcionário de polícia que apreenda qualquer coisa no exercício das competências conferidas por disposição legal, incluíndo disposições legais anteriores à presente lei, deve, a requerimento de pessoa:

(a) que seja ocupante das instalações onde se verificou a apreensão; ou

(b) que tinha a posse ou o controlo dos objectos apreendidos imediatamente antes da apreensão,

fornecer a essa pessoa documento onde se tenha registado o que foi aprendido." – Capítulo 60, secção 21, do PACE.

---

search to the extent that is reasonably required for the purposes of discovering such evidence.

(4) Subject to subsection (5) below, the powers conferred by this section may not be exercised unless an officer of the rank of inspector or above has authorised them in writing.

(5) A constable may conduct a search under subsection (1) above—

(a) before taking the person to a police station; and

(b) without obtaining an authorisation under subsection (4) above – Capítulo 60, secção 18 (1) (vd. também secção 32 (1) e (2) do PACE.

[189] *Secção 19 (4) do PACE.*

[190] *Secções 3, 21 e 54 do PACE.*

"Duty to make records concerning searches. –

(1) Where a constable has carried out a search in the exercise of any such power as is mentioned in section 2(1) above, other than a search –

D7.2. Apreensão de correspondência

A legislação processual penal inglesa também não faz referência directa à apreensão de correspondência como conceito autónomo. Fá-lo de modo genérico ao prever, sob o § 68.° do PACE, que é admissível a apreensão de quaisquer provas constantes de registos documentais.[191]

(a) under section 6 below; or
(b) under section 27(2) of the Aviation Security Act 1982,
he shall make a record of it in writing unless it is not practicable to do so." – Capítulo 60, secção 3, do PACE.

"(1) A constable who seizes anything in the exercise of a power conferred by any enactment, including an enactment contained in an Act passed after this Act, shall, if so requested by a person showing himself –
(a) to be an occupier of premises on which it was seized; or
(b) to have had custody or control of it immediately before the seizure,
provide that person with a record of what he seized" – Capítulo 60, secção 21 do PACE.

[191] *"Evidence from documentary records*
68. –
(1) Subject to section 69 below, a statement in a document shall be admissible in any proceedings as evidence of any fact stated therein of which direct oral evidence would be admissible if –
(a) The document is or forms part of a record compiled by a person acting under a duty from information supplied by a person (whether acting under a duty or not) who had, or may reasonably be supposed to have had, personal knowledge of the matters dealt with in that information; and
(b) any condition relating to the person who supplied the information which is specified in subsection (2) below is satisfied.
(2) The conditions mentioned in subsection (1)(b) above are –
(a) that the person who supplied the information –
    (i) is dead, or by reason of his bodily or mental condition unfit to attend as a witness;
    (ii) is outside the United Kingdom and it is not reasonably practicable to secure his attendance; or
    (iii) cannot reasonably be expected (having regard to the time which has elapsed since he supplied or acquired the information and to all the circumstances) to have any recollection of the matters dealt with in that information;
(b) that all reasonable steps have been taken to identify the person who supplied the information but that he cannot be identified; and
(c) that, the identity of the person who supplied the information being known all reasonable steps have been taken to find him, but that he cannot be found

O Sistema Inglês   211

Ainda por outra via se chegará a esta interpretação, que se julga a mais adequada e que permite concluir que a prova documental constante de correspondência também se inclui nas previsões normativas do *"Police and Criminal Evidence Act de 1984"*: De facto, sob a sua secção 1 (6) prevê-se a faculdade de apreensão de *"artigos proibidos"*, entendendo-se como tais quaisquer artigos *"feitos ou adaptados para utilização no crime ou em conexão com o mesmo"*, que não permite arredar a correspondência da previsão normativa, conquanto ela tenha uma qualquer conexão ao ilícito.

Ora, como já se deu devida nota, a Polícia actua por iniciativa própria na procura e apreensão de objectos, instrumentos e documentos que estejam relacionados com o crime e que possam servir a prova. De harmonia com a secção 8 (1) do PACE, ***"(l) O funcionário de polícia pode exercer o poder conferido por esta secção (a) Em qualquer lugar onde o público tenha acesso (b) em qualquer outro lugar com acesso livre às pessoas, desde que não se trate de local de habitação"***.

Deste modo, a correspondência poderá, eventualmente, ser aprendida nesses lugares. Mas o procedimento é já diferente ao tratar-se de estação de correios e telecomunicações, em lugares onde o público não tenha acesso, sendo exigível o recurso à prévia autorização judicial.

Acresce que o mesmo PACE, ao deferir ao *"juiz de paz"* competências em matéria de emissão de mandados de busca e apreensão em edifícios, pressupõe a sua convicção de que, nos locais objecto da busca, venham a ser encontrados "materiais" com substancial valor para a investigação, sendo de incluir na vasta amplitude do conceito também os elementos de prova documental e, por consequência, a correspondência.

D7.3. *Intercepção e gravação de telecomunicações e transmissão de dados informáticos*

A intercepção das comunicações via postal, ou outro sistema público de telecomunicações (nestas se compreendendo, necessariamente, as comunicações informáticas) encontra-se regulamentada pelo *"Interception Communication Act"* (ICA) de 1985.

---

(3) Nothing in this subsection shall prejudice the admissibility of any evidence that would be admissible apart from this section." – Capítulo 60, secção 68 do PACE.

212 *Medidas Cautelares e de Polícia do Processo Penal em Direito Comparado*

A competência para a respectiva autorização pertence ao Secretário de Estado do Ministério do Interior (*Home Office*).[192]

---

[192] *"1. – (1) Subject to the following provisions of this section, a person who intentionally intercepts a communication in the course of its transmission by post or by means of a public telecommunication system shall be guilty of an offence and liable*

on summary conviction, to a fine not exceeding the statutory maximum;

on conviction on indictment, to imprisonment for a term not exceeding two years or to a fine or to both.

(2) A person shall not be guilty of an offence under this section if –

the communication is intercepted in obedience to a warrant issued by the Secretary of State under section 2 below; or

that person has reasonable grounds for believing that the person to whom, or the person by whom, the communication is sent has consented to the interception.

(3) A person shall not be guilty of an offence under this section if –

the communication is intercepted for purposes connected with the provision of postal or public telecommunication services or with the enforcement of any enactment relating to the user of those services; or

the communication is being transmitted by wireles telegraphy and is intercepted, with the authority of the Secretary of State"

for purposes connected with the issue of licences under the Wireless Telegraphy Act 1949 or the prevention or detection of interference with wireless telegraphy.

(4) No proceedings in respect of an offence under this section shall be instituted –

in England and Wales, except by or with the consent of the director of Public Prosecutions;

In Northern Ireland, except by or with the consent of the Director of Public Prosecutions for Northern Ireland.

Warrants for interception

2. – (1) Subject to the provisions of this section and section 3 below, the Secretary of State may issue a warrant requiring the person to whom it is addressed to intercept, in the course of their transmission by post or by means of public telecommunication system, such communications as are described in the warrant; and such a warrant may also require the person to whom it is addressed to disclose the intercepted material to such persons and in such manner as are described in the warrant.

(2) the Secretary of State shall not issue a warrant under this section unless he considers that the warrant is necessary in the interests of national security;

(a) for the purpose of preventing or detecting serious crime or;

... (c) for the purpose of safeguarding the economic well-being of the United Kingdom.

(3) The matters to be taken into account in considering whether a warrant is necessary as mentioned in subsection (2) above shall include whether the information

O Sistema Inglês

"Proibição de intercepção:

1. – (1) De acordo com as disposições seguintes, desta secção, uma pessoa que intencionalmente intercepte uma comunicação no decurso da sua transmissão postal ou por outros meios de telecomunicação pública, deve ser responsabilizada por infracção criminal e sujeita:

a condenação sumária em multa que não exceda o máximo legalmente fixado;

a condenação, sob acusação, em pena de prisão pelo período máximo de dois anos ou em multa, ou em pena de prisão e multa.

(2) Uma pessoa não deverá ser considerada culpada de infracção criminal, segundo esta secção, se:

a comunicação é interceptada em obediência a mandado emitido pelo Secretário de Estado, em conformidade com a secção 2 abaixo referida; ou

a pessoa possui sérios fundamentos para crer que existe consentimento da pessoa para quem a comunicação se destina ou de quem a comunicação é proveniente.

(3) Uma pessoa não deverá ser considerada culpada de infracção criminal, segundo esta secção, se:

a comunicação é interceptada para os fins previstos nas disposições legais sobre os serviços postais ou serviços públicos de telecomunicações públicas, ou para cumprimento de qualquer disposição legal relacionada com o utente destes serviços; ou

a comunicação está a ser transmitida por telegrafia sem fios, e é inteceptada sob autorização do Secretário de Estado,

para fins relacionados com a emissão de licenças ao abrigo do "Wireless Telegraphy Act 1949" ou de prevenção ou detecção de interferências com a telegrafia sem fios.

---

which it is considered necessary to acquire could reasonably be acquired by other means.

(4) A warrant shall not be considered necessary as mentioned in subsection (2)(c) above unless the information which it is considered necessary to acquire is information relating to the acts or intentions of persons outside the British Islands.

(5) References in the following provisions of this Act to a warrant are references to a warrant under this section. (…) – Interception Communications Act 1985.

214 Medidas Cautelares e de Polícia do Processo Penal em Direito Comparado

(4) Nenhum procedimento relativo a uma infracção criminal cometida em violação da presente secção deve ser iniciado –

Em Inglaterra e País de Gales, excepto através ou com o consentimento do "Director of Public Prosecutions";

Na Irlanda do Norte, excepto através ou com o consentimento do "Director of Public Prosecutions" para a Irlanda do Norte".
Mandados de intercepção

2. – (1) Em subordinação às disposições desta secção e da secção 3 abaixo estatuída, o Secretário de Estado pode emitir um mandado destinado à entidade a quem caberá o processo de intercepção das comunicações a que se refere, no decurso da sua transmissão postal ou por sistema público de telecomunicação; o mandado pode, também, determinar que as comunicações interceptadas sejam disponibilizadas, nos termos que nele forem referidos.

(2) O Secretário de Estado não deve emitir um mandado ao abrigo da presente secção, senão quando considere que ele se justifica para defesa dos interesses de segurança nacional;

(a) tendo por objectivo prevenir ou investigar crimes graves ou;
... (c) tendo por objectivo a salvaguarda do bem-estar económico do Reino Unido. (…) – Interception Communication Act 1985.

A Polícia, agindo sob esse mandato pode proceder às escutas telefónicas nos seguintes casos:

a) para prevenir ou investigar crimes graves;
b) para salvaguarda a segurança ou da economia (bem-estar) do Estado;

Não será impertinente, talvez, recordarmos que, existindo a possibilidade legal de intercepção e registo de comunicações (orais ou escritas) por quaisquer meios de transmissão gráfica a distância (telegrafia), nela poderemos incluir a intercepção de comunicações entre computadores, designadamente a informação transmitiada via "Internet".

Por outro lado, a secção 20 do PACE (Alargamento dos poderes de apreensão à informação computadorizada), só teria sentido útil se, além da informação gerada localmente, também se referisse à informação obtida a distância:

"(1) Quando um funcionário de polícia tenha entrado em espaços fechados no exercício de competências legais, todos os poderes que lhe

são legalmente conferidos pela presente secção devem ser interpretados como conferindo o poder de obter qualquer informação contida em computadores e acessível a partir desse lugar, contanto que seja visível e legível e possa ser apreendida e levantada.
(2) ..." – Capítulo 60, secção 20, do PACE.

Assim, concluímos que, <u>mesmo em caso de urgência, a Polícia não goza do privilégio de actuação prévia à obtenção da autorização de intercepção.</u>

D8. *Identificação de suspeitos*

Em Inglaterra, permitir à Polícia proceder a controlos de identidade é, em termos socio-políticos, uma ideia dificilmente concebível. Não existem, pois, mais do que algumas regras muito específicas de controlo de identidade.

A secção 3 (3) do *"Police and Criminal Evidence Act"* de 1984 (PACE) vai ao ponto de referir que *"...o registo da revista a uma pessoa pode incluir o nome dela, se a policia o conhecer, mas esta não pode proceder à detenção do revistado para obter a sua identificação"*.

Por conseguinte, as regras de identificação de suspeito estão compreendidas nas condições gerais de captura, previstas na secção 25 do PACE[193], aí se incluindo a possibilidade de submeter o suspeito a colheita de impressões digitais.[194]

---

[193] *Mireille Delmas-Marty, «Procédures Pénales d'Europe», Ed. Thémis – Presses Universitaires de France, pág. 152.*

[194] *"(1) Except as provided by this section no person's fingerprint may be taken without the appropriate consent.*

(2) Consent to the taking of a person's fingerprints must be in writing if it is given at a time when he is at a police station.

(3) The fingerprints of a person detained at a police station may be taken without the appropriate consent—

(a) if an officer of at least the rank of superintendent authorises them to be taken; or

(b) if –

(i) he has been charged with a recordable offence or informed that he will be reported for such an offence; and

216 *Medidas Cautelares e de Polícia do Processo Penal em Direito Comparado*

Ainda assim, e contrariamente ao que pareça resultar do imediatamente antes afirmado, a Polícia pode exigir da pessoa (não apenas ao suspeito detido) o nome e a morada se possuir fundadas razões para crer que ela tenha cometido um crime mas que não deva ser submetida à medida de detenção e mesmo que tenha havido lugar à captura.

Pode ainda fazê-lo como medida cautelar de garantia da prova, ao identificar as eventuais testemunhas. Terá obrigatoriamente que o fazer se estiver em causa o cumprimento de um mandado judicial ou a execução de uma notificação.

D9. *Submissão a termo de identidade e residência*

No sistema inglês inexiste uma formalidade deste tipo, de modo individualizado e com todas finalidades que tem, por exemplo, no direito por-

---

(ii) he has not had his fingerprints taken in the course of the investigation of the offence by the police.

(4) An officer may only give an authorisation under subsection (3)(a) above if he has reasonable grounds –

(a) for suspecting the involvement of the person whose fingerprints are to be taken in a criminal offence; and

(b) for believing that his fingerprints will tend to confirm or disprove his involvement.

(5) An officer may give an authorisation under subsection (3)(a) above orally or in writing but, if he gives it orally, he will confirm it in writing as soon as is practicable.

(6) Any person's fingerprints may be taken without appropriate consent if he has been convicted of a recordable offence.

(7) In a case where by virtue of subsection (3) or (6) above a person's fingerprints are taken without the appropriate consent —

(a) he shall be told the reason before his fingerprints are taken; and

(b) the reason shall be recorded as soon as is practicable after the fingerprints are taken.

(8) If he is detained at a police station when the fingerprints are taken, the reason for takeing them shall be recorded on his custody record.

(9) Nothing in this section –

(a) affects any power conferred by paragraph 18(2) of Schedule 2 to the Immigration Act 1971; or

(b) [except as provided in section 15(10) of, and paragraph 7(6) of Schedule 5 to, the Prevention of Terrorism (Temporary Provisions) Act 1989,] applies to a person arrested or detained under the terrorism provisions." – Capítulo 60, secção 61 do PACE.

tuguês. Há, apesar disso, o dever de identificação dentro das condições gerais da submissão a detenção, com indicação dos vários elementos identificativos, entre os quais o que respeita, obviamente, à residência do suspeito, em consonância com o PACE e respectivos Códigos de Práticas Policiais (*"Code C – Code of Practice for the Identification of Persons by Police Officers"*).

De igual modo, e quanto a esta parte de maneira mais inequívoca, poderá haver lugar à fixação de residência para o arguido que seja libertado sob caução, nos termos da previsão contida na secção 7 (3), do *"Bail Act"* de 1976.

D10. *Caução e Arresto preventivo*

A Polícia possui competência legal para libertar uma pessoa suspeita de infracção criminal, sob condição de prestação de <u>caução (bail)</u>[195] <u>incondicional</u> (*unconditional bail*), ou <u>caução com submissão a outros deveres</u> (*conditional bail*).

A pessoa acusada de uma infracção criminal pode ficar sob custódia policial (detenção policial) tendo em vista a apresentação a tribunal, ou pode ser libertada sob caução, que se traduz na assumpção escrita do dever de comparência no estabelecimento policial, ou no tribunal, quando lhe for determinado:[196]

"30A – Caução fora do estabelecimento policial

(1) O funcionário de polícia deve libertar sob caução a pessoa que tenha sido capturada ou submetida a custódia policial, nas circunstâncias mencionadas na secção 30 (1).

---

[195] *"Bail: Prestar fiança criminal, soltar sob fiança; prestar caução; fazer um depósito de garantia; depositar" – Mello, Maria Chaves, in Dicionário Jurídico Português – Inglês / Inglês – Português, 3.ª edição, Dinalivro Ed., Lisboa, 2002.*

[196] *"30A – Bail elsewhere than at police station*

(1) A constable may release on bail a person who is arrested or taken into custody in the circumstances mentioned in section 30 (1).

(2) A person may be released on bail under subsection (1) at any time before he arrives at a police station.

(3) A person released on bail under subsection (1) must be required to attend a police station." – Capítulo 44, Parte 1, Secção 4, do do Criminal Justice Act 2003.

218 Medidas Cautelares e de Polícia do Processo Penal em Direito Comparado

(2) A pessoa deve ser libertada sob caução ao abrigo do disposto na subsecção (1), mesmo antes de ser conduzida à esquadra de polícia.

(3) A pessoa sob caução ao abrigo do disposto na subsecção (1) deve ser notificada para comparência na esquadra de polícia." – Capítulo 44, Parte 1, Secção 4, do do Criminal Justice Act 2003.

Em caso de aplicação do *"conditional bail"*, ao suspeito podem ser fixadas condições adicionais à caução, por exemplo o pagamento de determinada quantia em dinheiro *(surety)*, a prestação das informações necessárias à Polícia e o afastamento do queixoso.

Tratando-se de pessoa detida em estabelecimento policial, ao *"custody officer"* competirá a decisão sobre a libertação sob caução e sobre a respectiva modalidade. Noutras situações de detenção, é igualmente aplicável a caução pelas instâncias judiciárias.

A fonte desta competência situa-se no *"Bail Act de 1976"*, sucessivamente alterado, designadamente pelas normas das secções 37 e 38, capítulo 60, parte IV, do PACE, (epígrafe *"Poder da polícia para concessão de caução"*), com as excepções e alterações que lhe foram introduzidas pelas secções 27 (1) do *"Criminal Justice and Public Order Act"* (CJPOA) de 1994, tendo-se estabelecido que:

"(1) Quando
(a) uma pessoa é detida por infracção criminal a que seja aplicável pena de prisão
  (i) sem mandado judicial; ou
  (ii) com mandado judicial sem indicação de submissão a caução,
(b) uma pessoa se desloca a um estabelecimento policial para sujeição a caução, o funcionário de polícia responsável pelas condições de detenção, no estabelecimento policial onde a pessoa se encontra detida após a sua captura, deve avaliar se existe suficiente prova para a acusar pela infracção criminal que suscitou a sua captura e pode detê-la pelo tempo necessário para tais fins.
(2) Se o funcionário de polícia responsável pelas condições de detenção concluir pela inexistência de tal prova, a pessoa capturada deve ser libertada, com ou sem caução, a menos que aquele funcioná-

O Sistema Inglês

219

rio tenha sérios fundamentos para crer que a detenção sem acusação é necessária para acautelar ou preservar a prova relacionada com a infracção pela qual se verificou a captura, ou para obter essa prova através do interrogatório. (...) – Capítulo 60, secção 37 (1) e (2) do PACE.[197]

Em termos sumários, verificamos que a uma captura pode seguir-se a detenção. A detenção pode cessar com a libertação sob caução. Admitida a caução, a devolução à liberdade pode ficar condicionada à verificação de outras condições além da caução, que podem ser diversas e simultâneas, nomeadamente quando existe dúvida sobre o nome e residência do suspeito ou para acautelar que o arguido:[198]

a) Não possa subtrair-se a futura medida restritiva da liberdade;

---

[197] *"Duties of custody officer before charge*

37. – (1) Where

(a) a person is arrested for an offence –

    (i) without a warrant; or

    (ii) under a warrant not endorsed for bail,

(b) a person returns to a police station to answer bail

the custody officer at each police station where he is detained after his arrest shall determine whether he has before him sufficient evidence to charge that person with the offence for which he was arrested and may detain him at the police station for such period as is necessary to enable him to do so.

(2) If the custody officer determines that he does not have such evidence before him, the person arrested shall be released either on bail or without bail, unless the custody officer has reasonable grounds for believing that his detention without being charged is necessary to secure or preserve evidence relating to an offence for which he is under arrest or to obtain such evidence by questioning him.

    ...

(7) Subject to section 41(6) below, if the custody officer determines that he has before him sufficient evidence to charge the person arrested wit hthe offence for which he was arrested, the person arrested –

(a) shall be charged; or

(b) shall be released without charge, either on bail or without bail. – Capítulo 60, Secção 37 (1), (2) e (7) do PACE

[198] *"27. – (1) Part IV of the [1984 c. 60.] Police and Criminal Evidence Act 1984 (detention of persons, including powers of police to grant bail) shall have effect with the following amendments, that is to say, in section 47 (bail after arrest) –*

(a) in subsection (1), for the words after "in accordance with" there shall be substituted the words "sections 3, 3A, 5 and 5A of the Bail Act 1976 as they apply to bail granted by a constable" and

b) Não cometa outra infracção criminal;
c) Não ofenda ou condicione testemunhas;
d) Não obstrua o normal curso da justiça penal;

(b) after subsection (1) there shall be inserted the following subsection –

"(1A) The normal powers to impose conditions of bail shall be available to him where a custody officer releases a person on bail under section 38(1) above (including that subsection as applied by section 40(10) above) but not in any other cases.

In this subsection, "the normal powers to impose conditions of bail" has the meaning given in section 3(6) of the Bail Act 1976.

(2) Section 3 of the Bail Act 1976 (incidents including conditions of bail in criminal proceedings) shall be amended as follows—

(a) in subsection (6), the words "(but only by a court)" shall be omitted;

(b) at the end of subsection (6) there shall be inserted –

"and, in any Act, "the normal powers to impose conditions of bail" means the powers to impose conditions under paragraph (a), (b) or (c) above"

(c) after subsection (9), there shall be inserted the following subsection

"(10) This section is subject, in its application to bail granted by a constable, to section 3A of this Act."

(3) After section 3 of the [1976 c. 63.] Bail Act 1976 there shall be inserted the following section –

3A. – (1) Section 3 of this Act applies, in relation to bail granted by a custody officer under Part IV of the [1984 c. 60.] Police and Criminal Evidence Act 1984 in cases where the normal powers to impose conditions of bail are available to him, subject to the following modifications.

(2) Subsection (6) does not authorise the imposition of a requirement to reside in a bail hostel or any requirement under paragraph (d).

(3) Subsections (6ZA), (6A) and (6B) shall be omitted.

(4) For subsection (8), substitute the following –

"(8) Where a custody officer has granted bail in criminal proceedings he or another custody officer serving at the same police station may, at the request of the person to whom it was granted, vary the conditions of bail; and in doing so he may impose conditions or more onerous conditions."

(5) Where a constable grants bail to a person no conditions shall be imposed under subsections (4), (5), (6) or (7) of section 3 of this Act unless it appears to the constable that it is necessary to do so for the purpose of preventing that person from –

(a) failing to surrender to custody, or

(b) committing an offence while on bail, or

(c) interfering with witnesses or otherwise obstructing the course of justice, whether in relation to himself or any other person.

(6) Subsection (5) above also applies on any request to a custody officer under subsection (8) of section 3 of this Act to vary the conditions of bail.

(4) The further amendments contained in Schedule 3 to this Act shall have effect"
– Secção 27 do Criminal Justice and Public Order (CJPOA) de 1994.

e) Não falte a tribunal;
f) Permaneça devidamente protegido, se for criança ou jovem;
f) Exista adequada protecção dos seus próprios interesses;
g) Haja a garantia do seu próprio bem-estar.[199]

---

[199] *"Parte 2 – BAIL*

13. Grant and conditions of bail

(1) In section 3(6) of the 1976 Act (which sets out cases where bail conditions may be imposed) –

(a) the words "to secure that" are omitted,

(b) the words "to secure that" are inserted at the beginning of each of paragraphs (a) to (e),

(c) after paragraph (c) there is inserted-

"(ca) for his own protection or, if he is a child or young person, for his own welfare or in his own interests," (...) –

"5 The defendant need not be granted bail if –

(a) having been released on bail in or in connection with the proceedings for the offence, he has been arrested in pursuance of section 7 of this Act; and

(b) the court is satisfied that there are substantial grounds for believing that the defendant, if released on bail (whether subject to conditions or not) would fail to surrender to custody, commit an offence on bail or interfere with witnesses or otherwise obstruct the course of justice (whether in relation to himself or any other person)." – Capítulo 44, Parte 2, Secção 13, do Criminal Justice Act 2003.

"Bail from the Police Station

Once you have been charged with an offence, the police must release you on bail unless the custody officer reasonably believes that:

There is doubt about your name or address;

Detention is necessary to protect you or somebody else; or

You will fail to attend court or interfere with witnesses or the administration of justice.

The police can attach conditions to your bail, such as living at a fixed address, reporting to a local police station, a curfew, avoiding named people or places, or providing a financial guarantee for your attendance at court.

If you fail to attend court without reasonable excuse, you commit a separate offence under the Bail Act 1976. If you break any of the conditions of your bail, you can be arrested and brought in custody to the next sitting of the local Magistrates' Court, who may then take away your bail.

Bail from the Court

If you are on police bail with conditions, you can apply to the Magistrates' Court to vary the conditions. If the police have kept you in custody, they must bring you to the next sitting of the local Magistrates' Court, which then takes any decisions about bail if your case continues after the first hearing. The court can grant bail with or without conditions, or remand you in custody.

Before conviction, you have a right to be granted bail unless certain exceptions

222 *Medidas Cautelares e de Polícia do Processo Penal em Direito Comparado*

Sobre a concessão da caução, o "Criminal Justice Act 2003" (parte 3 do capítulo 44) veio estabelecer, como finalidades principais das condições adicionais, a reinserção social do infractor e a garantia de reintegração dos danos causados com a comissão do ilícito:[200]

---

apply. The most significant of these are where the court finds that there are substantial grounds for believing you may do one or more of the following:

- *Fail to attend at court.*
- *Commit further offences.*
- *Interfere with witnesses*
- *The factors the court will consider in deciding this include:*
  - *The charge*
  - *The evidence*
  - *Your own background (including your job and family)*
  - *Any previous convictions you have*
  - *Whether you have previously absconded when on bail.*

If the court has concerns on these grounds, it can attach conditions to your bail, including:

- *Residence at a bail hostel*
- *Payment of a cash security into court, or;*
- *Providing a surety.*

A surety is someone who knows you personally and offers the court a sum of money to guarantee you will attend court when required. He or she does not have to pay the money into court, but has to show that it is available. If you then do not turn up at court on time, the surety may have to pay the money or even go to prison if unable to do so. Your surety will have to attend the court or police station in person to sign as surety. You will not be released from custody yourself until he or she has done so.

The surety should not have a criminal record, and should provide proof that the necessary funds are available e.g. a bank statement or building society book. It is an offence to lend someone money to enable him or her to stand surety.

If you are charged with an offence which does not carry a possible sentence of imprisonment, the court can normally only refuse bail if you have failed to attend in the past and it believes you would do so again.

Where conditions are attached to your bail, or bail is refused, the court must state its reasons for doing so.

In cases of rape or homicide, the court must also state reasons if it decides to grant bail. (...) – **www.yourrights.org.uk**

[200] *PART 3*
CONDITIONAL CAUTIONS
22 Conditional cautions
(1) An authorised person may give a conditional caution to a person aged 18 or over ("the offender") if each of the five requirements in section 23 is satisfied.
(2) In this Part "conditional caution" means a caution which is given in respect of

O Sistema Inglês

"22 Caução condicional

(1) A entidade competente pode estabelecer caução condicional para pessoa maior de 18 anos de idade (o infractor) se estiver preenchido cada um dos cinco pressupostos da secção 23[201]

(2) Sob esta parte "caução condicional" significa a caução que é concedida com condições adicionais que o responsável pela infracção deve observar.

(3) As condições a estabelecer são aquelas que tenham, singular ou cumulativamente, o seguinte objectivos:

(a) facilitar a reabilitação do arguido;

(b) assegurar a reparação dos danos causados pela infracção."

---

an offence committed by the offender and which has conditions attached to it with which the offender must comply.

(3) The conditions which may be attached to such a caution are those which have either or both of the following objects-

(a) facilitating the rehabilitation of the offender,

(b) ensuring that he makes reparation for the offence.

(4) In this Part "authorised person" means-

(a) a constable,

(b) an investigating officer, or

(c) a person authorised by a relevant prosecutor for the purposes of this section." – Capítulo 44, Parte 3 Secção 22, do Criminal Justice Act 2003.

[201] *"23 The five requirements*

(1) The first requirement is that the authorised person has evidence that the offender has committed an offence.

(2) The second requirement is that a relevant prosecutor decides-

(a) that there is sufficient evidence to charge the offender with the offence, and

(b) that a conditional caution should be given to the offender in respect of the offence.

(3) The third requirement is that the offender admits to the authorised person that he committed the offence.

(4) The fourth requirement is that the authorised person explains the effect of the conditional caution to the offender and warns him that failure to comply with any of the conditions attached to the caution may result in his being prosecuted for the offence.

(5) The fifth requirement is that the offender signs a document which contains-

(a) details of the offence,

(b) an admission by him that he committed the offence,

(c) his consent to being given the conditional caution, and

(d) the conditions attached to the caution." – Capítulo 44, Parte 3 Secção 23, do Criminal Justice Act 2003.

(4) Nesta parte, "entidade competente" significa
(a) Um funcionário de polícia;
(b) Um funcionário de investigação criminal, ou
(c) Uma pessoa autorizada pelo competente procurador público, para os fins da presente secção." – Capítulo 44, Parte 3 Secção 22, do Criminal Justice Act 2003.

Todavia, como já antes se aflorou, as entidades policiais apenas podem sujeitar o infractor a condições adicionais à caução se for necessário para acautelar que:

a) Se furte a medida de custódia policial;
b) Cometa nova infracção criminal;
c) Interfira com as testemunhas ou, por qualquer outra forma, obstrua o normal curso da justiça, seja em relação a ele prórpio ou em relação a outra pessoa.[202]

O sistema inglês não prevê, directamente, a figura do arresto preventivo ou instituto paralelo. O efeito próximo será conseguido, também, por

---

[202] *"(3) After section 3 of the [1976 c. 63.] Bail Act 1976 there shall be inserted the following section –*
3A. – (1) Section 3 of this Act applies, in relation to bail granted by a custody officer under Part IV of the [1984 c. 60.] Police and Criminal Evidence Act 1984 in cases where the normal powers to impose conditions of bail are available to him, subject to the following modifications.
(2) Subsection (6) does not authorise the imposition of a requirement to reside in a bail hostel or any requirement under paragraph (d).
(3) Subsections (6ZA), (6A) and (6B) shall be omitted.
(4) For subsection (8), substitute the following –
"(8) Where a custody officer has granted bail in criminal proceedings he or another custody officer serving at the same police station may, at the request of the person to whom it was granted, vary the conditions of bail; and in doing so he may impose conditions or more onerous conditions."
(5) Where a constable grants bail to a person no conditions shall be imposed under subsections (4), (5), (6) or (7) of section 3 of this Act unless it appears to the constable that it is necessary to do so for the purpose of preventing that person from –
(a) failing to surrender to custody, or
(b) committing an offence while on bail, or
(c) interfering with witnesses or otherwise obstructing the course of justice, whether in relation to himself or any other person." – Capítulo 33, Secção 27, do Criminal Justice and Public Order Act 1994.

via dos *"seizure powers"*, ou seja, do poder de apreensão cautelar de objectos, de entre eles os bens patrimoniais que possam vir, não só a servir a prova, mas também a garantir o eventual pagamento de custas e indemnizações decorrentes dos efeitos do crime.

Aliás, como atrás de invocou, as normas do capítulo 44, parte 3, secção 22 (3) do Criminal Justice Act 2003 visam não apenas *"facilitar a reabilitação do arguido"*, mas também *"assegurar a reparação dos danos causados pela infracção"*.

Ou seja, também através do criterioso estabelecimento das condições de caução, pode ser acautelada a disponibilidade de bens patrimoniais de propriedade do arguido, que possam vir a servir os fins de ressarcimento de despesas e danos.

D11. *Obrigação de apresentação periódica*

Relembre-se que a aplicação de determinadas medidas cautelares e de polícia, no sistema processual penal inglês, constitui alternativa à detenção do arguido. Ou seja, não devendo o arguido ficar sob detenção ou prisão preventiva, a sua libertação pode ficar condicionada à caução, acompanhada de outras imposições, entre as quais a de periodicamente se apresentar em estabelecimento policial (*reporting to the police*), em ordem a assegurar que venha a comparecer em tribunal nos actos e nas datas que lhe forem assinalados.[203]

D12. *Suspensão do exercício de funções, de profissão ou de direitos*

De harmonia com a regra legal da secção 7 (3), do *"Bail Act"* de 1976, a caução pode ser concedida sob garantia de outras condições, taxativamente previstas na secção 3 da mesma lei, mas que, dado os conceitos amplos usados (*provision of sureties; reporting to the police; residence and restrictions*), permitem uma decisão judicial que coloque restrições ao exercício de determinados direitos ou quaisquer outras actividades, profissionais ou não.

---

[203] *Bail Act de 1976.*

226 Medidas Cautelares e de Polícia do Processo Penal em Direito Comparado

D13. Proibição de permanência, de ausência e de contactos

Na decorrência do imediatamente antes afirmado, com suporte nos mesmos textos legais e sobretudo nas *"restrictions"* admissíveis em função da libertação sob caução o legislador processual penal inglês veio prever, também, a restrição à circulação em determinadas zonas, em qualquer momento ou apenas a determinadas horas do dia ou da noite, tendo por principal escopo evitar que o arguido possa reincidir na prática de novos delitos. Esta medida cautelar é frequentemente aplicada em simultaneidade com a fixação de residência.

D14. Obrigação de permanência na habitação

Não encontramos especificamente prevista[204] a medida de obrigação de permanência na habitação. O instituto expressamente consagrado, e com efeitos mais próximos, é o de estabelecimento de *"residence"*, que pode traduzir-se numa medida que impõe ao arguido que mantenha domicílio em determinado lugar, a fim de se impedir que encete a fuga, de evitar que coaja testemunhas ou de obstar à prática de outras ofensas criminais.

Ao aplicar esta medida, impondo que o arguido resida em local diferente do seu domicílio habitual, o tribunal tem o dever de previamente verificar se a pessoa com quem ele reside concorda com a restrição em causa.

D15. Prisão preventiva

O *"magistrates'court"* é a autoridade competente para a aplicação da prisão preventiva e para a sua renovação.

Trata-se de medida cautelar aplicável quando:

a) Seja de prever, pelas concretas circunstâncias e pela personalidade do suspeito, que ele venha a furtar-se à acção penal;

---

[204] *Sem prejuízo da possibilidade inferida do regime legal da citada norma da secção 7 (3), do "Bail Act" de 1976.*

O Sistema Inglês

b) Seja de presumir, pelas mesmas razões, o perigo de continuação da actividade criminosa;
c) Exista risco de interferência perturbadora do suspeito na administração da justiça;
d) Haja necessidade de acautelar que o arguido não venha a causar danos na integridade física de qualquer pessoa;
e) Exista risco de dano em bens patrimoniais, se o suspeito se mantiver ou for restituido à liberdade;
f) A aplicação, seja necessária para protecção do próprio visado.

Uma vez aplicada a prisão preventiva, o acusado deveria ser apresentado todos os 8 dias ao juiz[205], para que ele reapreciasse a medida aplicada e eventualmente a renovasse. A periodicidade desta apresentação veio, contudo, a ser dilatada para 28 dias, pelo *"Criminal and Justice Act"* de 1991.

D16. *Captura e Detenção*

A distinção entre captura e detenção é feita nos diversos textos legislativos, embora nem sempre de modo preciso. De qualquer modo, pretende-se que a captura (*the arrest*) seja vista como um acto inicial que terá por subsequente a libertação do suspeito após a sujeição a formalidades processuais a que haja lugar, ou a sua submissão a detenção (*detention*), esta vista já como uma privação da liberdade pessoal de maior afirmação temporal.

D16.1. *Captura*

A Polícia pode capturar uma pessoa, sem que haja mandado judicial, por força do previsto nas secções 24 (6) e 25 (1) do capítulo 60 do PACE:

"Quando um funcionário de polícia tenha fundadas razões para suspeitar de que foi cometida uma "arrestable offence", pode capturar o suspeito sem mandado judicial, se tiver fundadas razões para suspei-

---

[205] *Secção 128 (6) do "Magistrates' Court Act".*

tar que ele tem culpabilidade na sua prática" – Cap. 60, sec. 24 (6) do PACE.

"Quando um funcionário de polícia tenha fundadas razões para suspeitar de que foi cometida ou tentada, ou está sendo cometida ou tentada uma infracção criminal não qualificável como "arrestable offence" ele pode capturar o suspeito se for impraticável ou inadequado o recurso à notificação para comparência, designadamente por estarem reunidos quaisquer das condições gerais de detenção." – Cap. 60, sec. 25 (1) do PACE.[206]

Ou seja, também nos casos em que um funcionário de polícia tenha razões para suspeitar que qualquer outro crime, não qualificável como *"arrestable offence"*, foi ou este a ser praticado, sob forma consumada ou tentada, pode proceder à captura se localizar o suspeito e se considerar que a notificação para comparência (summons) é uma solução desajustada à realidade factual ou jurídica, desde que se verifiquem, claro está, uma ou mais das condições gerais da secção 25 (3) do PACE que determinam a possibilidade de captura:

a) Quando o nome da pessoa suspeita é desconhecido ou não pode ser imediatamente confirmado;

b) Quando existe fundada dúvida de que o nome fornecido pelo suspeito seja o seu verdadeiro nome;

c) Quando o suspeito não indique adequada residência para fins de contacto com o processo ou quando, tendo-a indicado, não serve satisfatoriamente aqueles fins.

---

[206] *"**Arrestable offence**", ou crime pelo qual pode haver lugar a captura, é considerado o crime a que corresponda pena de prisão de máximo igual a 5 anos. A "**indictable offence**" é punível com pena de prisão superior a 5 anos.*

"Where a constable has reasonable grounds for suspecting that an arrestable offence has been committed, he may arrest without a warrant anyone whom he has reasonable grounds for suspecting of being guilty of the offence." – Capítulo 60, secção 24 (6) do PACE.

(1) Where a constable has reasonable grounds for suspecting that any offence which is not an arrestable offence has been committed or attempted, or is being committed or attempted, he may arrest the relevant person if it appears to him that service of a summons is impracticable or inappropriate because any of the general arrest conditions is satisfied. – Capítulo 60, secção 25 (1) do PACE.

O Sistema Inglês

Fora das anteriores hipóteses, a captura pode verificar-se, também, por mandado emitido pelo "juiz de paz", a requerimento formulado pela Polícia, nos termos da secção 1 (4) do "*Magistrates' Court Act*":

a) Quando se trate de infracção criminal grave (*indictable offence*);
b) Quando se trate de infracção punida com pena de prisão;
c) Quando a residência do acusado é desconhecida.

D16.2. *Detenção*

À Polícia é permitido manter um suspeito em detenção durante 24 horas, com vista ao desencadeamento das primeiras investigações e à adopção de medidas adequadas à recolha e preservação de elementos de prova:

"41. – (1) De harmonia com as disposições da presente secção e das imediatas secções 42 e 43, uma pessoa não pode ser mantida em detenção além de 24 horas, sem que tenha sido formalmente acusada.

(2) O tempo a partir do qual deve se contado o prazo das 24 horas (referido na presente lei como momento relevante) –

(a) no caso de uma pessoa a quem este parágrafo seja aplicável, deve ser –

(i) O momento em que a pessoa chega à esquadra de polícia competente; ou

(ii) O prazo das 24 horas após o momento da detenção da pessoa,

dependendo daquele cujo terminus do prazo ocorra mais cedo. (...)"[207]

---

[207] *"Duties of custody officer before charge*
37. – (1) Where
(a) a person is arrested for an offence –
(i) without a warrant; or
(ii) under a warrant not endorsed for bail,
(b) a person returns to a police station to answer bail
the custody officer at each police station where he is detained after his arrest shall determine whether he has before him sufficient evidence to charge that person with the offence for which he was arrested and may detain him at the police station for such period as is necessary to enable him to do so.
(2) If the custody officer determines that he does not have such evidence before him, the person arrested shall be released either on bail or without bail, unless the custody offi-

230   *Medidas Cautelares e de Polícia do Processo Penal em Direito Comparado*

*cer has reasonable grounds for believing that his detention without being charged is neces-
sary to secure or preserve evidence relating to an offence for which he is under arrest or
to obtain such evidence by questioning him. (...)* – Capítulo 60, secção 37 do PACE.

*41. – (1) Subject to the following provisions of this section and to sections 42 and
43 below, a person shall not be kept in police detention for more than 24 hours without
being charged.*

*(2) The time from which the period of detention of a person is to be calculated (in
this Act referred to as "the relevant time") –*

(a) in the case of a person to whom this paragraph applies, shall be –

(i) the time at which that person arrives at the relevant police station; or

(ii) the time 24 hours after the time of that person's arrest,

whichever is the earlier;

(b) in the case of a person arrested outside England and Wales, shall be –

*(i) the time at which that person arrives at the first police station to which he is
taken in the police area in England or Wales in which the offence for which
he was arrested is being investigated; or*

(ii) the time 24 hours after the time of that person's entry into England and Wales,

whichever is the earlier;

(c) in the case of a person who –

(i) attends voluntarily at a police station; or

(ii) accompanies a constable to a police station without having been arrested,

and is arrested at the police station, the time of his arrest;

*(d) in any other case, except where subsection (5) below applies, shall be the time
at which the person arrested arrives at the first police station to which he is
taken after his arrest.*

(3) Subsection (2)(a) above applies to a person if –

(a) his arrest is sought in one police area in England and Wales;

(b) he is arrested in another police area; and

*(c) he is not questioned in the area in which he is arrested in order to obtain evi-
dence in relation to an offence for which he is arrested;*

*and in sub-paragraph (i) of that paragraph "the relevant police station" means the first
police station to which he is taken in the police area in which his arrest was sought.*

*(4) Subsection (2) above shall have effect in relation to a person arrested under sec-
tion 31 above as if every reference in it to his arrest or his being arrested were a reference
to his arrest or his being arrested for the offence for which he was originally arrested.*

(5) If –

*(a) a person is in police detention in a police area in England and Wales ("the first
area"); and*

*(b) his arrest for an offence is sought in some other police area in England and
Wales ("the second area"); and*

O Sistema Inglês 231

Contudo, este limite de 24 horas pode ser prorrogado até 36 horas, em primeiro lugar por um oficial de polícia, ao abrigo da secção 42 do Police and Criminal Evidence Act 1984:[208]

"42. – (1) Quando um funcionário de polícia com o posto de superintendente ou superior é o responsável pela esquadra de po-

---

(c) he is taken to the second area for the purposes of investigating that offence, without being questioned in the first area in order to obtain evidence in relation to it,

the relevant time shall be –

   (i) the time 24 hours after he leaves the place where he is detained in the first area; or

   (ii) the time at which he arrives at the first police station to which he is taken in the second area,

whichever is the earlier.

(6) When a person who is in police detention is removed to hospital because he is in need of medical treatment, any time during which he is being questioned in hospital or on the way there or back by a police officer for the purpose of obtaining evidence relating to an offence shall be included in any period which falls to be calculated for the purposes of this Part of this Act, but any other time while he is in hospital or on his way there or back shall not be included.

(7) Subject to subsection (8) below, a person who at the expiry of 24 hours after the relevant time is in police detention and has not been charged shall be released at that time either on bail or without bail.

(8) Subsection (7) above does not apply to a person whose detention for more than 24 hours after the relevant time has been authorised or is otherwise permitted in accordance with section 42 or 43 below.

(9) A person released under subsection (7) above shall not be re-arrested without a warrant for the offence for which he was previously arrested unless new evidence justifying a further arrest has come to light since his release, but this subsection does not prevent an arrest under section 46A below" – Secção 41 do PACE.

[208] *"42. – (1) Where a police officer of the rank of superintendent or above who is responsible for the police station at which a person is detained has reasonable grounds for believing that –*

   (a) the detention of that person without charge is necessary to secure or preserve evidence relating to an offence for which he is under arrest or to obtain such evidence by questioning him;

   (b) an offence for which he is under arrest is a serious arrestable offence; and

   (c) the investigation is being conducted diligently and expeditiously,

he may authorise the keeping of that person in police detention for a period expiring at or before 36 hours after the relevant time.

(2) Where an officer such as is mentioned in subsection (1) above has authorised the keeping of a person in police detention for a period expiring less than 36 hours after the

232 *Medidas Cautelares e de Polícia do Processo Penal em Direito Comparado*

lícia onde a pessoa se encontra detida e tiver fundadas razões para crer que-

(a) A detenção daquela pessoa sem acusação é necessária para acautelar ou preservar a prova relativa ao crime pelo qual

---

relevant time, such an officer may authorise the keeping of that person in police detention for a further period expiring not more than 36 hours after that time if the conditions specified in subsection (1) are still satisfied when he gives the authorisation.

(3) If it is proposed to transfer a person in police detention to another police area, the officer determining whether or not to authorise keeping him in detention under section (1) above shall have regard to the distance and the time the journey would take.

(4) No authorisation under subsection (1) above shall be given in respect of any person –

(a) more than 24 hours after the relevant time; or

(b) before the second review of his detention under section 40 above has been carried out.

(5) Where an officer authorises the keeping of a person in police detention under subsection (1) above, it shall be his duty –

(a) to inform that person of the grounds for his continued detention; and

(b) to record the grounds in that person's custody record.

(6) Before determining whether to authorise the keeping of a person in detention under subsection (1) or (2) above, an officer shall give –

(a) that person; or

(b) any solicitor representing him who is available at the time when it falls to the officer to determine whether to give the authorisation,

an opportunity to make representations to him about the detention.

(7) Subject to subsection (8) below, the person in detention or his solicitor may make representations under subsection (6) above either orally or in writing.

(8) The officer to whom it falls to determine whether to give the authorisation may refuse to hear oral representations from the person in detention if he considers that he is unfit to make such representations by reason of his condition or behaviour.

(9) Where –

(a) an officer authorises the keeping of a person in detention under subsection (1) above; and

(b) at the time of the authorisation he has not yet exercised a right conferred on him by section 56 or 58 below,

the officer –

(i) shall inform him of that right;

(ii) shall decide whether he should be permitted to exercise it;

(iii) shall record the decision in his custody record; and

(iv) if the decision is to refuse to permit the exercise of the right, shall also record the grounds for the decision in that record.

(10) Where an officer has authorised the keeping of a person who has not been

se encontra detida, ou para obtenção da prova através do seu interrogatório;

(b) o crime pelo qual foi detida é um crime grave a que corresponda pena de prisão até cinco anos; e

(c) a investigação está a ser conduzida diligente e celeremente,

pode autorizar a manutenção dessa pessoa em detenção policial <u>*por um período não superior a 36 horas,*</u> *contado do momento relevante da detenção;*

(2) Quando um funcionário com a categoria e nas condições de (1) imediatamente anterior, tenha autorizado a manutenção da detenção da pessoa pelo período máximo de 36 horas contadas do momento relevante da detenção, ele pode autorizar a <u>*prorrogação dessa detenção por tempo não superior a 36 horas*</u> *após aquele prazo, se as condições especificadas na subsecção (1) se mantiverem no momento em que autorizar essa prorrogação."*

Depois deste prazo de 36 horas, ou do terminus da prorrogação desse prazo, a Polícia terá de obter autorização judicial para manter a situação de detenção policial, o que fará ao abrigo da secção 43 do "*Police and Criminal Evidence Act 1984*":[209]

"43. – (1) Quando, em resultado de um requerimento sob juramento feito por um funcionário de polícia e sustentado por informação,

---

charged in detention under subsection (1) or (2) above, he shall be released from detention, either on bail or without bail, not later than 36 hours after the relevant time, unless –

(a) he has been charged with an offence; or

(b) his continued detention is authorised or otherwise permitted in accordance with section 43 below.

(11) [Identical to s.41(9), ante, § 3-113, save that reference to "subsection (10)" replaces reference to "subsection (7)".] – Secção 42 do PACE.

[209] *"43. – (1) Where, on an application on oath made by a constable and supported by an information, a magistrates' court is satisfied that there are reasonable grounds for believing that the further detention of the person to whom the application relates is justified, it may issue a warrant of further detention authorising the keeping of that person in police detention.*

(2) A court may not hear an application for a warrant of further detention unless the person to whom the application relates –

(a) has been furnished with a copy of the information; and

o juiz concluir que existem razoáveis fundamentos para crer que se justifica a prorrogação da detenção policial da pessoa a quem o requerimento se refere, pode emitir mandado autorizando-a.
(...)

(b) has been brought before the court for the hearing.

(3) The person to whom the application relates shall be entitled to be legally represented at the hearing and, if he is not so represented but wishes to be so represented –

(a) the court shall adjourn the hearing to enable him to obtain representation; and

(b) he may be kept in police detention during the adjournment.

(4) A person's further detention is only justified for the purposes of this section or section 44 below if –

(a) his detention without charge is necessary to secure or preserve evidence relating to an offence for which he is under arrest or to obtain such evidence by questioning him;

(b) an offence for which he is under arrest is a serious arrestable offence; and

(c) the investigation is being conducted diligently and expeditiously.

(5) Subject to subsection (7) below, an application for a warrant of further detention may be made –

(a) at any time before the expiry of 36 hours after the relevant time; or

(b) in a case where –

(i) it is not practicable for the magistrates' court to which the application will be made to sit at the expiry of 36 hours after the relevant time; but

(ii) the court will sit during the 6 hours following the end of that period,

at any time before the expiry of the said 6 hours.

(6) In the case to which subsection (5)(b) above applies –

(a) the person to whom the application relates may be kept in police detention until the application is heard; and

(b) he custody officer shall make a note in that person's custody record –

(i) of the fact that he was kept in police detention for more than 36 hours after the relevant time; and

(ii) of the reason why he was so kept.

(7) If –

(a) an application for a warrant of further detention is made after the expiry of 36 hours after the relevant time; and

(b) it appears to the magistrates' court that it would have been reasonable for the police to make it before the expiry of that period,

the court shall dismiss the application.

(8) Where on an application such as is mentioned in subsection (1) above a magistrates' court is not satisfied that there are reasonable grounds for believing that the further detention of the person to whom the application relates is justified, it shall be its duty –

(a) to refuse the application; or

O Sistema Inglês 235

(4) A prorrogação da detenção policial apenas se justifica para os fins previstos nesta secção ou na imediata secção 44, se –
(a) A detenção sem acusação for necessária para acautelar ou preservar a prova relativa ao crime pelo qual a pessoa tenha sido

---

(b) to adjourn the hearing of it until a time not later than 36 hours after the relevant time.

(9) The person to whom the application relates may be kept in police detention during the adjournment.

(10) A warrant of further detention shall –

(a) state the time at which it is issued;

(b) authorise the keeping in police detention of the person to whom it relates for the period stated in it.

(11) Subject to subsection (12) below, the period stated in a warrant of further detention shall be such period as the magistrates' court thinks fit, having regard to the evidence before it.

(12) The period shall be no longer than 36 hours.

(13) If it is proposed to transfer a person in police detention to a police area other than that in which he is detained when the application for a warrant of further detention is made, the court hearing the application shall have regard to the distance and the time the journey would take.

(14) Any information submitted in support of an application under this section shall state –

(a) the nature of the offence for which the person to whom the application relates has been arrested;

(b) the general nature of the evidence on which that person was arrested;

(c) what inquiries relating to the offence have been made by the police and what further inquiries are proposed by them;

(d) the reasons for believing the continued detention of that person to be necessary for the purpose of such further inquiries.

(15) Where an application under this section is refused, the person to whom the application relates shall forthwith be charged or, subject to subsection (16) below, released, either on bail or without bail.

(16) A person need not be released under subsection (15) above –

(a) before the expiry of 24 hours after the relevant time; or

(b) before the expiry of any longer period for which his continued detention is or has been authorised under section 42 above.

(17) Where an application under this section is refused, no further application shall be made under this section in respect of the person to whom the refusal relates, unless supported by evidence which has come to light since the refusal.

(18) Where a warrant of further detention is issued, the person to whom it relates shall be released from police detention either on bail or without bail, upon or before the expiry of the warrant unless he is charged." – Secção 43 do PACE.

236 Medidas Cautelares e de Polícia do Processo Penal em Direito Comparado

detida, ou para obter essa prova através do interrogatório do suspeito;

(b) O crime pelo qual foi capturado for crime grave a que corresponda pena de prisão; e

(c) A investigação esteja a ser conduzida cuidadosa e rapidamente.

(5) De harmonia com a subsecção (7), um requerimento para emissão de um mandado de detenção ou para a prorrogação do prazo da detenção, deve ser feito –

(a) a qualquer momento antes de ter expirado o prazo de 36 horas após o momento em que se considera feita a captura; ou

(b) nos casos em que –

(i) não for possível para o tribunal a quem o requerimento vai ser apresentado, pronunciar-se antes de expirado o prazo de 36 horas;

(ii) O tribunal pode pronunciar-se dentro das 6 horas seguidas ao final daquele período.

(6) No caso a que se refere a subsecção (5)(b) imediatamente anterior –

(a) a pessoa a quem o requerimento se refere, pode ser mantida em detenção policial até à decisão do requerimento;

(b) o funcionário de polícia responsável pela detenção policial deve fazer a devida anotação no registo pessoal do detido –

(i) acerca da manutenção em detenção policial além das 36 horas após o momento em que se considera feita a captura; e

(ii) das razões que determinaram que assim se mantivesse.

(…)

(11) Considerando a subsecção (12) imediatamente abaixo, o período determinado num mandado de detenção ou num mandado para prorrogação da detenção, deve ser aquele que o tribunal considere adequado, tendo em conta a prova que lhe é apresentada.

(12) <u>O período não deve ser superior a 36 horas.</u>

(…)

(18) Quando um mandado de prorrogação da detenção policial é emitido, a pessoa a quem ele se refere deve ser libertada, com ou sem caução, antes ou logo que expire o período indicado no mandado, a menos que seja formalmente acusado.

O Sistema Inglês 237

Pode ainda haver lugar a uma extensão da prorrogação do prazo da detenção, nos termos da secção (44) do "*Police and Criminal Evidence Act 1984*":[210]

"44. – (1) Em função de requerimento apresentado por funcionário de polícia e sustentado por uma informação, o tribunal pode dilatar o prazo de um mandado de prorrogação da detenção emitido ao abrigo da anterior secção (43), se concluir que existem fundados motivos para crer que o prolongamento da detenção da pessoa se justifica.

(2) De harmonia com a imediata subsecção (3), o período pelo qual um mandado de prorrogação de detenção pode ser dilatado, é aquele que o tribunal considere adequado, face à prova que lhe é apresentada.

(3) O período não deve –

(a) ser superior a 36 horas; ou

(b) terminar além de 96 horas após o momento em que se considera feita a captura.

---

[210] *"44. – (1) On an application on oath made by a constable and supported by an information a magistrates' court may extend a warrant of further detention issued under section 43 above if it is satisfied that there are reasonable grounds for believing that the further detention of the person to whom the application relates is justified.*

(2) Subject to subsection (3) below, the period for which a warrant of further detention may be extended shall be such period as the court thinks fit, having regard to the evidence before it.

(3) The period shall not –

(a) be longer than 36 hours; or

(b) end later than 96 hours after the relevant time.

(4) Where a warrant of further detention has been extended under subsection (1) above, or further extended under this subsection, for a period ending before 96 hours after the relevant time, on an application such as is mentioned in that subsection a magistrates' court may further extend the warrant if it is satisfied as there mentioned; and subsection (2) and (3) above apply to such further extensions as they apply to extensions under subsection (1) above.

(5) A warrant of further detention shall, if extended or further extended under this section, be endorsed with a note of the period of the extension.

(6) Subsections (2), (3) and (14) of section 43 above shall apply to an application made under this section as they apply to an application made under that section(7) [Identical to s.43(15), ante, § 3-121, save that reference to "subsection (8)" replaces reference to "subsection 16".]

(8) A person need not be released under subsection (7) above before the expiry of any period for which a warrant of further detention issued in relation to him has been extended or further extended on an earlier application made under this section." – Secção 44 do PACE.

238   *Medidas Cautelares e de Polícia do Processo Penal em Direito Comparado*

Por conseguinte, independentemente da possibilidade das prorrogações policiais e/ou judiciais o tempo máximo de detenção é de 96 horas, mas deve esclarecer-se que, na prática, a maioria das detenções (mais de 99%) têm duração inferior a 24 horas e a média do tempo de detenção é de 6 horas.

Logo que uma pessoa seja detida, é formalmente acusada na esquadra de polícia, seja à sua imediata chegada seja após interrogatório.

A detenção segue, então, as regras da secção (38) do "*Police and Criminal Evidence Act 1984*", especialmente no que se refere aos deveres do funcionário de polícia responsável pela detenção policial após a acusação:[211]

"38. – (1) *Quando uma pessoa é capturada por quaquer infracção criminal, através de mandado que admita caução, e é formalmente*

---

[211] "*38. – (1) Where a person arrested for an offence otherwise than under a warrant endorsed for bail is charged with an offence, the custody officer shall, subject to section 25 of the Criminal Justice and Public Order Act 1994, order his release from police detention, either on bail or without bail, unless –*

(a) if the person arrested is not an arrested juvenile –

   (i) his name or address cannot be ascertained or the custody officer has reasonable grounds for doubting whether a name or address furnished by him as his name or address is his real name or address;

   (ii) the custody officer has reasonable grounds for believing that the person arrested will fail to appear in court to answer to bail;

   (iii) in the case of a person arrested for an imprisonable offence, the custody officer has reasonable grounds for believing that the detention of the person arrested is necessary to prevent him from committing an offence;

   (iv) in the case of a person arrested for an offence which is not an imprisonable offence, the custody officer has reasonable grounds for believing that the detention of the person arrested is necessary to prevent him from causing physical injury to any other person or from causing loss of or damage to property;

   (v) the custody officer has reasonable grounds for believing that the detention of the person arrested is necessary to prevent him from interfering with the administration of justice or with the investigation of offences or of a particular offence; or

   (vi) the custody officer has reasonable grounds for believing that the detention of the person arrested is necessary for his own protection;

(b) if he is an arrested juvenile –

   (i) any of the requirements of paragraph (a) above is satisfied; or

   (ii) the custody officer has reasonable grounds for believing that he ought to be detained in his own interests.

(2) If the release of a person arrested is not required by subsection (1) above, the custody officer may authorise him to be kept in police detention.

(2A) The custody officer, in taking the decisions required by subsection (1)(a) and

acusada, o funcionário de polícia responsável pela detenção policial deve, em obediência à secção 25 do Criminal Justice and Public Order Act 1994, ordenar a sua libertação, com ou sem caução, a menos que –

(b) above (except (a)(i) and (vi) and (b)(ii), shall have regard to the same considerations as those which a court is required to have regard to in taking the corresponding decisions under paragraph 2 of Part I of Schedule 1 to the Bail Act 1976.

(3) Where a custody officer authorises a person who has been charged to be kept in police detention, he shall, as soon as practicable, make a written record of the grounds for the detention.

(4), (5) [Identical to s.37(5), (6), apart from references to subss (5) and (4) in lieu of references to subss (6) and (5) respectively.]

(6) Where a custody officer authorises an arrested juvenile to be kept in police detention under subsection (1) above, the custody officer shall, unless he certifies –

(a) that, by reason of such circumstances as are specified in the certificate, it is impracticable for him to do so; or

(b) in the case of an arrested juvenile who has attained the age of 12 years, that no secure accommodation is available and that keeping him in other local authority accommodation would not be adequate to protect the public from serious harm from him,

secure that the arrested juvenile is moved to local authority accommodation.

(6A) In this section –

"local authority accommodation" means accommodation provided by or on behalf of a local authority (within the meaning of the Children Act 1989);

"secure accommodation" means accommodation provided for the purpose of restricting liberty;

"sexual offence" and "violent offence" have the same meanings as in Part I of the Criminal Justice Act 1991;

and any reference, in relation to an arrested juvenile charged with a violent or sexual offence, to protecting the public from serious harm from him shall be construed as a reference to protecting members of the public from death or serious personal injury, whether physical or psychological, occasioned by further such offences committed by him.

(6B) Where an arrested juvenile is moved to local authority accommodation under subsection (6) above, it shall be lawful for any person acting on behalf of the authority to detain him.

(7) A certificate made under subsection (6) above in respect of an arrested juvenile shall be produced to the court before which he is first brought thereafter.

(7A) In this section "imprisonable offence" has the same meaning as in Schedule 1 to the Bail Act 1976.

(8) In this Part of this Act "local authority" has the same meaning as in the Children Act 1989Whether the person is charged or not, the police must carry out the following further checks on the necessity for detention under section 40." – Secção 38 do PACE.

240 *Medidas Cautelares e de Polícia do Processo Penal em Direito Comparado*

(a) a pessoa capturada não tenha o estatuto de jovem detido e:

(i) o seu nome ou residência não sejam determináveis ou o funcionário de polícia responsável pela detenção policial tenha fundados motivos para crer que o nome ou a residência fornecidos seja autênticos;

(ii) o funcionário de polícia responsável pela detenção policial tenha fundados motivos para crer que a pessoa capturada irá faltar a tribunal para aplicação de caução;

(iii) no caso de pessoa capturada por crime a que corresponda pena de prisão, o funcionário de polícia responsável pela detenção policial tiver fundados motivos para crer que a detenção da pessoa é necessária para prevenir a prática de novos crimes;

(iv) no caso de pessoa capturada por crime a que corresponda pena de prisão, o funcionário de polícia responsável pela detenção policial tiver fundados motivos para crer que a detenção da pessoa é necessária para evitar que não cometa ofensas corporais noutra pessoa ou para evitar que provoque perda ou dano patrimonial:

(v) o funcionário de polícia responsável pela detenção policial tiver fundados motivos para crer que a detenção da pessoa é necessária para evitar que ela interfira na administração da justiça ou na investigação de crimes ou de um específico crime; ou

(vi) o funcionário de polícia responsável pela detenção policial tiver fundados motivos para crer que a detenção da pessoa é necessária para sua própria protecção;

(b) Tratando-se de pessoa a quem caiba o estatuto de jovem detido –

(i) qualquer dos pressupostos do parágrafo (a) estiver preenchido; ou

(ii) o funcionário de polícia responsável pela detenção policial tiver fundados motivos para crer que a pessoa deve ser detida em defesa do seu próprio interesse.

(2) Se a libertação da pessoa não tiver lugar por força da anterior subsecção (1), o funcionário de polícia responsável pode manter a detenção policial.

(2A) O funcionário de polícia responsável pela detenção poli-cial, ao tomar as decisões exigíveis pela subsecção (1)(a) e (b) anterio-res (excepto (a)(i) e (vi) e (b)(ii), deve considerar as mesmas questões que são consideradas pelo tribunal ao tomar as correspondentes deci-sões ao abrigo do parágrafo 2 da Parte I, Capítulo 1 do Bail Act de 1976.

(...)

Tendo havido lugar à detenção, a própria Polícia está obrigada ao dever de revisão dos pressupostos que conduziram à aplicação da medida, de harmonia com o que lhe é imposto pela secção (40) do "*Police and Cri-minal Evidence Act 1984*":[212]

"40. – (1) Devem ser levadas a efeito revisões periódicas dos pres-supostos da detenção policial, de acordo com as regras da presente secção –

---

212 *"40. – (1) Reviews of the detention of each person in police detention in con-nection with the investigation of an offence shall be carried out periodically in accordance with the following provisions of this section –*

    (a) in the case of a person who has been arrested and charged, by the custody offi-cer; and

    (b) in the case of a person who has been arrested but not charged, by an officer of at least the rank of inspector who has not been directly involved in the inves-tigation.

    (2) The officer to whom it falls to carry out a review is referred to in this section as a "review officer".

    (3) Subject to subsection (4) below –

    (a) the first review shall be not later than six hours after the detention was first authorised;

    (b) the second review shall be not later than nine hours after the first;

    (c) subsequent reviews shall be at intervals of not more than nine hours.

    (4) A review may be postponed –

    (a) if, having regard to all the circumstances prevailing at the latest time for it specified in subsection (3) above, it is not practicable to carry out the review at that time;

    (b) without prejudice to the generality of paragraph (a) above –

        (i) if at that time the person in detention is being questioned by a police officer and the review officer is satisfied that an interruption of the questioning for the purpose of carrying out the review would prejudice the investigation in connection with which he is being questioned; or

242 Medidas Cautelares e de Polícia do Processo Penal em Direito Comparado

(a) pelo funcionário de polícia responsável pela detenção policial, no caso de pessoa que tenha sido capturada e formalmente acusada, e

(b) por funcionário de polícia com o posto igual ou superior a inspector, não directamente involvido na investigação, no caso de pessoa capturada mas não formalmente acusada.

(…)

(ii) if at that time no review officer is readily available.

(5) If a review is postponed under subsection (4) above it shall be carried out as soon as practicable after the latest time specified for it in subsection (3) above.

(6) If a review is carried out after postponement under subsection (4) above, the fact that it was so carried out shall not affect any requirement of this section as to the time at which any subsequent review is to be carried out.

(7) The review officer shall record the reasons for any postponement of a review in the custody record.

(8) Subject to subsection (9) below, where the person whose detention is under review has not been charged before the time of the review, section 37(1) to (6) above shall have effect in relation to him, but with the substitution –

(a) of references to the person whose detention is under review for references to the person arrested; and

(b) of references to the review officer for references to the custody officer.

(9) Where a person has been kept in police detention by virtue of section 37(9) above, section 37(1) to (6) shall not have effect in relation to him but it shall be the duty of the review officer to determine whether he is yet in a fit state.

(10) Where the person whose detention is under review has been charged before the time of the review, section 38(1) to (6) above shall have effect in relation to him, but with the substitution of references to the person whose detention is under review for references to the person arrested.

(11) [Identical to s.39(6), save that (1) references to "review officer" replace references to "custody officer", and (2) the words "in connection with the detention" are added at the end of the subsection.]

(12) Before determining whether to authorise a person's continued detention the review officer shall give –

(a) that person (unless he is asleep); or

(b) any solicitor representing him who is available at the time of the review,
an opportunity to make representations to him about the detention.

(13) Subject to subsection (14) below, the person whose detention is under review or his solicitor may make representations under subsection (12) above either orally or in writing.

(14) The review officer may refuse to hear oral representations from the person whose detention is under review if he considers that he is unfit to make such representations by reason of his condition or behaviour." – Secção 40 do PACE.

O Sistema Inglês 243

(3) Considerando o previsto na imediata subsecção (4) –

(a) A primeira revisão deve ter lugar dentro das 6 horas imediatamente seguidas à detenção policial inicialmente determinada;

(b) A segunda revisão deve ocorrer no prazo máximo de 9 horas, após a primeira;

(c) As revisões subsequentes devem ocorrer a intervalos não superiores a 9 horas.

(4) Uma revisão pode ser diferida no tempo -

(a) Se, atendendo a todas as circunstâncias anteriormente existentes para a revisão especificada na anterior subsecção (3), não é praticável proceder à revisão naquele período;

(b) Sem prejuízo da generalidade do anterior parágrafo (a) –

(i) se, naquele período, a pessoa detida está a ser interrogada por funcionário de polícia e o funcionário responsável pela revisão da detenção considerar que a interrupção do interrogatório pode prejudicar a investigação; ou

(ii) se naquele momento ainda não existe funcionário de revisão da detenção disponível.

(...)"

Em síntese, a duração da detenção policial, <u>inicialmente com um máximo de 24 horas</u> legalmente fixado, <u>pode ser alargada 36 horas</u> (quando seja necessária para preservar ou obter provas e se a infracção é qualificável como "*serious arrestable offence*") e sofrer até nova prorrogação por igual período, o que a acontecer, se traduziria num <u>prazo máximo de 72 horas</u> de detenção por inciiativa policial.

Esgotado o prazo de detenção policial, o suspeito pode ser apresentado ao "*judge of the peace*", para apreciação dos motivos que fundamentam o eventual requerimento de prolongamento da detenção que, a ser deferido, em circunstância alguma poderá exceder 96 horas. Também este hipotético prolongamento se funda na existência de crime grave (*serious arrestable offence*) e na <u>necessidade de continuar na senda da obtenção, recolha e preservação de provas.</u>

Esta detenção deve cessar logo que tenha sido deduzida acusação pela Polícia, a menos que, como acima referido, existam dúvidas fundadas sobre a exactidão da identidade ou residência do acusado, haja a necessidade de protecção de terceiros ou do próprio detido, ou que procura ou seja previsível que procurará furtar-se aos ulteriores termos do processo.

Diversa da detenção, mas ainda assim privação temporária da liberdade pessoal, é aquela que ocorre em cumprimento de um mandado de comparência (*summons*), emitido pelo "*judge of the peace*" a requerimento da Polícia (e mesmo de terceiro com interesse juridicamente tutelado), quando este magistrado entende que alguma infracção foi cometida e se torna necessário fazer comparecer o suspeito perante o "*magistrates' court*".

VIII – COMPARAÇÃO ENTRE SISTEMAS

Concluída a análise individual dos sistemas, aportámos ao momento de salientar as semelhanças e diferenças que lográmos encontrar entre eles. Propomo-nos fazê-lo a partir de cada uma das bases de aproximação aos sistemas e de cada uma das medidas cautelares e de polícia que fomos elencando e investigando ao longo da precedente exposição.

A – Apresentação geral – O ambiente constitucional

Qualquer dos diferentes processos penais analisados radica em sistemas políticos de direito democrático e encontra-se firmemente delimitado pelo amplo reconhecimento e garantia dos direitos humanos.

Em qualquer deles o ambiente constitucional acolhe e "encouraça" os valores da dignidade humana e da igualdade entre os seres humanos. Proclama, entre outros, os direitos à liberdade pessoal, à reserva do domicílio, à liberdade e confidencialidade de expressão. Enfim, delimita os próprios poderes de intervenção pública na esfera jurídica das pessoas.

A inexistência de uma constituição escrita em Inglaterra (contrariamente ao que se passa em Portugal, França e Alemanha) não impede o predomínio de uma constituição material, com recuada sedimentação histórica e com acolhimento dos mesmos princípios, valores e regras estruturantes de uma sociedade em que o ser humano e os inerentes e inalienáveis direitos, liberdades e garantias, assumem a preocupação central e referencial de entidades públicas e privadas.

É este, pois, o espaço vital onde se move o processo penal de qualquer dos sistemas abordados, não havendo entre eles, por conseguinte, diferenças de substância a salientar.

B – Fases Processuais

O Inquérito

Em qualquer dos sistemas analisados e independentemente das diferentes designações e tipologias (inquérito em Portugal; em França inquérito de flagrante ou inquérito preliminar, consoante a natureza do crime a investigar; na Alemanha fase preparatória – *ersten Rechtszug* –; ou fase de investigação e acusação em Inglaterra), o inquérito constitui a primeira das fases do processo penal, nela se procedendo a actos de investigação, designadamente à recolha de provas da existência de um ilícito, da identificação dos autores e das respectivas responsabilidades e, claro está, à aplicação das medidas cautelares e de polícia que legalmente tenham sido previstas e que se mostrem adequadas aos fins do processo penal e à defesa imediata dos valores que a lei penal tutela e visa proteger.

O inquérito recebe sempre uma intervenção directora (mais ou menos decisiva) de uma entidade judicial que age em nome do Estado e no exercício do seu interesse de descoberta e reacção penal aos delitos.

Em Portugal o inquérito é da responsabilidade do Ministério Público e é por ele dirigido, sendo auxiliado, na investigação criminal, pelos órgãos de polícia criminal.

Algo de semelhante se passa na Alemanha, já que é também à entidade homóloga do Ministério Público português que compete o exercício da acção penal pública e a direcção da actividade de polícia criminal.

Na França, o inquérito compete à Polícia a título principal, sem prejuízo de um direito de direcção judiciária dos procuradores da república e de controlo dos procuradores-gerais da república.

Na Inglaterra, pese embora a possibilidade do *"Crown Prosecution Service"*, através dos seus procuradores (*attorney*), poder dar, ou não, seguimento às acusações públicas, compete à Polícia a direcção do inquérito e a formulação da acusação.

A Instrução

No sistema português, a instrução é uma fase processual facultativa, ainda com carácter investigatório, consistente na confirmação judicial de submeter ou não o feito a julgamento.

Diverso é o que se passa no sistema alemão, em que a instrução é obrigatória, exercendo-se um controlo jurisdicional quanto a qualquer decisão acusatória do Ministério Público.

Na França, a abertura da instrução é obrigatória no caso de crime, facultativa quanto aos delitos e excepcional nas contravenções.

Mais acentuada é a diferença apresentada pelo sistema inglês, em que não existe instrução criminal: toda a investigação é realizada pela Polícia no inquérito, não podendo, em regra, ser suprida a sua eventual deficiência noutra fase processual. Neste sistema existe apenas a apreciação do mérito da acusação pelo "juiz de paz", com consequente deferimento ou indeferimento.

O Julgamento

Em Portugal, como em qualquer outro dos sistemas, o julgamento constitui a fase de discussão e produção das provas, norteada pelos princípios da publicidade, da oralidade, do contraditório e da busca da verdade material dos factos.

No sistema francês, esta fase tem início com a "instrução definitiva" em audiência de produção e discussão das provas. Terminado o debate, são ouvidos a parte civil, o Ministério Público, o acusado e o seu defensor, após o que se seguirá o julgamento em tribunal de "Polícia", em tribunal correccional ou em tribunal criminal de 1.ª instância.

No sistema alemão, recebida a acusação, mantida ou reformulada na fase intermédia, tem início a audiência de discussão e julgamento, em que comandam os princípios presentes nos demais sistemas.

No sistema inglês, a fase de julgamento tem lugar imediatamente após a acusação. Variará a instância de julgamento em função da natureza da infracção (sumária, mista ou grave) e do requerimento do acusado (nos casos em que este é admissível).

C – Actores Públicos no Inquérito e na Instrução

O Ministério Público

O Ministério Público (Ministère Public, Staatsanwaltschaft ou Crown Prosecution Service), em qualquer dos sistemas em comparação repre-

248 *Medidas Cautelares e de Polícia do Processo Penal em Direito Comparado*

senta um corpo hierarquizado de magistrados que assume a defesa dos interesses do Estado, predominantemente perante as instâncias judiciárias. Na quase totalidade dos sistemas o Ministério Público (através dos seus procuradores) detém a competência de direcção do inquérito criminal e procede à formulação da correspondente acusação, requerendo a aplicação da lei.

A diferença situa-se mais ao nível do sistema inglês, em que a intervenção do Ministério Público se encontra limitada pelo poder de dar continuidade ou indeferimento aos inquéritos e acusações formuladas pela Polícia.

O Juiz de Instrução

À excepção do sistema inglês, em que as similares funções do juiz de instrução nos sistemas romano-germânicos de direito podem ser desenvolvidas por pessoas sem formação jurídica específica (*the judges of the peace*), os juízes de instrução são magistrados judiciais profissionais que, sendo escolhidos de harmonia com regulamentação legal específica da magistratura, desenvolvem, no processo, funções de controlo judicial com incidência nas fases em que se verifiquem actos de investigação criminal.

Os Órgãos de Polícia Criminal

A intervenção das polícias, no inquérito criminal, varia nos diversos sistemas, de harmonia com os modos de organização e de política criminal seguido em cada um deles. Em Portugal, são órgãos de polícia criminal todas as entidades policiais que, em exclusividade[213] ou em acumulação, exercem funções de polícia judiciária.

Idêntica, ainda que não coincidentemente, se admite no sistema francês, em que são órgãos de polícia criminal quaisquer funcionários de polícia (*officiers de police judiciaire*) com habilitação específica para a investigação criminal e, ainda, uma pluralidade de entidades com funções públicas.

---

[213] *A Polícia Judiciária, que não exerce funções de polícia administrativa.*

Na Alemanha, quer as polícias federais, quer as polícias regionais (dos "*Länder*") podem ter competências em matéria de processo penal. Porém, dentro de cada um dos respectivos corpos (á semelhança do que acontece em França) só os auxiliares do Ministério Público (*krimminal polizei*) possuem poderes para a investigação criminal, sem prejuízo do poder, reconhecido aos demais membros da polícia para, em caso de urgência, procederem a algumas medidas cautelares e de polícia.

No sistema inglês, para além da existência de diversas polícias com competências específicas em determinadas áreas do direito criminal, outras existem que cumulam funções de polícia administrativa com funções de investigação criminal, para o que se encontram dotadas de funcionários especializados, gozando de assinalável independência face às autoridades judiciárias, em virtude do seu amplo domínio sobre o inquérito criminal.

D – Medidas cautelares e de polícia

D1. *Notícia da Infracção*

A notícia de uma infracção criminal acontece, nos sistemas jurídicos em estudo, de modo semelhante no que diz respeito à necessidade de acautelar os elementos indiciadores da existência de uma infracção criminal, da respectiva autoria e demais circunstâncias caracterizadoras da concreta infracção. Em qualquer dos sistemas, a notícia pode verificar-se quer por conhecimento directo das polícias ou das autoridades judiciárias, quer por denúncia de entidade pública ou privada.

D2. *Actos cautelares imediatos e urgentes para assegurar os meios de prova*

Quer no sistema português, quer no sistema francês, existe preceito legal expresso e específico, determinante da adopção de actos ou medidas cautelares urgentes destinadas a assegurar os meios de prova. No primeiro, o legislador permite – pese embora a absoluta titularidade do inquérito

250 *Medidas Cautelares e de Polícia do Processo Penal em Direito Comparado*

pelo Ministério Público – que os órgãos de polícia criminal pratiquem tais actos cautelares ainda antes de terem recebido instruções da autoridade judiciária, deixando perceber que a preservação dos meios de prova pode ser precedida de ordem da autoridade judiciária.

No sistema francês não se faz depender a intervenção policial de qualquer ordem ou instrução da autoridade judiciária: é directamente cometido à Polícia o encargo de acautelar todos os meios de prova, desde o momento em que tome conhecimento do crime ou do delito, sem prejuízo de informar, posteriormente, o procurador da república. Facilmente se compreende esta opção legal, este modelo, se lembrarmos que, no sistema francês a Polícia procede ao inquérito a título principal.

Tal como se verifica em França, também no sistema alemão a Polícia está legal e directamente investida de poderes de investigação preliminares e cautelares, pelo que a sua intervenção preventiva contra a perda de elementos probatórios há-de verificar-se sem precedência de quaisquer autorização ou orientação do Ministério Público.

Na Inglaterra, compete á Polícia toda a investigação criminal, a execução de todos os actos de inquérito e a própria acusação. Assim, nada do que se relacione com a adopção de medidas cautelares de preservação da prova lhe pode estar subtraído.

D3. *Preservação e exame dos vestígios*

No sistema jurídico português, o legislador determinou não só a adopção de medidas cautelares inominadas para a preservação de qualquer elemento susceptível de servir a prova, mas também atribuiu aos órgãos de polícia criminal (ou ao procurador da república quando esteja presente) a preservação dos vestígios materiais do crime, de modo a evitar que se apaguem ou alterem antes de serem examinados e, bem assim, a realização de exames urgentes, com a restrição, quanto a estes, dos exames a realizar nas pessoas.

Identicamente, o Código de Processo Penal alemão dispõe que a Polícia proceda às primeiras verificações materiais (nestas se compreendendo os exames) que permitam reconstituir as circunstâncias da infracção criminal, assim como lhe comete o dever de acautelar os meios de prova, designadamente através da preservação e da recolha de vestígios materiais da infracção.

No sistema jurídico-processual francês, não existe semelhante norma expressa. Todavia, a hermenêutica jurídica conduz à conclusão de que, para além dos naturais poderes de preservação dos vestígios ou indícios materiais da infracção, os funcionários de polícia judiciária podem proceder a imediatos exames que não requeiram especiais conhecimentos técnicos ou científicos, em caso de necessidade urgente e sem precedência de autorização judiciária.

Embora no sistema inglês também se não encontre regra jurídica específica quanto ao dever de empreender actos cautelares de preservação dos vestígios, ela também se não reputa necessária tendo em consideração a quase plenitude dos poderes policiais em sede de inquérito e a imperativa adopção da *"legis artis"* da investigação criminal. Por outro lado, e no que respeita aos exames de urgência, a normativização é suficientemente pródiga, regulando expressamente até as recolhas de amostras corporais íntimas para posterior exame ou perícia.

D4. *Proibição de actos que possam prejudicar a descoberta da verdade*

De modo genérico, o legislador português admitiu que a autoridade judiciária ou os órgãos de polícia criminal pudessem impedir a circulação de pessoas nos locais do crime, tendo em vista evitar prejuízo para a preservação dos vestígios, deferindo tal competência à Polícia materialmente competente para a investigação do concreto crime, mas admitindo a intervenção cautelar de quaisquer outros agentes da autoridade, enquanto aquela outra não estiver representada.

Contrariamente, no sistema francês, tal competência é conferida a todos os funcionários competentes em matéria de investigação criminal que podem manter em "guarda à vista" (*garde à vue*) qualquer pessoa que seja suspeita de, em qualquer lugar, ter tentado ou ter cometido uma infracção criminal como, por exemplo, a destruição de provas.

O sistema germânico permite, também por lei expressa, que a Polícia preserve, adequadamente e por competência própria, o local da infracção, evitando quaisquer actos humanos que prejudiquem o estado das coisas.

Do mesmo modo, e apesar da falta de referência legislativa específica, o sistema inglês provê à possibilidade de a Polícia proceder de modo a também impedir actos que frustrem a subsequente investigação, podendo

252 Medidas Cautelares e de Polícia do Processo Penal em Direito Comparado

mesmo determinar a detenção de quem possa praticar actos prejudiciais à aquisição da prova.

D5. Obtenção de informações

No âmbito restrito das medidas cautelares, o sistema jurídico português defere aos órgãos de polícia criminal competência de modo a habilitá-los à colheita de informações sobre a prática de um crime, fornecidas pelo suspeito ou por quaisquer pessoas, mas apenas quando elas possam perder-se antes da intervenção da autoridade judiciária.

O mesmo acontece no sistema germânico, com a diferença de que, com fundamento na urgência ou perigo na demora, a Polícia pode ir mais além, de tal modo que lhe é permitido proceder à imediata colheita de depoimentos das testemunhas, as quais em regra não prestam juramento, a não ser que tenham de prestá-lo em caso de perigo de não vir a ser possível a sua presença em acto processual subsequente.

No sistema francês, em qualquer circunstância (de urgência ou de normalidade), os funcionários e agentes de polícia judiciária são competentes para pedir informações a quaisquer pessoas, mesmo convocando-as para o serviço onde decorre o inquérito e sem prejuízo de comparência forçada, por intervenção da autoridade judiciária.

Também no sistema inglês o critério de perigo na demora é irrelevante, na medida em que a Polícia sempre estará "em campo" como titular do inquérito, podendo suprir convenientemente os casos de urgência na tomada de informações ou declarações às pessoas capazes de cooperar na investigação do crime. Porém, a pessoa não está vinculada ao dever de deslocação ao posto policial para prestar informações, a menos que se encontre numa situação de legal privação da liberdade.

D6. Realização de perícia

No sistema português, havendo lugar à realização de perícia, ela deverá ser previamente notificada às partes envolvidas. Não é exigível esse conhecimento prévio, quando seja de prever que irá frustrar as finalidades da mesma. De igual modo, a notificação é dispensada quando o aconselharem razões de urgência ou de perigo na demora. A dispensa de notifi-

Comparação entre Sistemas

cação, ela própria, traduz-se naquilo a que pensamos poder chamar-se uma medida cautelar por omissão. No que tange à perícia propriamente dita, não existindo a possibilidade da sua realização por ordem policial, ainda que em caso de urgência ou de perigo na demora, a Polícia pode, contudo, propô-la em sede de investigação criminal.

Também assim é no sistema jurídico alemão. Mas quando esteja em causa a realização de exame corporal urgente, a perícia pode ser ordenada pelo Ministério Público ou pelos funcionários de polícia seus auxiliares e, naturalmente, realizada por médico.

No sistema francês, também a regra geral é a de autorização judicial prévia. Mas esta regra base não prejudica a possiblidade de, em caso de crime ou delito flagrantes, a Polícia poder determinar, por iniciativa própria, a realização de perícia e a correspondente possibilidade de obter os respectivos relatórios dos peritos autorizados. Aliás, em caso de manifesta urgência que não se compadeça com a espera na redacção de relatório escrito, é admissível a obtenção de relatório oral necessário à adopção de outras medidas de urgência.

No sistema inglês, a competência para autorizar a perícia pertence em plenitude à Polícia, tendo presente que não se trata de competência reservada aos *"attorney"* do *"Crown Prosecution Service"* ou ao *"judge of peace"*. Necessariamente também a ela compete autorizar tais exames em caso de urgência ou de perigo na demora.

D7. *Apreensões em caso de urgência ou perigo na demora*

D7.1. *Apreensões de objectos*

O Código de Processo Penal Português permite a apreensão cautelar dos objectos em três circunstâncias:

- No decurso de normais actos processuais de inquérito já em curso;
- No decurso de buscas e revistas executadas no quadro do normal desenvolvimento do inquérito;
- No decurso de buscas e revistas executadas em caso de urgência ou de perigo na demora.

A regra é a de que as buscas e revistas, não expressamente consentidas pelos visados, só podem ser executadas precedendo autorização judiciária.

254 *Medidas Cautelares e de Polícia do Processo Penal em Direito Comparado*

No entanto, nos casos de detenção em flagrante delito e em situações de criminalidade grave, admite-se o recurso às revistas e buscas sem prévia autorização mas, tratando-se de busca domiciliária, sempre com respeito pelos limites temporais (das 7 as 21 horas).

Prevê-se, ainda, a possibilidade de revista de segurança a qualquer pessoa que pretenda ou deva assistir a acto processual, tendo em vista a manutenção da "polícia do acto", que poderia ser posta em causa por alguém que possuíssse objecto ou instrumento cuja utilização a pusesse em causa.

Também no sistema jurídico francês, em casos de flagrante infracção criminal, a Polícia tem competência para imediatamente proceder a buscas (e revistas pessoais) para apreensão de objectos ou documentos relacionados com os factos, incluindo as domiciliárias entre as 6 e as 21 horas.

Diversamente do que acontece em Portugal, o Código Processual Penal francês afasta a exigência temporal da execução das buscas domiciliárias quando estão em causa situações de criminalidade grave, designadamente em casos de terrorismo, tráfico de estupefacientes e lenocínio.

No sistema alemão, como nos dois anteriores, a regra continua a ser a da livre apreensão nos lugares públicos e exigência de prévio mandado emitido pela autoridade judiciária para buscas revistas e apreensões em lugares privados. Também, nos casos de urgência ou de perigo iminente, a falta de mandado pode ser suprida pelo Ministério Público ou pela Polícia.

Aqui, tratando-se de busca domiciliária em caso de urgência (algo distintamente do sistema português[214] e do sistema francês), a busca pode ser autorizada pelo Ministério Público, mas não já executada por imediata iniciativa da Polícia.

Em consonância com o que se passa em França (mas diversamente do que acontece em Portugal), durante a noite e em caso de urgência, pode haver lugar a busca domiciliária.

À semelhança de todos os outros, neste sistema (alemão) os objectos descobertos no decurso de uma revista corporal ou de uma busca são apreendidos se forem susceptíveis de servir de prova.

Também no sistema inglês, como nos demais em comparação, se tratou de prover à legitimação das apreensões cautelares de objectos ou de documentos em situações de normalidade e das apreensões cautelares em

---

[214] *Cfr. n.º 2 do art. 177 com a alínea a) do n.º 4 do art. 174.*

estado de urgência. Porém, neste sistema, os poderes de intervenção policial sem mandado prévio são mais extensos, permitindo-se, além das normais competências para apreensões em lugares de acesso público, as revistas pessoais e as buscas em veículos, quando sejam susceptíveis de possuírem, ou neles se ocultarem, objectos furtados ou roubados e quaisquer outros que sejam proibidos.

D7.2. *Apreensão de correspondência*

Em Portugal, a apreensão da correspondência segue ·o regime regra da prévia autorização judiciária. Em caso de urgência ou perigo na demora na obtenção do mandado judicial, a Polícia apenas poderá informar o juiz e proceder à abertura das encomendas ou valores na sequência da respectiva autorização verbal. Verificado o receio de perda de outro tipo de correspondência, a Polícia unicamente poderá suster a expedição até obter a autorização de apreensão.

Também em França é necessária, em regra, autorização judicial para a apreensão de correspondência, como o é para quaisquer outros objectos. As estações de correios devem contar-se entre os lugares abrangidos pela norma processual penal que confia ao juiz a competência para a autorização de busca, pelo que, também aqui, existe similitude com o estabelecido no sistema português.

Embora a semelhança exista, igualmente, no que se reporta ao dever de conservação de "indícios" e "instrumentos" (e portanto à correspondência indiciadora e/ou instrumental do crime) susceptíveis de desaparecerem, o legislador francês já o faz de modo mais difuso, por forma a permitir uma interpretação mais ampla do que a possível em Portugal e, consequentemente, mais favorecedora da intervenção policial, em caso de urgência ou de perigo na demora. Efectivamente, os funcionários de polícia procederão não só à suspensão do envio da correspondência, mas também à própria apreensão cautelar sem prévia autorização judicial.

Entre os sistemas alemão e os dois anteriores a coincidência é quase absoluta no que concerne à apreensão cautelar de correspondência. O sistema alemão não conta, todavia, com a possibilidade de uma intervenção policial de urgência acautelando a suspensão de expedições postais ou o conhecimento imediato de conteúdos. Muito menos conta com a amplitude dos poderes de apreensão conferidos pelo sistema francês.

256 *Medidas Cautelares e de Polícia do Processo Penal em Direito Comparado*

Apesar desses mais rígios limites, verificando-se a existência de perigo na demora da intervenção judicial, o Ministério Público supre tal dificuldade, permitindo a intervenção policial.

A legislação processual penal inglesa é, de entre as que vimos, a que menor distinção faz entre a correspondência e os demais meios de prova. Assim, contrariamente aos outros, o sistema inglês tem por regra a intervenção policial e por excepção a intervenção judicial. Isto é, só há necessidade de mandado judicial para busca e apreensão, quando a correspondência a acautelar se encontre em locais (domicílios e lugares sem acesso do público) onde a Polícia não possa entrar sem autorização para proceder às apreensões.

D7.3. *Intercepção e gravação de telecomunicações e transmissão de dados informáticos*

Em qualquer dos sistemas em apreciação, a intercepção e a gravação de conversações ou comunicações telefónicas, reservadas a casos de crimes graves devidamente tipificados, são ordenadas por outras entidades que não a Polícia: nos casos de Portugal, França e Alemanha é o juiz de instrução; no caso da Inglaterra, é o Secretário de Estado do Ministério do Interior (*Home Office*).

Em Portugal, é ao juiz que cabe a competência para conhecer, em primeiro lugar, o conteúdo das comunicações gravadas. Mas permite-se que a Polícia conheça do conteúdo das comunicações interceptadas, mesmo antes do juiz, com a finalidade de praticar os actos cautelares e urgentes para assegurar os meios de prova. Também em França os suportes dos registos são cerrados e colocados à disposição do juiz de instrução, não existindo norma que permita à Polícia o formal conhecimento dos conteúdos, se bem que no decurso de uma busca lhe seja permitido aceder a qualquer sistema informático implantado no local onde se desenrola a busca. Consequentemente, terá acesso quer ao conteúdo das telecomunicações feitas por este meio, quer aos dados e documentos que dele constem.

O sistema germânico confia esta tarefa, nos casos de urgência, ao Ministério Público, não tendo a Polícia qualquer forma de suprir, por sua imediata iniciativa, a falta do prévio mandado judiciário.

Apesar dos seus amplos poderes no sistema inglês, em termos do direito processual penal geral, a Polícia também não está dispensada da prévia autorização (neste caso administrativa) para proceder às intercep-ções e gravações das telecomunicações, nem mesmo em casos de urgência ou de perigo na demora.

D8. *Identificação de suspeitos*

A competência para a Polícia proceder à identificação de suspeitos e de outras pessoas que tenham cometido infracções administrativas à matéria reguladora de entrada e permanência em território nacional é claramente expressa no direito processual penal português. Em caso de impossibilidade de identificação no local, a Polícia pode conduzir o iden-tificando ao posto policial mais próximo e adoptar procedimentos técni-cos de identificação, por um período que, em caso algum, poderá exceder 6 horas.

Idêntica previsão é feita no sistema jurídico-processual geral alemão, reconhecendo ao Ministério Público e à Polícia a competência para iden-tificar suspeitos (não outras pessoas), podendo retê-los por um período não superior a 12 horas e adoptar outras medidas de identificação técnica, caso a documental não exista ou seja insuficiente.

Similarmente, o sistema processual penal francês admite a identifica-ção de suspeito de qualquer infracção criminal, delitual ou contravencio-nal. Mas vai mais além ao permitir, por ordem Ministério Público, a iden-tificação de qualquer pessoa para prevenir atentados à ordem pública e, particularmente, actos contra a segurança de pessoas e bens. Em qualquer caso e para os mesmos efeitos de identificação, poderá recorrer à reten-ção da pessoa, no posto policial, por um período de tempo não superior a 4 horas.

De igual modo, e apesar de algumas restrições em casos muito espe-cíficos, as regras processuais gerais sobre identificação de pessoas, no sis-tema inglês, permitem que a Polícia proceda à identificação completa de suspeitos de cometimento de um crime (mesmo quando não tenham que ser sujeitos a captura e detenção) e de outras pessoas cuja identidade tenha que acautelar para efeitos de prova. Pode ainda fazê-lo como medida cau-telar de garantia da prova, ao identificar as eventuais testemunhas. No entanto não admite, contrariamente ao direito francês, um procedimento de identificação que tenha por fundamento a ordem pública ou a segurança de pessoas e bens.

D9. Submissão a termo de identidade e residência

O direito processual penal português autonomizou o estatuto do "termo de identidade e residência" como medida de coacção mas, como vimos, tem mais denso conteúdo de medida cautelar e de polícia, porquanto visa prevenir a tomada de conhecimento dos elementos identificativos e a salvaguarda da localização do arguido no decurso do processo.

Este mesmo efeito é conseguido pelos demais sistemas em avaliação:

No direito francês, o conjunto das medidas acolhidas sob o art. 138 do CPPF permite perceber que delas resulta a submissão do arguido à identificação e à indicação de residência, de que não pode ausentar-se fora das condições que lhe forem assinaladas.

No direito germânico também não existe submissão a termo formal de identidade e residência, mas os mesmos fins são prosseguidos quando o arguido indica, no processo, a residência onde deve receber comunicações e notificações.

O mesmo se passa no direito inglês, quando o suspeito ou qualquer pessoa é identificada, caso em que indicará identidade e residência, também para efeitos de contacto na tramitação processual subsequente.

D10. Caução e Arresto preventivo

Em qualquer dos sistemas considerados a regra geral é a da prestação de caução por decisão judicial.

Em qualquer dos sistemas, as finalidades são de natureza cautelar, visando garantir a submissão do arguido a posteriores fases processuais. A fixação do montante a prestar é variável, dependendo da gravidade da infracção e das possibilidades económicas do arguido. Em Portugal, a medida é aplicável quando ao crime, em abstracto, corresponder pena de prisão. Em França, a aplicabilidade dependerá de se estar perante um crime punível com pena de prisão correccional ou com pena mais grave. No sistema alemão é o conceito de crime grave e de perigo de fuga que é determinante para a aplicação da caução. Em Inglaterra, a caução ou a fiança (policial ou judicial) são o regime prevalente, aplicável sempre que o *"accused"* não deva continuar privado da liberdade.

Porém, no sistema alemão, por força do disposto no § 132 do StPO, o Ministério Público ou a Polícia podem determinar ao arguido a pres-

Comparação entre Sistemas

tação de caução adequada, havendo perigo na demora da intervenção do juiz.

Efeito cautelar semelhante é o conseguido pela Polícia no sistema inglês, visto que pode determinar a prestação de caução como condição para a libertação de detido que dessa medida possa beneficiar, com ou sem outras obrigações legais, designadamente sob condição de pagamento de uma quantia de segurança (surety), a prestação das informações necessárias à Polícia e o afastamento do queixoso.

No sistema português, o instituto do arresto preventivo está expressamente contemplado e delimitado.

Na lei geral de processo penal francês, não existe instituto paralelo. O efeito mais próximo será obtido através da medida de apreensão cautelar, podendo ainda ser determinado que o arguido constitua garantias reais ou pessoais para assegurar os direitos das vítimas.

Idêntico juízo se faz quanto ao sistema alemão, pois que prevê apreensões temporárias, de forma a evitar o desaparecimento ou a dissipação de determinados bens. Permite-se, pois, o arresto preventivo de móveis e imóveis, sendo que, quanto a estes últimos, o Ministério Público só o pode determinar em caso de perigo na demora. Com os mesmos fundamentos, a Polícia pode decidir o arresto de móveis, em casos de intervenção de urgência.

Como o instituto do arresto preventivo não se encontra previsto na legislação geral processual penal inglesa, só poderão alcançar-se fins similares através da apreensão dos bens patrimoniais em função da sua relação com o crime.

D11. *Obrigação de apresentação periódica*

Repita-se que a medida de apresentação periódica possui uma sensível componente coactiva (á semelhança das demais que temos analisado em qualquer dos sistemas). Mas ela possui, sobretudo, intensa natureza de medida de polícia, porquanto visa disciplinar o comportamento do arguido, subjugando-o aos momentos e trâmites processuais. Em qualquer dos sistemas, constata-se a existência de norma expressa, que impõe o dever de apresentação às autoridades policiais ou judiciárias, com periodicidade definida em cada caso concreto.

D12. Suspensão do exercício de funções, de profissão ou de direitos

Os sistemas português, francês e alemão previram esta medida processual de suspensão para evitar o contacto do arguido com realidades propiciadores da reiteração do comportamento criminoso. No entanto consideram-na com algumas diferenças de pormenor.

Por exemplo, a norma do direito francês é mais ampla que a portuguesa ou a alemã, na medida em que foi construída com conceitos abertos que permitem limitações a actividades não apenas de natureza profissional, mas também social, excluindo apenas o exercício de mandatos electivos e de responsabilidades sindicais.

No sistema inglês, os efeitos da suspensão de direitos, ou do exercício de determinadas actividades funcionais ou profissionais, podem ser alcançados pela aplicação dos institutos de *"provision of sureties" e "residence and restrictions"*, conceitos abertos que podem ser preenchidos de modo a atingir os desejados fins preventivos.

D13. *Proibição de permanência, de ausência e de contactos*

Basicamente, quer no direito português quer no direito francês, ainda que de modo formalmente diverso, prevê-se que a medida abranja quatro tipos de proibição (cumulativos ou não):

a) Não permanecer em determinada área;
b) Não se ausentar do país, do concelho ou do lugar do domicílio;
c) Não frequentar determinados lugares ou meios;
d) Não contactar com certas pessoas.

Próxima destas, encontra-se a regra alemã, já que, ao fixar ao arguido residência em determinada zona geográfica, lhe proíbe simultaneamente o afastamento para qualquer outra, sem prévia autorização, conseguindo, deste modo, o mesmo efeito que os dois sistemas anteriores. Este sistema também estabelece a proibição de estabelecimento de contactos com determinadas pessoas, mas já assim não faz quanto à obrigação (existente nos dois sistemas imediatamente antes vistos) de não frequentar determinado tipo de lugares ou ambientes humanos.

Comparação entre Sistemas

Este foi também um conjunto de medidas que o legislador inglês aco-lheu, decorrentemente sobretudo do instituto das *"restrictions"*, proibindo, ao arguido, a frequência e circulação em determinadas áreas e locais, com possível limitação temporal.

D14. *Obrigação de permanência na habitação*

Os Códigos de Processo Penal português francês e alemão contêm normas que se dirigem explicitamente à subordinação do suspeito a man-ter-se em residência fixa.

No caso alemão refira-se o acréscimo trazido à medida através da vigilância por terceira pessoa, em virtude da eventual necessidade de des-locação do arguido.

O sistema processual penal inglês não contempla a medida de modo expresso. Só por via da aplicação de outras condições, designadamente pela aplicação do instituto de *"residence"*, se atingem os fins cautelares de fixação a determinado espaço geográfico (que pode ou não coincidir com o espaço domiciliário). Traz-nos, apesar disso, uma diferença significativa ao impôr ao tribunal o cuidado de se assegurar que a pessoa com quem o arguido resida habitualmente não se opõe a que a residência seja fixada em área diversa da habitual.

D15. *Prisão preventiva*

Em Portugal, a prisão preventiva é admissível apenas em casos de crime doloso abstractamente punível com pena de prisão de máximo superior a 3 anos de prisão ou quando se trate de pessoa que permaneça ou tenha penetrado irregularmente no território nacional, ou contra a qual esteja pendente processo de extradição ou de expulsão. Exige-se, além disso, que haja efectiva fuga ou perigo de fuga; perigo de pertur-bação do decurso do inquérito ou da instrução; perigo de perturbação da ordem, da tranquilidade pública; ou perigo de continuação da activi-dade criminosa.

No sistema francês, a prisão preventiva assume também carácter excepcional e residual, relativamente à aplicação de outras medidas não detentivas da liberdade. Contrariamente ao sistema português, os limites das penas de prisão que a admitem são mais baixos: é aplicável a infracções cuja pena aplicável seja igual ou superior a 1 ano de prisão em caso de flagrante ou a 2 anos de prisão nos demais casos. Há, neste sistema, os mesmos requisitos gerais de aplicabilidade que existem no sistema português, a que acresce a especificação de outros factores perturbadores do processo, designadamente o perigo de pressão sobre as vítimas ou sobre as testemunhas e o perigo de concertação entre o suspeito e os seus cúmplices. Diferenças que consideramos substanciais são aquelas que se traduzem na aplicabilidade da prisão preventiva para a protecção do próprio visado e na incomunicabilidade do arguido durante os 10 dias subsequentes ao início da prisão preventiva. Esta última prerrogativa legal está ausente de qualquer dos outros sistemas em comparação.

Da posição do legislador no sistema alemão decorre, como princípio, que a prisão preventiva deve ser decretada quando se verifiquem os legais requisitos. A excepção será a aplicação de outras medidas mais suaves, contanto que garantam os idênticos fins do processo. Também por isso, se compreende que o requisito relativo à reacção criminal (crime grave) seja mais vago, menos preciso. De facto, apontando unicamente para a exigência de existência de "crime grave", significa que o juiz beneficia, à partida, de uma discricionariedade mais ampla na aplicação da medida. Note-se, ainda, que à excepção do critério de existência de perigo para a perturbação da ordem e da tranquilidade públicas, os demais requisitos gerais e alternativos estão tão presentes como nos sistemas português e francês.

No sistema inglês, a aplicabilidade da prisão preventiva não se encontra, tal como no sistema alemão, subordinada a um *"quantum"* da reacção penal. Ela poderá ter lugar, semelhantemente ao que acontece nos demais sistemas, quando:

a) Seja previsível que o arguido se furte à acção penal;
b) Haja perigo de continuação da actividade criminosa;
c) Exista risco de interferência perturbadora na administração da justiça.

No entanto, também este sistema nos traz algumas diferenças: permite a prisão preventiva nos casos em que há necessidade de acautelar que o arguido não venha a causar danos na integridade física de qualquer pessoa ou perda ou dano de bens patrimoniais e, ainda, à semelhança do sistema francês, a submissão à medida para própria protecção do visado. Assinalável dissemelhança é, igualmente, aquela que impõe que o ar-

Comparação entre Sistemas

guido sujeito a prisão preventiva seja periodicamente (de 28 em 28 dias) apresentado ao juiz.

D16. *Captura e Detenção*

D16.1. *Captura*

O conceito de "captura" não possui, nem nosso sistema jurídico-processual, nem no alemão, actual relevância legal; no entanto, ele permanece nos demais sistemas em cotejo. Em França, a «*arrestation*», ou captura, surge como acto material que tem por objectivo a privação temporária da liberdade pessoal e a submissão a qualquer das formas jurídicas da detenção, podendo ser levada a efeito por qualquer pessoa, desde que ao crime caiba pena de prisão, com entrega imediata a qualquer entidade judiciária ou policial. Na Inglaterra, a distinção entre captura e detenção é feita nos diversos textos legislativos, embora nem sempre de modo preciso. De qualquer modo, a captura (*the arrest*) constitui acto de entidade pública ou de entidade particular (nas mesmas condições do sistema francês), a que deverá seguir-se a libertação ou a submissão a detenção (*detention*), que tem lugar pela prática de uma qualquer infracção a que corresponda pena de prisão (*arrestable offence*) e se for de considerar que a notificação para comparência (nos serviços de polícia ou no tribunal) é impraticável ou inadequada.

D16.2. *Detenção*

Nos sistemas português e alemão, a detenção pode ser levada a efeito por qualquer pessoa, quando ocorra crime cometido em flagrante delito, a que corresponda uma qualquer pena de prisão. Sendo um particular o autor da detenção, deve proceder à entrega do detido a qualquer entidade policial ou judiciária. O mesmo acontece nos sistemas francês e inglês relativamente à captura.

Fora de flagrante delito, o sistema português, tal como o francês e o alemão, em regra só permitem a detenção por mandado judicial prévio. Admite-se, contudo, que possa ocorrer por mandado do Ministério Público em casos em que não seja possível a intervenção do juiz de instrução.

Em Portugal, a detenção fora de flagrante delito pode também ocorrer por ordem da autoridade de polícia criminal, quando seja admissível a prisão preventiva, haja necessidade imperiosa de acautelar que o suspeito não se coloque em fuga e, dada a situação de urgência e de perigo na demora, não seja possível esperar pela intervenção da autoridade judiciária.

O Código de Processo penal francês permite a intervenção policial de modo mais amplo, já que, mesmo fora de flagrante delito, uma pessoa pode ser capturada e sujeita a detenção sob a modalidade de *"garde à vue"*, bastando a mera suspeita de tentativa de cometimento de uma infracção. Nessas condições, o detido aguardará, por um período máximo de 24 horas, a intervenção da autoridade judiciária.

Na Alemanha, o procurador e os funcionários de polícia criminal podem determinar a detenção fora de flagrante delito se estiverem preenchidos os pressupostos necessários à emissão de um mandado de detenção, isto é, que se esteja perante uma situação de urgência, determinada pelo perigo de fuga. Basta que haja a possibilidade de fuga para que a situação seja qualificada de urgente e, sendo-o, presume-se verificado o requisito de perigo na demora, enquanto que no sistema português terá que se estar, também, perante a efectiva e concreta impossibilidade da intervenção da autoridade judiciária.

Em Inglaterra, a regra da detenção fora de flagrante delito é, também, a da exigência de prévio mandado judicial. Contudo, a Polícia pode capturar uma pessoa, sem que haja mandado judicial, bastando (contrariamente ao legislado nos sistemas português e alemão, mas de modo idêntico ao sistema francês) que tenha fundadas razões para suspeitar de que ela cometeu ou participou na prática de um crime a que corresponda pena de prisão (*arrestable offence*), ou mesmo quando se trate de outra infracção criminal, se for de considerar que a notificação do suspeito, para comparência (*summons*), é impraticável ou inadequada.

O sistema português contempla, ainda, uma modalidade de detenção que o legislador apresentou sob a forma de "condução ao posto policial", para efeitos de submissão de suspeito a procedimento identificativo, por um máximo de 6 horas. Identicamente se procede no o sistema francês, para os mesmos fins, pelo período máximo de 4 horas. Assim se contempla também no sistema germânico, ao manter um suspeito em *"liberdade vigiada"* para efeitos de identificação, por tempo não superior a 12 horas. No sistema inglês não existe dispositivo legal semelhante, por razões que

Comparação entre Sistemas 265

se prendem com o vincado enraizamento do direito à privacidade. Assim, a Polícia apenas pode exigir os elementos de identificação pessoal se existir a suspeita de que possa estar envolvida em algum crime. Porém, notese, são bem dilatados os poderes de polícia no que toca à captura e detenção de pessoas suspeitas de cometimento de crimes, especialmente no que respeita ao tempo de que a Polícia dispõe para efeitos de adopção de medidas cautelares e dos primeiros actos investigatórios que pode alcançar as 96 horas.

D17. *Outras Medidas Cautelares*

D17.1. *De controlo judiciário*

Diferentemente dos demais sistemas, em França, além das medidas de controlo judiciário de vocação cautelar antes referidas, o legislador colocou outras à disposição do juiz de instrução, permitindo-lhe que institua o dever de o arguido se submeter, segundo o caso, às medidas de:

a) Controlo da sua actividade profissional ou da sua assiduidade a acção reeducacional;

b) Remessa ao escrivão, ou aos serviços de polícia, de todos os documentos justificativos da sua identidade;

c) Proibição de condução de veículos, ou certo tipo de veículos;

d) Submissão a medidas de exame, de tratamento ou de outros cuidados mesmo em regime de hospitalização, nomeadamente para efeitos de desintoxicação;

e) Proibição de emissão de cheques;

f) Proibição de detenção ou posse de armas.

D17.2. *De captação de imagem e de voz*

Diferentemente dos demais sistemas, o Código do Processo Penal alemão contempla expressamente a aplicabilidade de medidas de captação e registo de imagem e de voz, quando estejam em causa suspeitas da prática de qualquer dos crimes graves, prevendo a sua execução imediata, pelo Ministério Público ou pela Polícia, nos casos em que a demora represente perigo de perda da prova.

IX – SUMÁRIO CONCLUSIVO

1. Qualquer dos sistemas jurídico-processuais considerados se encontra subordinado aos princípios gerais do respeito pelos direitos, liberdades e garantias das pessoas, particularmente os que concernem aos sujeitos do processo penal.

2. Em todos existem similares fases processuais (inquérito, instrução e julgamento), à excepção do sistema inglês, em que não há a fase de instrução.

3. O mesmo acontece quanto aos actores públicos no processo, excluindo-se unicamente a figura do juiz de instrução que não existe no sistema inglês.

4. No sistema português e no alemão o Ministério Público é o titular do inquérito, possui a sua direcção e os órgãos de polícia criminal actuam na sua absoluta subordinação funcional. Já no sistema francês é à Polícia que compete a titularidade do inquérito, sem prejuízo dos poderes de direcção do Ministério Público que, no sistema inglês, nem sequer existem.

5. Em Portugal, a investigação criminal encontra-se cometida a uma pluralidade de forças policiais, à semelhança do que se verifica nos demais sistemas, sendo de notar, contudo, que nos sistemas alemão e inglês não existem senão forças policiais civis, estando a investigação criminal cometida a departamentos especializados.

6. O modo de aquisição da notícia criminal é semelhante em todos os sistemas analisados.

268 *Medidas Cautelares e de Polícia do Processo Penal em Direito Comparado*

7. No sistema português, tal como no francês, a adopção de medidas cautelares urgentes para assegurar os meios de prova e para a preservação dos vestígios materiais da infracção encontram-se expressamente previstas na lei, enquanto que nos demais é deixado ao critério técnico-científico das polícias.

8. O sistema português não admite que as polícias procedam, por competência própria, à tomada de depoimentos das testemunhas, mesmo que em caso de urgência e de perigo na demora. Não é assim nos demais sistemas, com especial referência ao alemão onde expressamente se prevê, até, a possibilidade de colheita de depoimento "ajuramentado" em caso de previsibilidade de não mais ser possível obtê-lo.

9. Em Portugal, a Polícia não detém competência para autorizar a realização de perícia, ainda que em caso de urgência ou perigo na demora. Entre nós, a autoridade judiciária pode, quando muito, dispensar a notificação prévia aos sujeitos processuais. O Código do Processo Penal Francês permite à Polícia, em caso de flagrante delito ou de flagrante crime, que determine ela mesma a realização das perícias. No sistema alemão, havendo necessidade de realização de exame corporal urgente a perícia pode ser ordenada pelo Ministério Público ou pela Polícia, enquanto que no sistema inglês inexiste qualquer obstáculo à iniciativa policial.

10. Em qualquer dos sistemas, o regime regra para a apreensão de objectos, artigos e documentos que não se encontrem no local do crime ou em lugar de acesso ao público, é o da necessidade de mandado prévio da autoridade judiciária. Contrariamente aos demais, o sistema inglês dispensa o mandado para as revistas pessoais e as buscas em veículos, quando haja suspeita de ocultarem quaisquer objectos ilícitos ou produtos de um ilícito. No sistema português, havendo flagrante delito, urgência ou gravidade do crime, é possível a busca e apreensão imediatas, excepto em domicílios durante o período nocturno, restrição que não é feita nos demais sistemas francês, alemão e inglês.

11. No que se refere à apreensão de correspondência, o sistema normativo-processual português segue igualmente o regime regra da exigência de mandado. Todavia, mesmo quando comparado com os demais sistemas, resulta minimamente (ainda que timidamente) garantida a pre-

Sumário Conclusivo 269

servação da prova, na medida em que, em caso de urgência, os órgãos de polícia criminal podem suster a expedição de correspondência e, bem assim, proceder à abertura de encomendas, mas isto só após autorização judicial, obtida por qualquer meio expedito.

12. A intercepção e a gravação de conversações ou comunicações telefónicas, em qualquer dos sistemas, subordinam-se à prévia existência de autorização judicial. Resultam acautelados, em Portugal, os casos de urgente necessidade de reacção aos conteúdos interceptados, como forma de evitar prováveis violações de bens jurídicos que se pretendem defender.

13. A medida cautelar de identificação de suspeitos surge em qualquer das ordens jurídicas referidas, com idêntica finalidade de preservação de elementos que conduzam à identificação de um provável autor de infracção criminal, podendo em qualquer delas haver condução do visado a estabelecimento policial, por limitado e diverso período temporal, tendo por objectivo o suprimento da identificação não conseguida aquando do contacto com o suspeito e, naturalmente, a aquisição de elementos de informação sobre um concreto comportamento criminoso ou supostamente criminoso.

14. A sujeição a termo de identidade e residência, autonomizada apenas no sistema português, mas com idênticos efeitos proporcionados pelo acervo jurídico-processual dos demais, visa acautelar a tomada de conhecimento dos elementos identificativos do arguido e a salvaguarda da sua localização no decurso do processo, resumindo-se a sua coactividade a pouco mais do que a obrigação de comunicar uma eventual mudança de residência.

15. A caução, no processo criminal português, aparece-nos mais limitada na possibilidade de aplicação do que nos demais sistemas, já que, para além de o crime cometido dever ser punível com pena de prisão, terá que se verificar pelo menos um dos requisitos gerais comuns àquelas que o legislador qualificou como medidas de coacção. O sistema francês basta-se pela existência de crime punível com pena de prisão correccional ou superior. O sistema alemão requer a existência de crime grave e perigo de fuga. O inglês segue a regra da aplicação da caução, adicionada, ou não, de outras condições restritivas sempre que o acusado não deva ficar detido.

270 *Medidas Cautelares e de Polícia do Processo Penal em Direito Comparado*

16. Do mesmo modo, para a aplicabilidade da medida de apresentação periódica o nosso sistema impõe a verificação daquelas condições e a punibilidade do crime com pena de prisão superior a seis meses, enquanto que os restantes se limitam à exigência de pena de prisão e, mais uma vez, a simultânea exigência de perigo de fuga no sistema alemão. Outro tanto é válido, *"mutatis mutandis"*, para a medida de suspensão do exercício de funções, de profissão ou de direitos.

17. Acolhendo embora toda uma panóplia de medidas restritivas à circulação do arguido em determinados espaços geográficos e do contacto com determinadas pessoas, o sistema português fê-lo apenas para casos criminais a que corresponda pena superior a dois anos de prisão, com verificação de pelo menos uma das condições gerais de aplicabilidade. Os demais sistemas fazem-no de modo semelhante quanto à exigibilidade de uma pena de prisão e quanto aos resultados a alcançar.

18. Curiosa, mas certamente bem adequada e funcional, é a medida alemã consistente na deslocação acompanhada por vigilante a arguido que, estando submetido à medida de residência fixa, pretenda ausentar-se temporariamente. Em Portugal, existindo a medida de obrigação de permanência em habitação, aquela outra não se encontra expressamente prevista na legislação processual penal geral.

19. O sistema jurídico português admite, semelhantemente aos demais, a prisão preventiva. Fá-lo para situações de crime doloso, abstractamente punível com pena de prisão de máximo superior a 3 anos de prisão, ou quando se trate de pessoa que permaneça ou tenha penetrado irregularmente no território nacional, ou contra a qual esteja pendente processo de extradição ou de expulsão. Quer no que respeita aos fins especificamente criminais, quer no que tange às situações de irregularidade de natureza administrativa, está demolidoramente demonstrado pelo legislador que a medida em causa possui uma intrínseca e inegável índole cautelar e disciplinar, necessária ao normal desenvolvimento dos pertinentes processos.

São mais "apertados" no nosso direito processual penal os critérios de aplicação desta medida, quando comparados com os do sistema francês, que definiu limites penais mais baixos, alargando, desse modo, a base da aplicabilidade da prisão preventiva. Este sistema estabeleceu-a, também, para protecção do próprio visado, como, aliás, é feito no processo penal inglês.

Diferentemente dos demais sistemas, o processo penal francês permite a incomunicabilidade do arguido durante os 10 dias subsequentes ao início da prisão preventiva, parecendo-nos que o legislador pretende a defesa eficaz do processo investigatório inicial, precisamente aquele onde os meios de prova mais facilmente serão destruídos.

No sistema inglês, a aplicabilidade da prisão preventiva não se encontra, tal como no sistema alemão, subordinada a um *"quantum"* da reacção penal. Mas é importante sublinhar que, apesar dos mais dúcteis limites a vencer para aplicar a prisão preventiva, no sistema inglês há uma periodicidade muito curta de revisão dos pressupostos que estão na base da aplicação da medida.

20. A "captura", nos sistemas jurídico-processuais português e alemão, é desprovida de sentido jurídico relevante. O mesmo não pode dizer-se dos dois outros (francês e inglês), em que a captura tem acolhimento jurídico expresso e surge individualizada como um acto e um momento prévios e distintos da detenção.

21. Aparte a detenção em flagrante (existente em cada um dos sistemas de modo idêntico) a detenção fora de flagrante recebe, no sistema português, um mecanismo dotado de razoabilidade. Mas o certo é que, também nesta matéria e quanto a esta medida, são mais amplas as possibilidades de intervenção das autoridades judiciárias e das autoridades e agentes policiais dos restantes ambientes jurídicos analisados.

O Código de Processo penal francês permite a intervenção policial de modo mais aberto e efectivo, já que, mesmo fora de flagrante delito, uma pessoa pode ser sujeita a detenção, bastando a mera suspeita de tentativa de cometimento de uma infracção.

De acordo com o correspondente Código alemão, quer o procurador, quer os funcionários de polícia criminal, podem determinar a detenção fora de flagrante quando se esteja perante uma situação de perigo de fuga.

O sistema inglês permite sujeitar a detenção a pessoa capturada sem mandado judicial, bastando que haja suspeita de que ela cometeu ou participou na prática de um crime a que corresponda pena de prisão.

272 *Medidas Cautelares e de Polícia do Processo Penal em Direito Comparado*

22. Diversamente dos demais sistemas, o processo penal francês prevê outras medidas cautelares que de relevante importância, designadamente:

– A sujeição a medidas de controlo da actividade profissional ou da assiduidade a acção reeducacional;
– A remessa ao escrivão ou aos serviços de polícia de todos os documentos justificativos da sua identidade;
– A proibição de condução de veículos ou de certo tipo de veículos;
– A submissão a medidas de exame, de tratamento ou de outros cuidados, mesmo em regime de hospitalização, nomeadamente para efeitos de desintoxicação;
– A proibição de emitir cheques;
– A proibição de não deter ou possuir armas.

23. O processo penal geral alemão preferiu a referência expressa à possibilidade de registo de imagem e de comunicações verbais, como diligência cautelar de emergência a empreender pelo Ministério Público ou pela Polícia.

Teremos que nos quedar pelos objectivos que nos propusemos alcançar. A outros caberá o encargo de repensar o sistema, num momento em que está em curso o processo de revisão do direito penal e processual penal. Deles se espera que não tenham apenas ciência, mas sobretudo a consciência de que as suas escolhas irão determinar o futuro dos nossos filhos, da nossa sociedade, da nossa economia. Para isso é importante ter a coragem de fazer o que está certo, obedecendo aos imperativos categóricos da ética, ainda que sejam contrários aos interesses imediatos e aos desígnios de políticas sem desígnio sério e claro.

Por certo deverá ser construído um sistema com entidade própria, enquanto conjunto de elementos em interacção ordenada com vista a um objectivo.

Mas também acreditamos que não deixará de se ponderar a possibilidade de se inovar e contribuir para a modelação da "personalidade" e maturidade do sistema, nomeadamente pelo seu enriquecimento com medidas cautelares e de polícia que facilitem a realização dos fins do processo, devendo-se, designadamente:

a) Conferir maior autonomia de intervenção cautelar às entidades encarregadas da investigação criminal;

Sumário Conclusivo 273

b) Cometer directamente à Polícia a competência para acautelar todos os meios de prova, preservar todos os vestígios e evitar quaisquer actos que possam prejudicar a descoberta da verdade, desde que tome conhecimento do crime ou do delito;

c) Deferir aos órgãos de polícia criminal competência para a colheita de quaisquer depoimentos e declarações em caso de urgência e de perigo na demora;

d) Permitir que as perícias e exames corporais íntimos possam ser ordenados pela autoridade policial, em caso de urgência;

e) Conferir competência aos órgãos de polícia criminal para proceder a buscas, revistas e apreensões de objectos ou substâncias, em caso de urgência e de perigo na demora, em qualquer lugar de acesso público e a qualquer hora, por suspeita fundada da prática de qualquer crime punível com pena de prisão;

f) Afastar expressamente os limites temporais da execução das buscas domiciliárias, quando estão em causa situações de criminalidade grave;

g) Prever, de modo expresso, a detenção para efeitos de identificação de suspeito;

h) Combinar o termo de identidade e residência com a prestação de caução ou fiança, aplicável pela Polícia em função da gravidade da infracção e das possibilidades económicas do arguido;

i) Permitir à Polícia, em caso de urgência ou perigo na demora, o estabelecimento de proibição temporária de permanência, de ausência e de contactos, com validação imediata pela autoridade judiciária;

j) Prever, expressamente, a medida de acompanhamento por terceira pessoa, para o sujeito à obrigação da permanência em habitação;

k) Prever a possibilidade de detenção fora de flagrante delito pela autoridade policial, em casos de admissibilidade da prisão preventiva e perigo de fuga do suspeito;

l) Admitir o prolongamento da detenção policial até 72 horas, por despacho da autoridade policial, desde que fundadamente necessária às primeiras investigações policiais e preservação dos meios de prova;

m) Contemplar, no processo penal geral, a competência policial para captação e registo de imagem e de voz, quando estejam em causa suspeitas da prática de quaisquer crimes graves;

n) Acolher outras medidas cautelares previstas nos sistemas francês e alemão, a aplicar pelo Ministério Público, e pelas autoridades policiais em caso de urgência ou perigo na demora, designadamente: o controlo das condições de exercício de actividade profissional; o envio de documentos justificativos da identidade aos serviços de polícia; a proibição cautelar temporária da condução de veículos; a submissão a medidas de exame e de tratamento, nomeadamente para efeitos de desintoxicação; a proibição da emissão de cheques; a proibição de detenção, uso e porte de arma.

Em jeito de conclusão final e geral, sempre se dirá que nos parece emanar, do actual direito processual penal geral português, uma sensível e infundada descrença do legislador nas entidades que dirigem e praticam actos de inquérito, revelada pelos limitados poderes de intervenção processual sem a tutela ou validação judicial, mesmo quando circunstâncias de urgência e de perigo imporiam, com toda a certeza, solução diferente.

Diga-se, a este propósito, e em consonância com a nossa nota introdutória, que muito podemos aprender com os outros: *"Entre nós, defende-se que a sociedade há-de ter que suportar os efeitos, não dando lugar ao erro ao condenar inocentes. No sistema anglo-saxónico, desde há algumas décadas que se vem defendendo que se aceitam erros, desde que a sociedade venha a ser protegida. Certamente que se sacrificam alguns em favor da maioria!"*[215].

Estamos inclinados à reverência a esta visão mais actual.

Por isso, recusamos o que no nosso País tem vindo a ser feito ao longo de muitos e muitos anos: dão-se exactamente os mesmos e errados passos, para se chegar às mesmas e certas conclusões de que temos vindo a cometer o erro que outros já tinham cometido antes.

Acabemos, de vez, com a imitação no erro! Inove-se e siga-se o que já é comprovadamente certo!

Acredite-se que Homem só se compreende enquanto inserido no ambiente dos homens! Considere-se, por consequência, que a primeira e mais importante garantia do indivíduo é a defesa do seu meio social, é a sanidade do espaço onde se realiza enquanto ser humano!

---

[215] *Prof. Dr. Germano Marques da Silva, Seminário proferido no Curso de Direcção e Estratégia Policial, 2004.*

A defesa do individualismo, contra os vitais interesses colectivos da sociedade, só se explica por cegueira intelectual ou por errada crença no prestígio que possa retirar-se da defesa de princípios que apenas servem fins de oca e vã ilustração. Esse é o discurso do "pretenso humanista", com a luneta cravada na vantagem social e económica do lugar político e que, com despudorado arrojo, escolhe o discurso "*à la carte*" e serve-o áqueles a quem basta ouvir o banalizado termo "direitos das pessoas" para, imediatamente, sem reserva e sem ponderação, meterem as mãos num frenético aplauso pavloviano!

Defendemos, pois, uma reforma urgente do processo penal português, como único caminho a percorrer no sentido de devolver à sociedade o direito a uma justiça efectiva, célere e eficaz.

É necessário que se possua um sistema processual penal verdadeiramente funcional, dotado de um conjunto de mecanismos e de recursos capazes de fazerem dele o que deve ser: "*le droit armé et casqué en guerre*".

Mas não nos basta termos um bom e justo direito.

Impõe-se que os intrumentos jurídico-processuais sejam oportuna e devidamente utilizados.

É imprescindível um corpo coeso e empenhado de operadores judiciários que, sempre norteados pelo princípio da legalidade, tenham a coragem de cooperarem efectivamente entre si, "despidos" de preconceitos e de presunções, tendo em vista um fim que é absolutamente comum e vital à própria sobrevivência da espécie humana.

Finalmente, não resistimos a dizer, como já o escrevemos e dissemos publicamente, que urge simplificar, unificando e especializando, particularmente no que respeita às polícias e forças de segurança portuguesas.

Este não é apenas um imperativo de ordem económica, mas também uma exigência indispensável ao nível de eficiência que se deseje para a prevenção, investigação e repressão criminais.

Fácil se torna demonstrar que, com menos corpos de polícia, maior seriam os ganhos de eficácia e muito menores as perdas e desperdícios económicos e financeiros. Ou seja: menos profissionais, melhores profissionais, menos gastos, melhor justiça.

REFERÊNCIAS BIBLIOGRÁFICAS

ALMEIDA, Carlos Ferreira, "Introdução ao Direito Comparado", Ed. Almedina, Coimbra, 1994

ALMEIDA, Carlota Pizarro/VILALONGA, José Manuel, "Código do Processo Penal", 7.ª Edição, Ed. Almedina, Coimbra, 2004

CAETANO, Marcelo, "Manual de Direito Administrativo", Vol. I, 10.ª Edição, Tomo I, Livraria Almedina, Coimbra, 1984

CARVALHO, Olívio da Costa, "Dicionário de Língua Francesa", Edição s.d., Porto Editora

CANOTILHO, Gomes e MOREIRA, Vital, "Constituição da República Portuguesa", 5.ª Edição Revista, Coimbra Editora, 1998

DAVID, René, tradução de Hermínio Carvalho, "Os Grandes Sistemas do Direito Contemporâneo", Ed. Martins Fontes, São Paulo, 1996

MARTY, Mireille Delmas, "Les Grandes Systèmes de Politique Criminelle", Ed. Presses Universitaires de France, 1992

MARTY, Mireille Delmas, "Procèdures Pénales d'Europe", Ed. Presses Universitaires de France, 1995

MARTY, Mireille Delmas, "Procès Pènale et Droits de L'Homme", Ed. Presses Universitaires de France, 1992

MELLO Maria Chaves, "Dicionário Jurídico Português – Inglês / Inglês – Português", 3.ª Edição, Ed. Dinalivro, Lisboa

MENDES, João de Castro, "Direito Comparado", Ed. Associação Académica da Faculdade de Direito de Lisboa, 1982-1983

MIRANDA, Jorge, "Estudos de Direito de Polícia", Vol. I, Associação Académica da Faculdade de Direito de Lisboa, 2003

MORAIS, Armando, "Dicionário de Língua Inglesa", 3.ª Edição, Porto Editora, Porto, 1998

NORIEGA, Juan Ortiz/SÁNCHEZ, Cristina Larios/RÓS, Juan Carlos Peg/DIAZ, Ana Monreal, "Código Penal Alemán StGB Código Procesal Penal Alemán StPO", Marcial Pons, Ediciones Jurídicas Y Sociales, S.A., Madrid, 2000

PRADEL, Jean/CASORLA, Francis, "Code de Procédure Pénale" (Código do Processo Penal Francês), 38.ª Ediction Rénovè; Ed. Dalloz, Paris, 1996-1997

SILVA, Germano Marques, "Estudos de Homenagem ao Prof. Dr. Germano Marques da Silva", Ed. Almedina, Coimbra, 2004

"Bail Act" de 1976, texto publicado na "Internet", http//www.police-law.co.uk

"Criminal Justice Act", de 2003, texto publicado na "Internet", http//www.hmso.gov.uk

"Das Grundgesetz" (Constituição Federal Alemã), texto publicado na "Internet", http//www.datenschutz-berlin.de/recht/de/gg/

"Das Straßprozesordnung" (Código do Processo Penal Alemão), texto publicado na "Internet", http//bundsrecht.juris.de/bundsrecht/stpo/gesamt.pdf

"Police and Criminal Evidence Act", de 1984, textos publicados na "Internet", http//www.legislation.hsmo.gov.uk, http//www.swarb.co.uk/índex.shtml, http//www.sixrform.inf/law, http//tash.gn.apc.org/place_act.pdf

ÍNDICE GERAL

LISTA DE ABREVIATURAS 7

I. NOTA INTRODUTÓRIA 9

II. CONCEITO DE "MEDIDAS CAUTELARES E DE POLÍCIA".... 11

III. MEDIDAS DE POLÍCIA E MEDIDAS CAUTELARES E DE
POLÍCIA EM PROCESSO PENAL 13

IV. O SISTEMA PORTUGUÊS 17

A – Apresentação geral 17

B – Fases Processuais 18

    O Inquérito 18
    A Instrução 19
    O Julgamento.. 19

C – Actores Públicos no Inquérito e na Instrução 19

    O Ministério Público.. 19
    O Juiz de Instrução.. 20
    Os Órgãos de Polícia Criminal 21

D – Medidas cautelares e de polícia 22

    D1. Notícia da Infracção.. 22
    D2. Actos cautelares imediatos e urgentes para assegurar os meios de prova 23
    D3. Preservação e exame dos vestígios.................... 23
    D4. Proibição de actos que possam prejudicar a descoberta da verdade...... 24
    D5. Obtenção de informações 25
    D6. Realização de perícia 26

280 *Medidas Cautelares e de Polícia do Processo Penal em Direito Comparado*

D7. Apreensões em caso de urgência ou perigo na demora.......................... 28
    D7.1. Apreensões de objectos... 28
    D7.2. Apreensão de correspondência 32
    D7.3. Intercepção e gravação de telecomunicações e transmissão de dados informáticos... 34
D8. Identificação de suspeitos.. 36
D9. Submissão a termo de identidade e residência...................................... 38
D10. Caução e Arresto preventivo 40
D11. Obrigação de apresentação periódica.. 41
D12. Suspensão do exercício de funções, de profissão ou de direitos........... 42
D13. Proibição de permanência, de ausência e de contactos........................ 43
D14. Obrigação de permanência na habitação.. 44
D15. Prisão preventiva.. 45
D16. Captura e Detenção.. 48
    D16.1. Captura... 48
    D16.2. Detenção 48

V. O SISTEMA FRANCÊS 53

A – Apresentação geral.. 53

B – Fases Processuais 54
    O Inquérito 54
    A Instrução 56
    O Julgamento... 57

C – Actores Públicos no Inquérito e na Instrução 58
    O Ministério Público *(Ministère Public)* 58
    O Juiz de Instrução *(Juge d'Instruction)* 59
    Os Órgãos de Polícia Criminal *(Officiers Agents et Fonctionnaires de Policie Judiciaire)* 61

D – Medidas cautelares e de polícia 63
    D1. Notícia da Infracção... 63
    D2. Actos cautelares imediatos e urgentes para assegurar os meios de prova 65
    D3. Preservação e exame dos vestígios.. 65
    D4. Proibição de actos que possam prejudicar a descoberta da verdade....... 67
    D5. Obtenção de informações 68
    D6. Realização de perícia 69
    D7. Apreensões em caso de urgência ou perigo na demora.................... 70
        D7.1. Apreensões de objectos.. 70
        D7.2. Apreensão de correspondência 76
        D7.3. Intercepção e gravação de telecomunicações e transmissão de dados informáticos.. 77

Índice Geral

D8. Identificação de suspeitos 80
D9. Submissão a termo de identidade e residência 85
D10. Caução e Arresto preventivo 88
D11. Obrigação de apresentação periódica 90
D12. Suspensão do exercício de funções, de profissão ou de direitos 91
D13. Proibição de permanência, de ausência e de contactos 92
D14. Obrigação de permanência na habitação 94
D15. Prisão preventiva 94
D16. Captura e Detenção 98
    D16.1. Captura 98
    D16.2. Detenção 99
D17. Outras Medidas Cautelares 105
    D17.1. De controlo judiciário 105

VI. O SISTEMA ALEMÃO 109

A – Apresentação geral 109

B – Fases Processuais 111

Fase preparatória (Inquérito) 112
Fase Intermédia (Controlo jurisdicional) 116
Fase de julgamento *(das Hauptverfharen)* 116

C – Actores Públicos nas Fases Preparatória e Intermédia 116

O Ministério Público *(der Staatsanwaltschaft)* 116
O Juiz de Instrução *(der Ermittlungsrichter)* 117
Os Órgãos de Polícia Criminal *(Krimminal Polizei)* 118

D – Medidas cautelares e de polícia 121

D1. Notícia da Infracção 121
D2. Actos cautelares imediatos e urgentes para assegurar os meios de prova 123
D3. Preservação e exame dos vestígios 123
D4. Proibição de actos que possam prejudicar a descoberta da verdade 124
D5. Obtenção de informações 125
D6. Realização de perícia 128
D7. Apreensões em caso de urgência ou perigo na demora 136
    D7.1. Apreensões de objectos 136
    D7.2. Apreensão de correspondência 147
    D7.3. Intercepção e gravação de telecomunicações e transmissão de
        dados informáticos 150
D8. Identificação de suspeitos 158
D9. Submissão a termo de identidade e residência 162
D10. Caução e Arresto preventivo 163

282 *Medidas Cautelares e de Polícia do Processo Penal em Direito Comparado*

D11. Obrigação de apresentação periódica 168
D12. Suspensão do exercício de funções, de profissão ou de direitos 168
D13. Proibição de permanência, de ausência e de contactos 170
D14. Obrigação de permanência na habitação 171
D15. Prisão preventiva 171
D16. Captura e Detenção 175
    D16.1. Captura 175
    D16.2. Detenção 175
D17. Outras Medidas Cautelares 180
    D17.1. De captação de imagem e de voz 180

VII. O SISTEMA INGLÊS 185

A – Apresentação geral 185

B – Fases Processuais 186

O Inquérito 186
A Instrução 187
O Julgamento 187

C – Actores Públicos no Inquérito e na Instrução 187

O Ministério Público 187
O Juiz de Instrução 190
Os Órgãos de Polícia Criminal 191

D – Medidas cautelares e de polícia 191

D1. Notícia da Infracção 191
D2. Actos cautelares imediatos e urgentes para assegurar os meios de prova 192
D3. Preservação e exame dos vestígios 193
D4. Proibição de actos que possam prejudicar a descoberta da verdade 197
D5. Obtenção de informações 198
D6. Realização de perícia 198
D7. Apreensões em caso de urgência ou perigo na demora 202
    D7.1. Apreensões de objectos 202
    D7.2. Apreensão de correspondência 210
    D7.3. Intercepção e gravação de telecomunicações e transmissão de dados informáticos 211
D8. Identificação de suspeitos 215
D9. Submissão a termo de identidade e residência 216
D10. Caução e Arresto preventivo 217
D11. Obrigação de apresentação periódica 225
D12. Suspensão do exercício de funções, de profissão ou de direitos 225
D13. Proibição de permanência, de ausência e de contactos 226

Índice Geral

D14. Obrigação de permanência na habitação 226
D15. Prisão preventiva.. 226
D16. Captura e Detenção.. 227
    D16.1. Captura.. 227
    D16.2. Detenção 229

VIII. COMPARAÇÃO ENTRE SISTEMAS 245

A – Apresentação geral – O ambiente constitucional................................... 245

B – Fases Processuais 246

    O Inquérito 246
    A Instrução 246
    O Julgamento... 247

C – Actores Públicos no Inquérito e na Instrução..................................... 247

    O Ministério Público... 247
    O Juiz de Instrução.. 248
    Os Órgãos de Polícia Criminal 248

D – Medidas cautelares e de polícia 249

D1. Notícia da Infracção... 249
D2. Actos cautelares imediatos e urgentes para assegurar os meios de prova 249
D3. Preservação e exame dos vestígios... 250
D4. Proibição de actos que possam prejudicar a descoberta da verdade 251
D5. Obtenção de informações 252
D6. Realização de perícia 252
D7. Apreensões em caso de urgência ou perigo na demora..................... 253
    D7.1. Apreensões de objectos... 253
    D7.2. Apreensão de correspondência 255
    D7.3. Intercepção e gravação de telecomunicações e transmissão de dados informáticos 256
D8. Identificação de suspeitos 257
D9. Submissão a termo de identidade e residência 258
D10. Caução e Arresto preventivo 258
D11. Obrigação de apresentação periódica 259
D12. Suspensão do exercício de funções, de profissão ou de direitos............ 260
D13. Proibição de permanência, de ausência e de contactos 260
D14. Obrigação de permanência na habitação 261
D15. Prisão preventiva.. 261
D16. Captura e Detenção.. 263
    D16.1. Captura.. 263
    D16.2. Detenção 263

284   *Medidas Cautelares e de Polícia do Processo Penal em Direito Comparado*

D17. Outras Medidas Cautelares 265
    D17.1. De controlo judiciário 265
    D17.2. De captação de imagem e de voz 265

IX. SUMÁRIO CONCLUSIVO 267

REFERÊNCIAS BIBLIOGRÁFICAS 277

ÍNDICE GERAL 279